季刊考古学・別冊20

近世大名墓の世界　目次

第三章　西日本の大名墓

対談　近世大名家墓所を語る

第四章　近世大名墓研究の現在

■表紙写真■寛永寺谷中徳川家近世墓所全景

増上寺徳川将軍家墓所

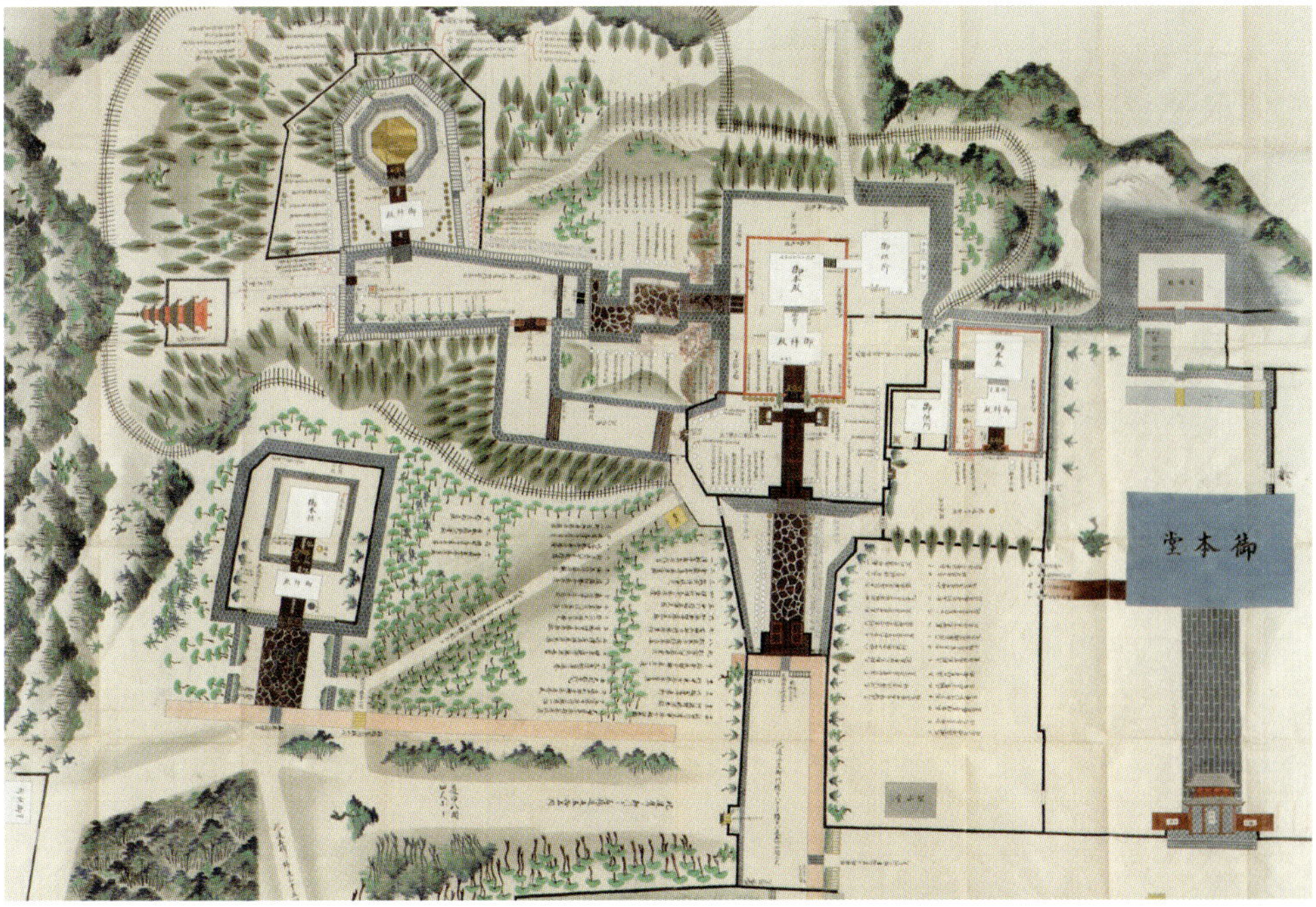

1

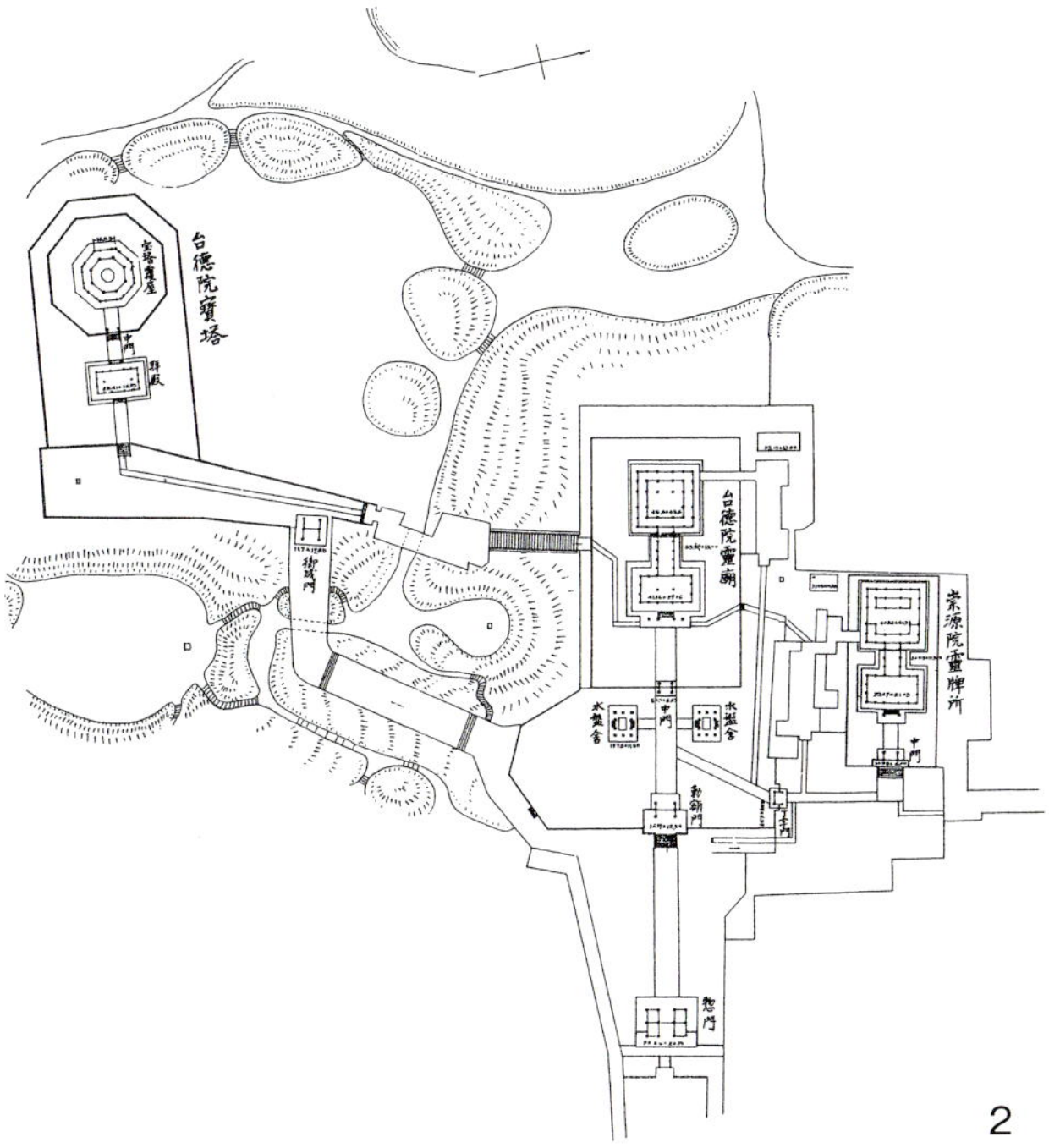

2

3

4

5

上に掲げた「台徳院御霊屋絵図」は，1632（寛永 9）年に造営された芝増上寺南廟一第二代将軍秀忠（台徳院）霊廟の様子を今に伝える興味深い資料である。天地が 184.5cm，左右が 248cm 程の大判の絵図で，制作年代は不詳ながら，護国殿の位置などから 18 世紀後半以降の霊廟の様子を読み取ることができる資料である。

構成／髙山　優

写真提供／港区教育委員会

1：「台徳院御霊屋絵図」（増上寺蔵）　2：芝増上寺南廟配置図（田邊泰『徳川家霊廟』彰国社，1942 より）　3：台徳院宝塔
4：石組み遺構（建築時の惣門前に構築された石組みの排水溝。2001･2002（平成 13･14）年の港区教育委員会による発掘調査によって，惣門を曳屋した際の構築物とともに検出された。）　5：現在の台徳院霊廟惣門

寛永寺徳川将軍家御裏方霊廟

御裏方霊廟は寛永寺の北側に位置する。Ⅰ・Ⅱ区に分かれ、調査面積は約4500㎡を測る。墓所は2段の基壇上に宝塔を建てる大型なものである。霊廟内にはかつて壮麗な拝殿・霊拝堂などの諸建築物が存在した。

構成／今野春樹

1

2

各墓所からは多くの副葬品が出土し、特に淨観院（12代家慶正室）と澄心院（13代家定正室）墓所からは多くの華麗な大奥生活を物語る遺品が出土した。

3

4

5

6

7

8

1：寛永寺徳川将軍家御裏方霊廟全景　2：淨観院（12代家慶正室）墓所　3：澄心院墓出土「小袖」
4：淨観院墓出土「阿弥陀如来立像・厨子」　5：淨観院墓出土「眼鏡」（べっこう）　6：澄心院墓出土「印籠」
7：澄心院墓出土「檜扇（表）」　8：澄心院墓出土「漆箱」

（寛永寺谷中徳川家近世墓所調査団『東叡山寛永寺徳川将軍家御裏方霊廟』2012より）

本光寺深溝松平家墓所

構成／松原典明

写真提供／本光寺

1：本光寺深溝松平家墓所全景（東廟所一西から）　2：調査が行なわれた７代松平忠雄墓所（南から）
3：主体部（南上から）　4：化粧道具（柩外葛籠内出土）　5：神主（石殿中）　6：ドイツ製グラス（主体部柩外）
7：陶製火口入（柩外）　8：柄鏡（柩内）9：染付蝶瓜文八角椀（柩外）　10：金属製水注（柩外）

岡藩中川家墓所

構成／松原典明

1：岡藩中川家３代久清墓所　2：３代娘井津姫墓所　3：岡藩中川家３代久清墓（上方から）
4：岡藩中川家家老中川久豊墓所　5：同中川家８代中川久貞墓所

各地の特徴ある大名墓１

構成／松原典明

1：鳥取藩初代池田光仲墓所　2：同 11 代池田慶栄墓所　3：土佐藩２代山内忠義墓所　4：同４代山内豊昌墓所
5：会津藩初代保科正之墓所　6：同５代松平容頌墓所　7：熊本藩３代細川忠利霊屋　8：同霊屋内五輪塔

各地の特徴ある大名墓２

構成／松原典明

1：尾張徳川家初代義直墓所　2：薩摩藩島津家墓所　3：延岡藩内藤家墓所　4：同３代内藤政脩墓
5：岡山藩２代池田忠雄墓　6：岡山藩和意谷池田家墓所初代池田輝政墓　（3・4ともに延岡市教育委員会文化課提供）

近世大名墓の世界

「近世大名墓の世界」への誘い

坂詰秀一

日本の近世は、政治的中心であった江戸の地名から江戸時代と時代区分上で表記されている。その地は徳川家康が開いた武家政権の本拠地であり、江戸幕府の中枢地であった。江戸時代は、徳川家康が征夷大将軍に任じられた一六〇三（慶長八）年から徳川慶喜が大政奉還し将軍職を退いた一八六七（慶応三）年まで、徳川将軍を頂点とした一五代二六五年間に及ぶヒエラルヒーの時代であり、徳川時代とも称されている。江戸幕府の政治組織は、将軍のもと老中・若年寄・大目付・目付・三奉行（寺社・勘定・町〈江戸〉）が置かれ、地方の直轄領には、郡代・奉行・代官が配され、直属の家臣団―旗本・御家人は「八万騎」と称された。このような整然と組織された幕藩体制のもと参勤交代制度の確立により、江戸と各地の経済・文化の交流が果たされていた。

江戸時代の研究は、文献史料によって究められているが、他方、物質資料による研究の必要性が一九七〇年代に提起され、近世考古学の実践化が一九八〇年代以降、活発になされるようになった。一九九〇年代には、近世を考古学の視点と方法で研究する動きが、東京・関西・北陸さらに九州・四国で見られるようになった。

近世考古学は、東京の都市開発事業の活性化に伴う江戸の発掘によって惹起され、江戸遺跡研究会の誕生ともども展開し、その動きは全国に波及していった。近世考古学の確立により、江戸時代を考古学的方法によって究める必要性が広く認識されていくことになったのである。

近世考古学の研究は、江戸の考古学的調査と研究によってリードされていったが、とくに、従来、とかく明らかにされることがなかった江戸の埋葬資料が発掘され、「墓」の様相が知られるようになった。地中の埋葬主体のあり方は、地上の標識調査に新しい研究の展開を生じて墓標研究が前進していった。それ以前、一九三〇年代に東京の下町（下谷・浅草）における区画整理に伴って墓地の改葬がなされ（下谷広徳寺・今戸妙高寺など）、その結果、江戸の埋葬のあり方が知られた（『墓蹟』一・七・八、一九二六～二七、『掃苔』六―四・一一―七・八、一九三七～四二など）。このような動きのなかで、徳川将軍墓の葬墓について略説されたこともあったが、将軍墓を含めて徳川家霊廟を建築史の立場から調査したのが田辺泰であった。一九三四年に田辺は「芝・上野徳川家霊廟」（東京府史蹟保存物調査報告書一一）を公けにし、増上寺と寛永寺の徳川家霊廟の調査結果を纏め、さらに『徳川家霊廟』（東亜建築撰書一、一九四二）として紹介した。この調査は霊廟建築の実態を古記録類の分析とあわせて実施したもので、一九四五年の東京空襲により失われた建築遺構の記録として高く評価されている。

さて、近世の考古学が提唱され、江戸時代の遺跡が考古学の対象として注目される以前、東京においては二つの動きがあった。一は、河越逸行の江戸における大名諸家墓所などの改葬時の調査（一九五四年以降、『掘り出された江戸時代』一九六五）であった。二は、鈴木尚・矢島恭介などによる増上寺の徳川将軍家墓所の改葬に伴う発掘調査であり、発掘は立会い的調査であったが一九五八～五九年に及んだ。鈴木・矢島・山辺知行編『増上寺徳川将軍墓とその遺品・遺体』（一九六七）はその報告書である。かつての壮麗な霊廟施設が喪失された墓所における上部施設―墓標と基壇、下部構造の主体部の調査であったが、ヒエラルヒーの頂点にあった徳川将軍家の権威が具に反映されていた。

徳川将軍家の墓所は、初代家康・三代家光は日光、二代秀忠・六代宣・七代家継・九代家重・一二代家慶・一四代家茂は増上寺、四代家

綱、五代綱吉、八代吉宗、一〇代家治、一一代家斉、一三代家定は寛永寺に営まれている。

寛永寺では、二〇〇七〜〇八年にかけて将軍家御裏方墓所の改葬に伴う発掘調査が行なわれ、寛永寺谷中徳川家近世墓所調査団編『東叡山寛永寺徳川将軍家御裏方霊廟』（二〇一二）として報告された。さきの増上寺とともに寛永寺の調査結果は、徳川将軍家の葬墓制のあり方が考古学の方法によって明らかにされたのである。

増上寺における徳川将軍墓の調査に先駆けて岡山藩主池田忠雄墓所の改葬調査が試みられ（一九六四年）、その後、仙台藩主伊達政宗・忠宗・綱宗の各霊廟再建工事を契機として発掘が実施された（一九七四・八一・八三）。一九八二年に長岡藩主牧野家墓所の改葬、一九八四年に尾張藩廟所の調査、一九九六・九七年には盛岡藩主南部重直墓所の修築に伴う発掘などが行なわれた。また、金沢藩前田家墓所の計画的な調査が金沢・高岡両市によって実施されたことは特筆すべきものであった。他方、弘前藩津軽家、松前藩松前家墓所の悉皆的な調査が意欲的に実施されるなど、近世大名家墓所の考古学的調査は全国的に拡張していくことになった。

三〇〇に近い近世大名家は、江戸と国元に菩提寺を建立する一方、高野山に供養造塔を設けた。その様態は一様ではないが、徳川将軍家の霊廟を倣って御霊屋を設けるなど、国元において墓所の造営に藩主の権威の象徴を具現すると共に、墓域の立地と環境に配慮された設置で、事例は譜代・外様大名の場合に多く認められている。

江戸の大名菩提寺は、藩主の墓所が設けられたこともあって大規模であった。寺域の壮大さは、既存の在地的な中・小寺院にとって比肩することの出来ないものであり、所属宗派における位置付けも傑出していた。大名の葬儀と墓所の造営は、藩の伝統によって組織化されたもので、江戸と国元それぞれの葬墓制は、藩の独自性を物語っていた。時代の推移を経ても変容しない藩もあれば、次第に変わっていった藩もあり、藩の政治・経済的な背景を知ることが出来る。菩提寺の規模は、大名の格と経済力により、葬儀の様態もそれに伴うものであった。墓域と墓所の地上施設にそれがよく示されている。地下構造は発掘の事例が少ないが、地上と比例しているし、墓標はそれを象徴的に示していると言える。

近世大名墓についての関心は、かつて一部の研究者によって着目されてきたが、近頃漸く考古学的調査が改葬・修築に伴って実施されるようになってきた。従来から実施されてきた地上の墓標調査も悉皆的に調査研究する方法に進展し、対象藩の主と臣の関係を具体的に究めることになり、他方、墓所の改葬・修築に伴う調査では、地上と地下の構造を考古学的手法によって把握し得るようになった。

かつて、一九八六〜八七年に高野山奥之院に営まれた弘前藩主津軽家墓所の修復調査に参画したことがあるが、その報告書（中川成夫・岡本桂典『和歌山県高野山遍照尊院旧弘前藩主津軽家墓所石塔修復調査報告』（一九八八）が、考古学をはじめ関連学界にさして話題を提供することがなかったことは意外であった。近世大名家が高野山に造営した墓所の調査にあたり、諸般の隘路を克服して実現した修復事業の考古学的方法による調査の先駆例となるであろう、と考えていたからである。

一九九七〜二〇〇七年に池上本門寺で実施した米沢藩上杉家・熊本藩細川家・鳥取藩池田家の墓所調査、二〇〇九年に三河本光寺で行なわれた島原藩深溝松平家の藩主墓所の調査、さらに、二〇〇七〜〇八年に実施された寛永寺の徳川将軍家御裏方墓所の調査、二〇〇九〜一〇年に江戸豪徳寺で試みられた彦根藩井伊家墓所の調査は、改葬移築および修築に伴う調査であった。それらの考古学的調査に参画する機会を得た私は、調査担当者に教えられながら往時の高野山の例を思いつつ、時の推移による近世大名家墓所の調査対応の変容に目を見張ったのである。

「近世大名墓の世界」は、現在、大名家墓所研究の最前線で活躍されている皆さんの執筆による雄編で、今後における大名墓研究の指針となることは明らかである。

第一章　近世大名家墓所を考える

大名家墓所の考古学

谷川章雄

一　大名墓の調査・研究の歩み

大名墓に対する関心は、古くは戦前の東京名墓顕彰会の『掃苔』などにも記事が見えているが、[註1]近世考古学の黎明期であった一九五〇～六〇年代以降、将軍墓・大名墓は近世の墓制・葬制の研究において重要な位置を占めてきた。

近世都市江戸では、一九五八年から一九六〇年にかけて鈴木尚、矢島恭介、山辺知行らによって調査された東京都港区増上寺徳川将軍墓が、江戸の墓制・葬制に関する先駆的な調査・研究であった。[註2]これによって、江戸時代の武家社会の頂点にあった将軍家の墓制・葬制をうかがい知ることができたのは、大きな意味があった。

また、一九五四年から一一年間にわたり江戸の墓の人骨や副葬品などの資料を収集し、それをまとめた河越逸行は、出羽新庄藩主戸沢家、紀伊和歌山藩主徳川家の墓所を紹介しており、[註3]陸奥白河藩主松平家（結城）墓所の記録も残している。[註4]この時期には、国元でも一九六四年に行なわれた備前岡山藩主池田忠雄の墓などの調査事例がいくつかある。[註5]

一九七〇年代から一九八〇年前後には、江戸では港区済海寺越後長岡藩主牧野家墓所、[註6]国元では宮城県仙台市経ヶ峯陸奥仙台藩主伊達家墓所[註7]などの調査が行なわれた。こうした大名墓の緻密な調査と分析によって、多くの重要な知見が明らかになったのである。

鈴木公雄は大名墓をとらえる視点を次のように述べている。[註8]

> 江戸時代大名の葬制は二つの側面からとらえることができる。一つは、将軍家を頂点とする武士階級の階級的・身分的秩序を明示する標示としての側面であり、いま一つは、そうした性格を持ちつつも、他の江戸時代の人々と共通する部分を含んだ習俗としての葬制のあり方を示す側面である。

鈴木は、前者の側面は「大名墓が、将軍の墓に範をとり、それからの格差を含みつつも、なお一定の葬制を保持する規格性を有しているという点によく示されている。おそらくこの規格性は、武士階層（ママ）の中の身分秩序の一定の反映であることはまちがいない」と的確に指摘している。また、後者の側面は「武士階級以外の多くの庶民と共通する習俗としての葬制を示す側面」であり、「江戸時代から今日にまで残存する埋葬の習俗と大名墓を含めた江戸時代墓地との比較研究も重要となろう」とし、民俗資料との比較にも言及している。

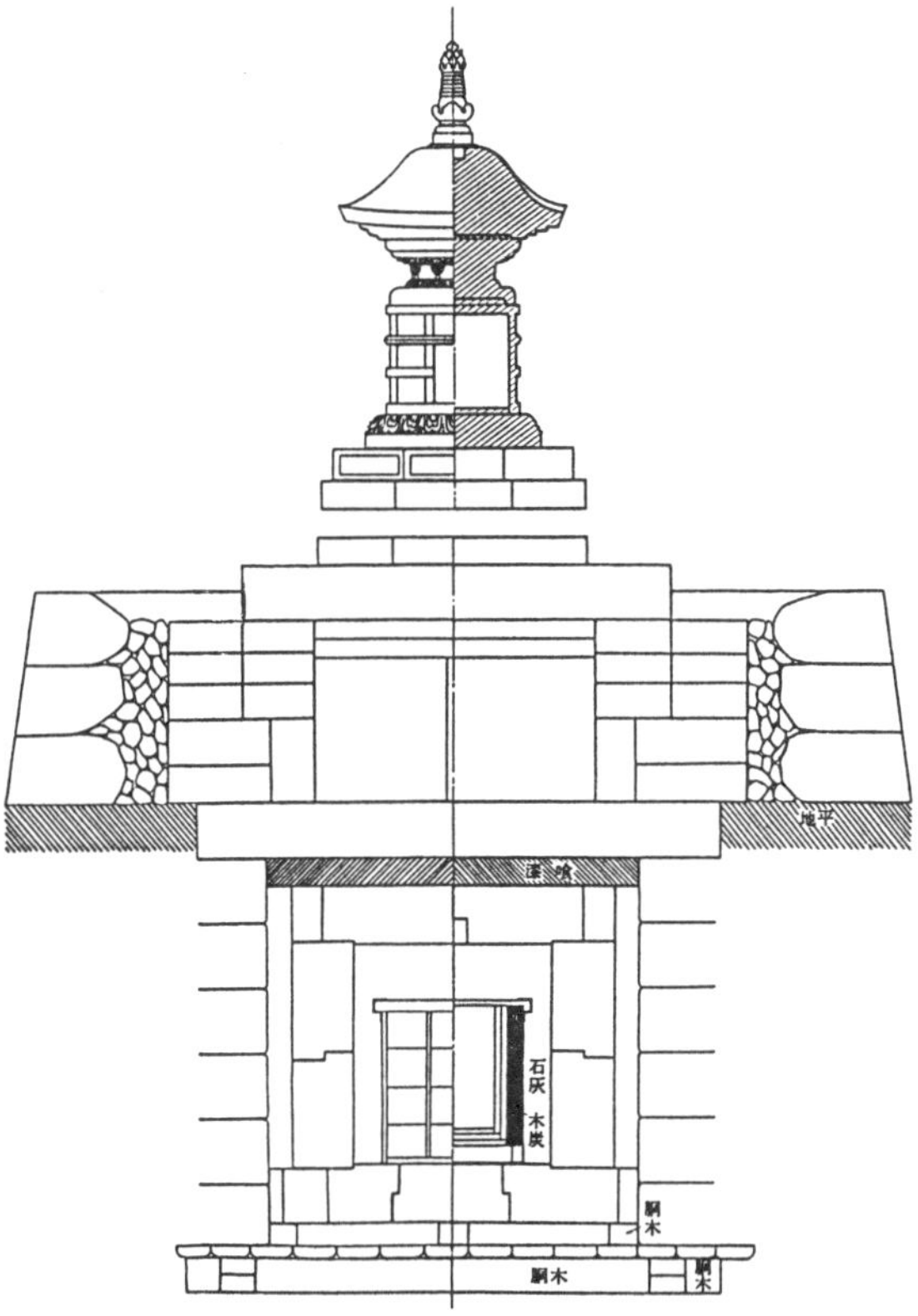

1

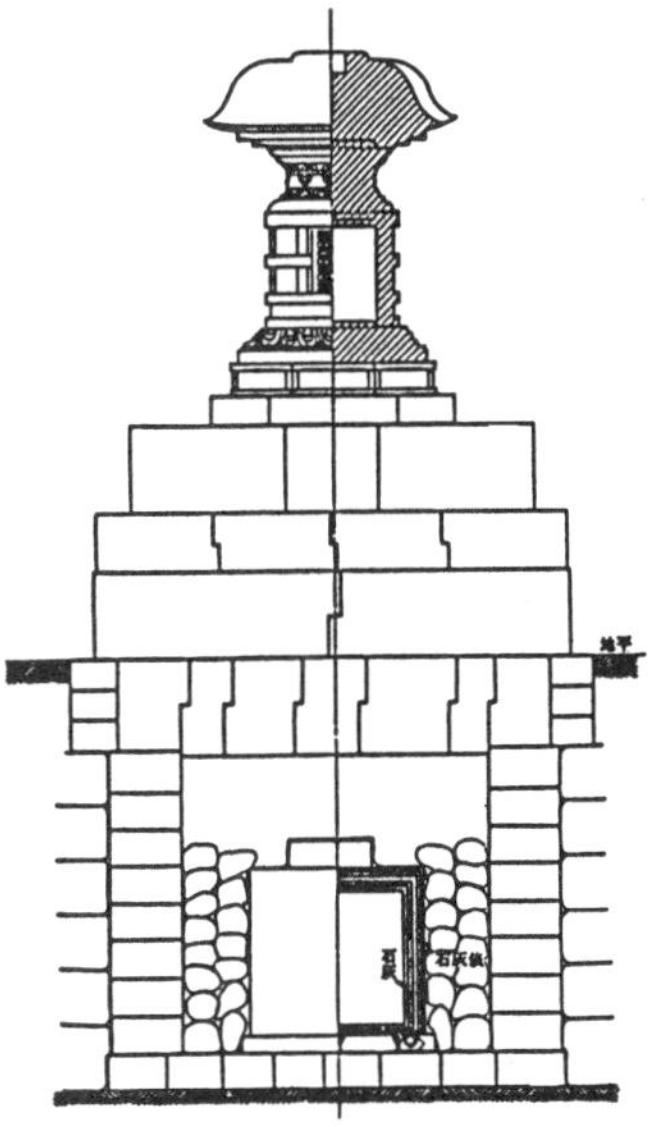

2

1：増上寺徳川将軍家墓所　7代家継
2：同　13代家定正室（註2文献より）
3：越後長岡藩主牧野家墓所
　6代忠敬（右）　正室（左）
　（註6文献より）

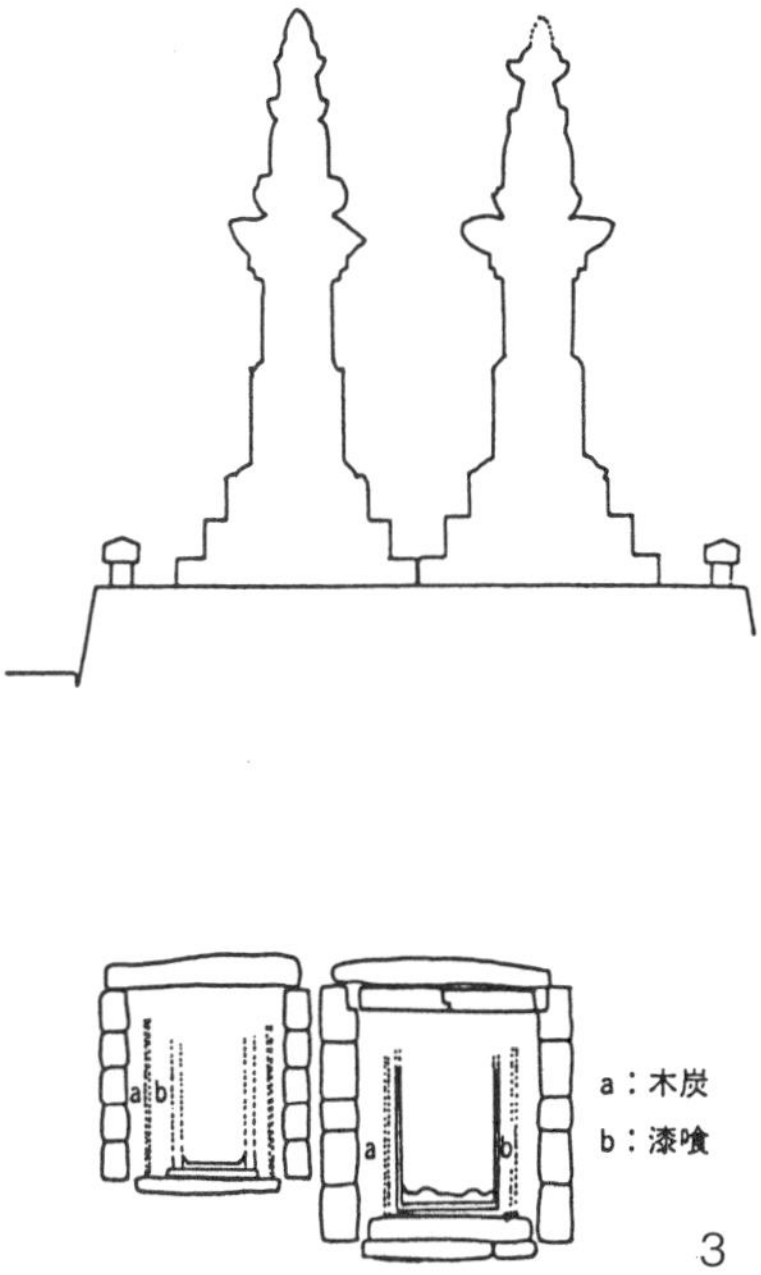

3

図1　江戸の将軍墓と大名墓（1/100）

一九八〇年代中頃から江戸を中心にして近世の墓制・葬制の研究が活発になり、後述するように、将軍墓・大名墓は江戸や国元の墓制・葬制の基準のひとつとして考えられるようになっていった。その中で、このような鈴木の指摘は、極めて重要であった。

一方、一九八一年には、紀伊和歌山藩主徳川家、長門萩藩主毛利家、蝦夷松前藩主松前家の墓所が大名家墓所として初めて国の史跡に指定された。これは、この時期に大名家墓所が改めて注目されるようになったことを物語っている。なお、一九八〇年代の歴史学による将軍墓の研究成果としては、浦井正明の『もうひとつの徳川物語―将軍家霊廟の謎』[註9]があった。

以上述べてきたように、将軍墓・大名墓に対する関心は一九八〇年代以降の近世考古学、とりわけ近世墓の調査・研究の活発化とともに高まってきた。さらに、近年、江戸では池上本門寺やその塔頭不變山永壽院の大名家墓所や寛永寺の徳川将軍家墓所（徳川将軍家御裏方霊廟）[註10]、国元では国の史跡指定や整備に関わる陸奥会津藩主松平家[註11]、加賀金沢藩主前田家[註12]などの墓所をはじめとして調査事例が格段に増加しつつある。

また、歴史学では岩淵令治が江戸・国元・高野山の大名家菩提寺の問題や、大名家の葬送儀礼の社会的意味について論じている。[註13]蓄積された考古学的知見にこのような歴史学の視点や成果が加わることによって、将軍墓・大名墓の調査・研究は新しい段階を迎えるに至ったのである。こうした状況を踏まえて、本稿では改めて近世の墓制・葬制の研究における将軍墓・大名墓の調査・研究の今後の方向性と意義を考えてみることにしたい。

二　江戸の将軍墓と大名墓

近世都市江戸の墓制の特徴のひとつは、埋葬施設がバラエティーに富んでいる点にあり、埋葬施設の構造は被葬者の身分・階層とほぼ対応関係にあったと考えられる。

筆者は、新宿区自證院遺跡の調査報告書の中で、大名墓である越後長岡藩主牧野家墓所の石室墓と農民の墓である神奈川県奈良地区遺跡群の伝瑞円寺近世墓壙群を両極に置き、[註14]その間に自證院遺跡の埋葬施設を構造・規模が複雑かつ大規模なものから単純かつ小規模なものへ並べて、埋葬施設の連続性、多様性は被葬者の身分・階層の重層性を物語っているのではないかという仮説を提示した。[註15]この仮説は、松本健によって被葬者が明らかな埋葬施設の事例が検討され、立証されるに至った。[註16]その後、筆者は江戸の墓制の特徴を「身分・階層の表徴としての墓」としてとらえ、江戸府内の埋葬施設と江戸府内および周辺村落の墓標の変遷とその背景を論じた。[註17]

将軍墓・大名墓は江戸の武家の墓制の頂点を含む上位に位置するものであり、ほぼ一八世紀以降は将軍墓の埋葬施設は石槨石室墓、大名墓は石室墓であった。また、同じくほぼ一八世紀以降の江戸の墓制において、境内の面積や寺領の石高などに見られる寺院の格式・規模と、そこに営まれている墓の被葬者の身分・階層が対応関係にあり、とりわけ江戸の将軍墓・大名墓の営まれた寺院は、中小寺院と比較して格式が高かったようである。[註18]すなわち、将軍墓が営まれた増上寺は寺域二〇〇、〇〇〇坪、寺領一〇、七四〇石、寛永寺は境内坪数三六五、〇〇〇余坪、寺領一一、七九〇石の巨大な寺院である。大名墓と考えられる石室墓が検出された寺院を見ると、新宿区自證院遺跡は境内坪数一〇、六〇〇余坪、うち門前町屋三〇〇余坪、寺領二〇〇石、台東区寛永寺護国院は境内坪数一三、三〇〇坪、寺領二〇石、天徳寺は境内坪数一一、〇五〇坪、うち門前町屋一、四五四坪、寺領五〇石といずれも大寺院であった。

将軍墓の変遷は大きく三段階に区分できる。[註19] 最も古い段階は一六三二（寛永九）年に没した増上寺の二代将軍秀忠の墓に始まるが、これは石室の中に輿にのせた隅丸長方形の桶を納めた構造であった。[註20] 次の段階になると、一六八〇（延宝八）年に没した寛永寺の四代将軍家綱の墓のときに、区画を設け、門扉・柵垣を作り、基壇の上に銅製の宝塔を造立して、石槨石室墓の中に木棺を納めた銅棺を置く型式になったと考えられる。その後、七代将軍家継〔一七一六（正徳六）年没〕の墓以降は石製の宝塔に変わり、廟を御霊屋と称するようになり、家継の墓を最後に御霊屋の造営をやめる。[註21] すなわち、将軍墓の変遷上の画期は一七世紀後葉と一八世紀前葉に認められるのである。将軍墓の変遷に関して、今野春樹は、徳川将軍家御裏方霊廟の調査成果から、徳川将軍家の女性の墓が五代綱吉生母桂昌院〔一七〇五（宝永二）年没〕から土葬になることを指摘し、綱吉による将軍家の墓制変革のひとつとしてとらえている。[註22] 今後は将軍家墓所全体のあり方を考える必要があるだろう。

一方、国元の大名墓の場合も、陸奥仙台藩主伊達家墓所の初代藩主政宗〔一六三六（寛永一三）年没〕、二代藩主忠宗〔一六五八（万治元）年没〕の墓は、石室の中に駕籠にのせた棺円形の桶を納めており、一六三二（寛永九）年に没した備前岡山藩池田忠雄の墓も石室の中に駕籠を納めていたと考えられ、将軍墓との共通性がうかがえる。また、国元の仙台藩主伊達家墓所では、一七一九（享保四）年に没した四代藩主綱村からは霊廟の造営をやめ、石製の墓標を造立するようになった。江戸では、越後長岡藩主牧野家墓所の場合、四代藩主忠壽〔一七三五（享保二〇）年没〕の墓のときに、埋葬施設の構造が定式化したようである。

このように、将軍墓と大名墓の事例を重ね合わせると、ほぼ同じような変遷をたどったように見える。これは先述の「大名墓が、将軍の墓に範をとり、それからの格差を含みつつも、なお一定の葬制を保持する規格性を有している」という鈴木公雄の指摘[註23]を裏付けるものであろう。すなわち、基本的に大名墓は将軍墓を指向して造営されたと言えるのである。ただし、そうした変化が全国一律に起きたと考えるのは危険であり、大名家の家の伝統や地域性、さらには大名の中の階層性も考慮しなければならないだろう。

三　大名墓と城下町の墓制

大名は、いうまでもなく、国元の城下町の武家社会において頂点に位置する存在であり、大名墓はその藩の身分・階層の表徴の基準であった。ここでは、城下町松前の墓標調査の成果をもとに、大名墓をふくむ城下町の墓標の様相を明らかにしたい。[註24]

松前藩の武家の家格は、文献資料から次のように分類されている。

A：寄合・準寄合／家老・江戸留守居役など

B：大書院・中書院・中之間など／勘定奉行・寺社町奉行・沖之口奉行・箱舘奉行・作事奉行・米奉行・目付など

C：小書院・士席御先手組など／勘定吟味役・沖之口吟味役・徒士など

図２　城下町松前の墓標

1 ～ 3：藩主　4 ～ 8：藩主家以外（1/100）　9 ～ 11：五輪塔系　12：笠塔婆

13 ～ 15：位牌形系　16 ～ 19：櫛形　20 ～ 27：角柱形（1/60）

（関根達人編『松前の墓石から見た近世日本』2012 より）

D：新組徒士・医師・通辞・足軽など
E：町年寄・町名主など

これらのうち、A・Bランクには知行場所が与えられており、上級家臣に位置づけられる。こうした武家の家格と墓標との関係は以下のとおりである。

①石廟：城下町松前の墓標型式の最上位にあった。藩主家や上級家臣など。

②五輪塔系：石廟の下位に位置づけられる。藩主家の夫人・子女や河野系松前家などの上級家臣。

③笠塔婆：位牌形系よりも若干上位に位置づけられる。位牌形系が笠塔婆よりもやや先行し、一九世紀にはほとんど造立されなくなることからいえば、両者の階層的位置づけは部分的に重複していたと思われる。笠塔婆は藩主家の子女にも見られ、院殿号をもつものは寄合・家老などのAランクの家がほとんどであり、院号をもつものには、B・C・Dランクの中之間・士席御先手組・新組徒士などの家が見られた。笠塔婆は、武家を中心に一部町人を含んだ墓標として造立されていたようである。

④位牌形系：被葬者が特定できるものを見ると、武家が大部分を占めており、町人や子どもは少ない。位牌形系は五輪塔系の下位にあり、笠塔婆と重複しながらも若干下位に位置づけられる。

⑤櫛形：院殿号、院号、居士・大姉が約七割以上を占める一二〇センチ（約四尺）のものは、大部分が武家であり、町人は少ない。藩主家をはじめ中之間などの家格の家が認められる。九〇～一二〇センチ（約三～四尺）では院殿号、院号、居士・大姉が約四～七割、九〇センチ（約三尺）以下では信士・信女、禅定門・禅定尼などが約六割以上を占めていた。居士・大姉と信士・信女の比率が逆転する一〇二センチを基準にすると、それ以下では町人の墓が多くなり、武家では足軽や使用人など家格の低いものが多く見られる。

⑥角柱形：院殿号、院号、居士・大姉が約六～八割以上あった一二〇センチ（約四尺）以上では、武家は藩主家を含み、町人よりも多い。九〇～一二〇センチ（約三～四尺）のものでは院殿号、院号、居士・大姉が約四～六割を占め、九〇センチ（約三尺）以下では信士・信女、禅定門・禅定尼などが約六割以上であった。上記の一〇二センチを基準にすると、町人の墓標の大部分はそれ以下であり、武家の墓標も認められる。

これを見ると、藩主松前家や上級家臣などは石廟・五輪塔系・笠塔婆という共通した墓標型式の墓を造立していることがわかる。

城下町の大名および上級家臣の墓標が共通するというあり方は、時津裕子が調査した城下町筑前秋月の墓標[註25]においても確認できる。城下町秋月の藩主黒田家、家老・中老、鉄砲頭・勘定奉行などの「馬廻」、その下の「無足」、「組外」以下の下級武士や商家などの墓標を分析した結果、墓標の高さは下層の墓になるにしたがって低くなり、以下のような型式と戒名の階層性が指摘された。

藩主・正室：特大笠付型（笠塔婆）中心、五輪塔・宝篋印塔、院殿号大居士・大姉

藩主家の子女・側室：笠付型（笠塔婆）・自然石、院殿号大姉、

大童子・大童女

家老・中老の「馬廻」(上層)：笠付型(笠塔婆)・自然石、院号居士・大姉

鉄砲頭・勘定奉行などの「馬廻」(下層)：自然石・櫛形・板碑形など、居士・大姉

「無足」：櫛形、居士・大姉

このように、城下町筑前秋月では、藩主黒田家および上級家臣である家老・中老の墓標には、ともに笠付型(笠塔婆)が用いられており、上述の城下町松前と同様のあり方がうかがわれる。こうした国元の城下町における藩主家と上級家臣の墓標の共通性は、先に述べた将軍墓と大名墓の変遷における共通性と同じように位置づけられるのではないだろうか。基本的に大名墓が将軍墓を指向して造営されたことから言えば、国元の城下町における上級家臣の墓標は藩主家の墓標を指向して造立されたのであろう。

ほぼ一八世紀以降の江戸の墓制において、寺院の格式・規模とそこに営まれている墓の被葬者の身分・階層が対応関係にあり、とりわけ江戸の将軍墓・大名墓の営まれた寺院が、中小寺院と比較して格式が高かったことは、先述のとおりである。同様の観点で、城下町の墓制の秩序と寺院の格式の関係を検討してみよう。

城下町松前では、藩主の御目見に際して、開国以来の旧寺である法幢寺・阿吽寺が七畳目、法源寺は三畳目と別格であり、寿養寺・龍雲院などは二畳目であった。法幢寺は藩主の菩提寺、阿吽寺は藩の祈祷所、法源寺は正広系蠣崎氏の菩提寺であり、二代藩主松前公廣の第四子家老松前廣諶の墓もある。寿養寺は守廣系蠣崎氏の菩提寺、龍雲院は二代藩主松前公廣の夫人が建立した。このように、城下町松前の有力檀家や開基の由来からみた寺院の格式と藩主御目見の際の序列はおおむね対応しているという。[註26] これは、江戸の将軍墓・大名墓の営まれた寺院の格式が高かったことと符合している。

すなわち、このことは、幕府や藩の寺院をはじめとする宗教的秩序と、将軍墓・大名墓および藩主・上級家臣の墓のあり方を究明していくことの重要性を示しているのである。

四　大名墓をめぐる問題

以上のように、大名墓をめぐる墓制の秩序について述べてきたが、ここではそこから派生する問題を考えてみたい。

第一に、大名墓の成立過程および変遷の問題がある。松原典明は大名家墓所の上部構造を六つに分類し、大名家墓所の様式の祖形は、中世禅宗における開山塔が廟に祀られる様式に求められ、そこから派生した類型(A類)が近世に入ってさらにほかの類型(B～F類)に派生したという見解を示している。[註27] こうした大名墓の成立過程が、豊臣期から徳川期への政治的状況とどのように関わっていたかは極めて重要であろう。

かつて鈴木公雄は、各大名家の墓標の型式が定められたのを寛永年間(一六二四～一六四三)の比較的早い時期であろうと推定しており、[註28] 今後の検討が必要である。

先述のとおり、将軍墓は一七世紀後葉および一八世紀前葉という二つの画期をはさんで変遷し、大名墓もほぼ同様の変遷をたどったように見える。この問題に関して、松原典明は、大名墓の上部構造において、石柵を廻らし、基壇を造り、花瓶・水盤・灯籠などの荘厳具を配置するなどの様式が一七世紀中葉から後半にかけて全国的

にほぼ画一化されると指摘している。[註29] これは、将軍墓において、寛永寺の四代将軍家綱〔一六八〇（延宝八）年没〕の墓から、区画を設け、門扉・柵垣を作り、基壇の上に銅製の宝塔を造立した型式に変化したことに対応するものであろう。おそらく一七世紀後葉および一八世紀前葉という二つの画期の方向性は、同様であったと考えられる。

第二に、大名の中の階層性、大名家の伝統と変容や被葬者個人の出自、宗教性の問題がある。大名の中の階層性について、鈴木公雄は次のように述べている。[註30]

> 大名と一括される身分も、けして（ママ）単一な内容を有するものではなく、将軍家との血縁的・政治的・経済的距離に応じた区分が存在していたのであるから、それらが葬制にまで反映されていた可能性は十分に考えられえる。（中略）これら（血縁的・政治的・経済的距離＝引用者）のいずれが葬制における序列化に決定的にかかわるかは興味ある問題である。

実際、近年では、個々の大名家の墓制・葬制に関わる成果が蓄積されつつある。陸奥三春藩主秋田家墓所を調査した平田禎文によれば、藩主の墓は廟堂と高野山の五輪塔であったが、一七世紀末ごろに墓が定式化し、一八世紀中頃までに廟堂や高野山の石塔造立をやめて尖頭角柱形の墓標に変化した。これは全国的な大名墓の動向であるが、一方、重要視された人物は複数の墓所を設け、評価が変わると墓が隠されるという個人の事例もあったという。[註31]

文献資料による大名家の葬送儀礼の研究も、興味深い成果をあげている。小林義孝は、陸奥仙台藩主伊達家の初代藩主政宗から四代藩主綱村の葬儀において、領民などの前で空棺を焼き、灰塚として保存した儀礼が行なわれたことを明らかにした。[註32] 岩淵令治は、因幡・伯耆鳥取藩主池田家の初代藩主光仲および江戸で死去した六代藩主治道の江戸と国元での葬儀を分析し、在位中の藩主が死去した葬儀を代替りの儀礼として位置づけている。[註33]

大名家の伝統と変容に関連して、宗教的背景の問題がある。松原典明は、大名家の墓制には儒者の関与が考えられ、朱熹の『家禮』に依拠した葬儀を規範としていたことが埋葬施設に認められるという。[註34] 池上本門寺の塔頭不變山永壽院にある、因幡・伯耆鳥取藩初代藩主池田光仲正室の芳心院殿〔一七〇八（宝永五）年没〕の墓所の調査報告書では、被葬者が火葬にされた背景に日蓮宗との関連があったとされている。大名墓の宗教的背景は、時代、家や個人と関わるものであったと言えよう。

また、江戸・国元・高野山という大名家墓所のあり方も重要である。関根達人は江戸・国元・高野山の墓所の比較検討を行なっており、[註35] 岩淵令治によると、藩主の葬地は基本的には江戸・国元の両方で、死去した場所が葬地決定の要因になったが、外様大藩などは必ず国元を葬地としたという。[註36] 今後は個々の大名墓所全体のあり方を考える必要がある。

第三に、大名墓の被葬者の形質人類学による研究も重要なテーマである。鈴木尚は、増上寺徳川将軍家墓所から発掘された将軍および夫人・子女などと、尾張藩主徳川家・仙台藩主伊達家・高遠藩主内藤家・沼津城主水野家・長岡藩主牧野家・黒田藩家老久世家などの大名の遺骨に典型的貴族形質を見出し、これを日本人の小進化のなかに位置づけた。[註37] 近年調査された徳川将軍家御裏方霊廟の調査報告書において、鈴木尚が将軍家女性の顔面の形態としてあげた

「細長い顔」「高い眼窩」「細い鼻」という貴族形質が認められたが、「超現代的」とするのは、ある程度の修正を要するという見解が提出されている。(註38)

将軍墓・大名墓の被葬者の形質人類学的研究の意義は、これだけにとどまらない。鈴木公雄は「生没年代、年令、性別が明確なうえに、血縁系譜が明らかで、かつそれが数世代にわたって連続する」ような「条件をもつ人骨標本は従来ほとんど存在しなかったといってもよく、（中略）世代を重ねるにつれて人間の骨格に示される諸形質がどのように変化するか、あるいは継承されていくかという重要な問題を明らかにするさいの基本資料としてきわめて貴重である」と述べている。(註39)

また、最近では近世墓出土人骨の階層性を論じた研究が行なわれるようになり、(註40)今後は将軍墓・大名墓を含めた近世人骨総体の階層性が問題になるだろう。

将軍墓・大名墓研究においては、将軍墓と大名墓の関係のみならず、将軍墓の場合は旗本・御家人などの幕臣の墓との関係、大名墓の場合は藩士の墓との関係を検討する方向性をもつべきであり、さらに言えば、武家の墓制・葬制と町人や農民などを含めた近世の墓制・葬制総体の中で、将軍墓・大名墓の位置づけを展望していく広い視野が求められるのである。

（註1）牧野実参「子爵織田長繁家墓地整理記」『掃苔』六―四、一九三七
　玉林晴朗「江戸時代墳墓の地下構造遺構研究」（一）・（二）『掃苔』一一―七・八、一九四二
（註2）鈴木　尚・矢島恭介・山辺知行編『増上寺徳川将軍墓とその遺品・遺体』東京大学出版会、一九六七
（註3）河越逸行『掘り出された江戸時代』丸善、一九六五
（註4）栩木　真「河越逸行氏寄贈資料」『新宿区立歴史博物館研究紀要』二、一九九四
（註5）藤井　駿ほか『池田忠雄墓所調査報告書』岡山市教育委員会、一九六四
（註6）鈴木公雄ほか『長岡藩主牧野家墓所発掘調査報告書』東京都港区教育委員会、一九八六
（註7）伊東信雄編『瑞鳳殿伊達政宗の墓とその遺品』瑞鳳殿再建期成会、一九七九
　伊東信雄編『感仙殿伊達忠宗善応殿伊達綱宗の墓とその遺品』財団法人瑞鳳殿、一九八五
（註8）鈴木公雄「総括」前掲書註6、二二三～二二四頁
（註9）浦井正明『もうひとつの徳川物語―将軍家霊廟の謎』誠文堂新光社、一九八三
（註10）坂詰秀一編『池上本門寺近世大名家墓所の調査』日蓮宗大本山池上本門寺、二〇〇二
　坂詰秀一編『不變山永壽院芳心院殿妙英日春大姉墓所の調査』不變山永壽院、二〇〇九
　寛永寺谷中徳川家近世墓所調査団編『東叡山寛永寺徳川将軍家御裏方霊廟』吉川弘文館、二〇一二
（註11）会津若松市教育委員会文化課編『史跡会津藩主松平家墓所Ⅰ』会津若松市文化財調査報告書九二、二〇〇四
　会津若松市教育委員会文化課編『史跡会津藩主松平家墓所Ⅱ』会津若松市文化財調査報告書一〇二、二〇〇五
（註12）金沢市埋蔵文化財センター編『野田山・加賀藩主前田家墓所調査報告書』金沢市文化財紀要二五〇、金沢市埋蔵文化財センター、

二〇〇六
高岡市教育委員会編『高岡市前田利長墓所調査報告』高岡市教育委員会、二〇〇八

（註13）岩淵令治『江戸武家地の研究』塙書房、二〇〇四
岩淵令治「真田家と菩提寺」『松代』二〇、二〇〇七
岩淵令治「大名家の墓所・霊廟」『史跡で読む日本の歴史九 江戸の都市と文化』吉川弘文館、二〇一〇
岩淵令治「近世大名家の葬送儀礼と社会」『国立歴史民俗博物館研究報告』一六九、二〇一一

（註14）伊藤正義ほか『奈良地区遺跡群Ⅰ No.11地点受地だいやま遺跡』下巻、奈良地区遺跡調査団、一九八六

（註15）谷川章雄「自證院遺跡における墓標と埋葬施設」『自證院遺跡』東京都新宿区教育委員会、一九八七

（註16）松本 健「江戸の墓制―埋葬施設にみられる武家社会―」『文化財の保護』二二、東京都教育委員会、一九九〇

（註17）谷川章雄「江戸の墓地の発掘―身分・階層の表徴としての墓―」『甦る江戸』新人物往来社、一九九一

（註18）谷川章雄「江戸の墓の埋葬施設と副葬品」『墓と埋葬と江戸時代』吉川弘文館、二〇〇四

（註19）前掲註18に同じ

（註20）鈴木 尚『骨は語る徳川将軍・大名家の人びと』東京大学出版会、一九八五

（註21）矢島恭介「将軍および一族の墓の性格とその特色」前掲書註2

（註22）今野春樹「徳川将軍家の葬儀および墓所構造の検証」前掲書註10寛永寺谷中徳川家近世墓所調査団編二〇一二

（註23）前掲註8に同じ

（註24）谷川章雄「松前の墓石と社会」『松前の墓石から見た近世日本』北海道出版企画センター、二〇一二

（註25）時津裕子「近世墓にみる階層性」『日本考古学』九、二〇〇〇

（註26）朽木 量「寺と墓」『松前の墓石から見た近世日本』北海道出版企画センター、二〇一二

（註27）松原典明『近世大名葬制の考古学的研究』雄山閣、二〇一二

（註28）鈴木公雄「肥前佐賀藩主鍋島家墓所」『港区指定文化財昭和六二年度』港区教育委員会、一九八七

（註29）前掲註27に同じ

（註30）鈴木公雄「総括」前掲書註6、三二三頁

（註31）平田禎文「近世大名墓にみる家と個―三春藩主秋田家を中心に―」『福島考古』五一、二〇一〇

（註32）小林義孝「伊達政宗の葬儀（上）（下）」『大阪文化財研究』三一・三四、二〇〇七・二〇〇九

（註33）前掲註13岩淵二〇一一に同じ

（註34）前掲註27に同じ

（註35）関根達人「近世大名墓における本葬と分霊」『歴史』九九、二〇〇二

（註36）前掲註13岩淵二〇〇四に同じ

（註37）前掲註20に同じ

（註38）前掲註10寛永寺谷中徳川家近世墓所調査団編二〇一二に同じ

（註39）前掲註30、三二一頁

（註40）米元史織「生活様式の復元における筋骨格ストレスマーカーの有効性」『Anthropological Science（Japanese Series）』Vol. 一二〇（一）、二〇一二、一五―四六頁

権力の象徴としての大名墓

関根達人

一 問題の所在

近世大名墓は同じ権力者の墓でも古墳と異なり、被葬者の特定が容易である。そのため、近世大名墓に関しては、墓標・埋葬方法・埋葬施設・副葬品といった考古学的に認識される諸要素と、文献史料から判明する被葬者の社会的地位がどのように対応するのか、特段複雑な仮説を立てずとも検討することが可能なように思われる。しかし、実際には問題はそれほど簡単ではない。

近世大名は、家格・官位・石高・役職を反映した江戸城内の伺候席上、大廊下上之部屋から菊間広縁まで格付けされていた。将軍から一万石以上の領地を認められた大名は、全国に二六〇から二七〇存在していた。江戸時代を通して一大名家に平均一五名の当主がいたと見積もると、近世大名の総数は約四〇〇〇名に及ぶ計算となる。

大名家の多くは国元と江戸に加え、高野山にも墓所を有していた。転封を繰り返した大名家の場合、墓所の数はさらに増える。大名のなかには、死後、国元と江戸、さらには高野山などに複数の墓を有するものが少なくないことを考え合わせれば、江戸時代の大名墓は、当主の墓に限っても一万基近くに達すると推定される。近年、大名墓に関する研究は著しく進展したが、全国各地に散らばる大名墓に関する基礎的なデータベースは未整備の状態にある。[註1]

筆者は、大名墓には遺体が埋葬されている「本葬墓」と、遺体を伴わない詣り墓としての「分霊墓」があることを指摘した。[註2]また、転封などに伴い大名墓にはしばしば改葬がみられるが、それら「改葬墓」については一次葬である本葬墓と区別する必要があろう。本稿の目的は権力の象徴としての大名墓を論ずることにあるが、大名墓を比較検討する場合、はじめに個々の墓が本葬墓・改葬墓・分霊墓のどれなのか、また造営場所が江戸なのか国元なのかを問わずして、問題の本質に迫ることはできない。しかし、複数の墓を有する大名のなかには、すでに江戸時代の段階で埋葬地がわからなくなっているなど、本葬墓の特定が困難な事例も少なくない。[註3]

近世大名墓の実態解明が進むにつれ、現在私たちの目の前に存在している大名墓が、造営当時の姿をとどめているとは限らないことが明らかとなってきた。江戸時代にも様々な理由で墓所の改変は行なわれているが、とくに明治初期の廃仏毀釈・廃藩置県は、精神的・経済的な面で大名家墓所の在り方に大きな影響を及ぼした。例えば、史跡指定に伴い調査が行なわれた金沢市野田山の金沢藩主前田家墓所や彦根市曹洞宗清凉寺の彦根藩主井伊家墓所では、江戸時代に描かれた絵図面との対比から、盛岡市聖壽禅寺の盛岡藩三代藩主南部重直墓では発掘調査により、現在残っていない木製あるいは石製の霊屋が墓標を覆っていたことが判明している。(註4)石製墓標に比べ耐久性が低いため遺存例が少ないだけで、基壇や礎石からみて本来は木造霊屋が伴っていたと推定される大名墓は枚挙に暇がない。

大名墓の研究が進むなかで、近世大名の葬墓制が戦国大名の造墓規範を継承しながらも、独自にそれを継承・発展させ、家（藩）ごとに葬儀礼を確立したことが明らかとなってきた。少なくとも地上に作られた上部施設を見る限り、大名墓は家（藩）ごとに個性に富んでおり、「前方後円墳体制」のように全国的な政治秩序に基づき定型化されてはいない。大名墓を正しく理解するには、大名（当主）みならず、正室・側室・子息女といった身内に加え、重臣から平士・足軽に至るまで広く家臣の墓をも視野に入れた研究が不可欠だが、藩全体を視野に入れた研究はまだ始まったばかりである。(註5)

二　近世大名家墓所の選地と構成・区画・配置原理

（一）墓所の選地

近世大名家は江戸と国元に墓所を有する。戦国から江戸初期には、父母や子息女の菩提を弔うため、大名が多くの塔頭寺院を建立した。そのため国元の大名家の墓所は複数の場所に分かれているケースが非常に多い。徳川将軍家もまた例外ではなく、歴代の将軍墓は菩提寺の増上寺と祈願寺とした寛永寺に分かれて存在する。陸奥弘前藩主津軽家の場合、津軽氏の始祖とされる南部光信の菩提を弔うために開かれた長勝寺を菩提寺としつつ、藩祖為信は革秀寺、二代信枚は津梁院、三代信義は報恩寺、四代信政は高照神社というように、一八世紀初めまでは藩主が死亡する度に亡き藩主の霊を祀る寺社を建立している。一七世紀代には寺院や塔頭寺院に由来する御霊屋の造営こそが大名墓の特質であり、大名の法名の院号や道号を冠した寺院や霊廟が数多く建てられた。しかし一六三一（寛永八）年の「新寺建立禁止令」や一六八八（元禄元）年の「寺院古跡新地之定書」など寺請制度確立の過程で行なわれた新寺建立制限や、財政悪化を理由とする七代将軍吉宗による霊廟造営停止により、一八世紀初頭を境に塔頭寺院や霊屋の建立は全国的に下火となった。一八世紀以降、大名墓が有する権力の象徴性が弱まったことは否めない。

国元の大名家墓所が城下町や城下の寺院街のどのような場所に営まれているかは、大名墓の政治的・宗教的役割を考える上で重要な問題だが、現段階では十分に検討されているとは言い難い。金沢藩主前田家の墓所が、金沢城に近い小立野・寺町・卯立山山麓の寺院街ではなく、城からの眺望性を意識した郊外の野田山墓地の最高所に位置し、その周りをあたかも藩主家を守るかのように加賀八家の長家・前田土佐守家・奥村宗家・横山家・村井家・奥村支家の墓所が取り囲んでいる景観は、藩主前田家の権力を象徴している。本州最北の城下町弘前の場合、弘前城防衛の要である長勝寺構と新寺町の二ヵ所に寺院街があり、前者には長勝寺、後者には報恩寺に藩主津軽家の墓所が存在するが、ともに城下のなかで津軽氏による支配の正当性と格式序列を再確認する場として機能している（図1）。

藩主家の菩提寺が藩主家だけの檀那寺であるか否かという問題も、藩主と家臣との関係性を考える上で追究すべき課題である。

（二）墓所の構成・区画・配置原理

大名家墓所のどの場所に誰が本葬ないし分霊されているかは、大名家内部の人間関係や世襲の在り方を考える手がかりとなる重要な問題だが、史跡指定された大名家墓所などを除けば、十分検討されていると云い難い。長期間にわたって営まれ続けた大名家墓所は、大名家の存亡にかかわるような重要な出来事がきっかけとなって再整備が行なわれている場合が多い。大名家の墓所には、当主・正室・側室・子女・その他（殉死者・御預人・召使など）の墓がみられる。墓所内での墓の配置は、主として故人の生前の立場と墓の造営時期の二つの原理により決定される。大名家墓所における墓の配置は、歴代当主（藩主）のみを切り離して中心に配置するⅠ類（会津藩主松平家院内墓所・米沢藩主上杉家墓所など）、当主と室をペアで配置するⅡ類（水戸藩主徳川家瑞龍山墓所・長岡藩主牧野家済海寺墓所など）、当主と室の墓の周囲に子女の墓を配置し世代を優先した区画を採るⅢ類（新庄藩主戸沢家瑞雲院墓所・金沢藩主前田家野田山墓地など）の三類型に大別される。彦根藩主井伊家墓所（図2）の場合、正面の最も大きな平場に初代直政をはじめとする歴代の藩主墓を配置し、藩主以外の墓はその背後の斜面を新たに造成した平場に営まれており、Ⅰ類に分類される。歴代藩主墓の前面にある一八五四（嘉永七）年に建立された一対の花崗岩製燈籠は、墓所が一三代藩主直弼の代に大きく整備されたことを物語っている。

三　近世大名墓の上部施設

（一）上部構造とその類型

大名墓を構成する要素のなかで地上に作られた施設としては、霊屋（鞘堂）、拝殿（拝所）、門、墓標・位牌（神主）、基壇、墳丘、堀、玉垣・土塁・板塀・築地・石柵、敷磚、燈籠、花瓶、手水鉢（水盤）、香炉（香台）、墓碑・顕彰碑・神道碑などが認められる。このうち霊屋・拝殿などの木造建造物は「霊廟建築」と呼ばれ、建築史の研究対象となってきたが、[註6]その他の施設との組み合わせについては十分な検討がなされているわけではない。

白石太一郎は、享保末年頃の段階で二〇万石以上の禄高を有する有力大名家の墓所を葬制に基づき次のように類型化した。[註7]

Ⅰ類：仏教形式のもので、石塔を基壇の上の建てるA類、御霊屋形式のB類、石廟形式のC類、霊廟を伴うD類に細分される。
Ⅱ類：儒葬形式のもの
Ⅲ類：神葬形式のもの

松原典明は、大名墓の上部構造を次の六類型に分類し、中世禅宗塔頭寺院の開山堂に連なるA類が古く、それ以外は近世期にA類から派生したとした上で、B類を近世王権の墓所様式とした。[註8]

A類：墓標（石塔・石碑）を木造霊屋（鞘堂）が覆うもの
B類：墓域としての木造霊屋とは別に拝殿が伴うもの
C類：木造霊屋の前面に拝殿が直結するもの
D類：霊屋がなく基壇を重視し中心に塔やマウンドを設けるもの
E類：墳墓タイプで三段築成や地形頂部を墳とするもの
F類：石廟（石造霊屋）

葬制の背景をなす思想に着目した白石の分類は、葬制と上部施設との対応関係が必ずしも明確化されていない点に課題が残る。一方、松原の分類は、墳丘を伴う墓がC類とD類に分かれ記述に混乱がみられる点や、F類として独立させた石廟がE類に分類された加

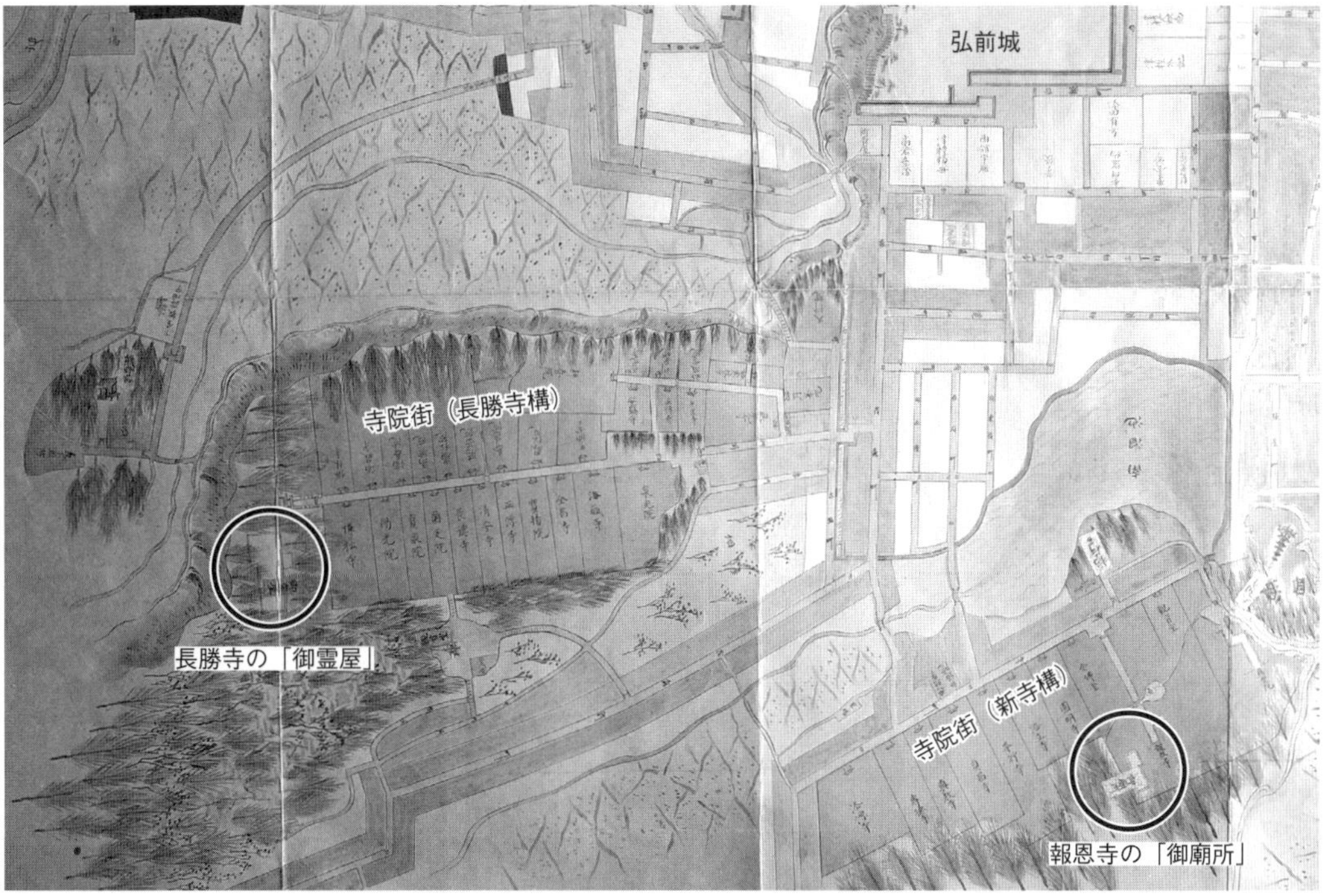

図１　弘前城下の寺院街と藩主津軽家墓所（弘前市立図書館所蔵『弘前分見惣絵図』に加筆）

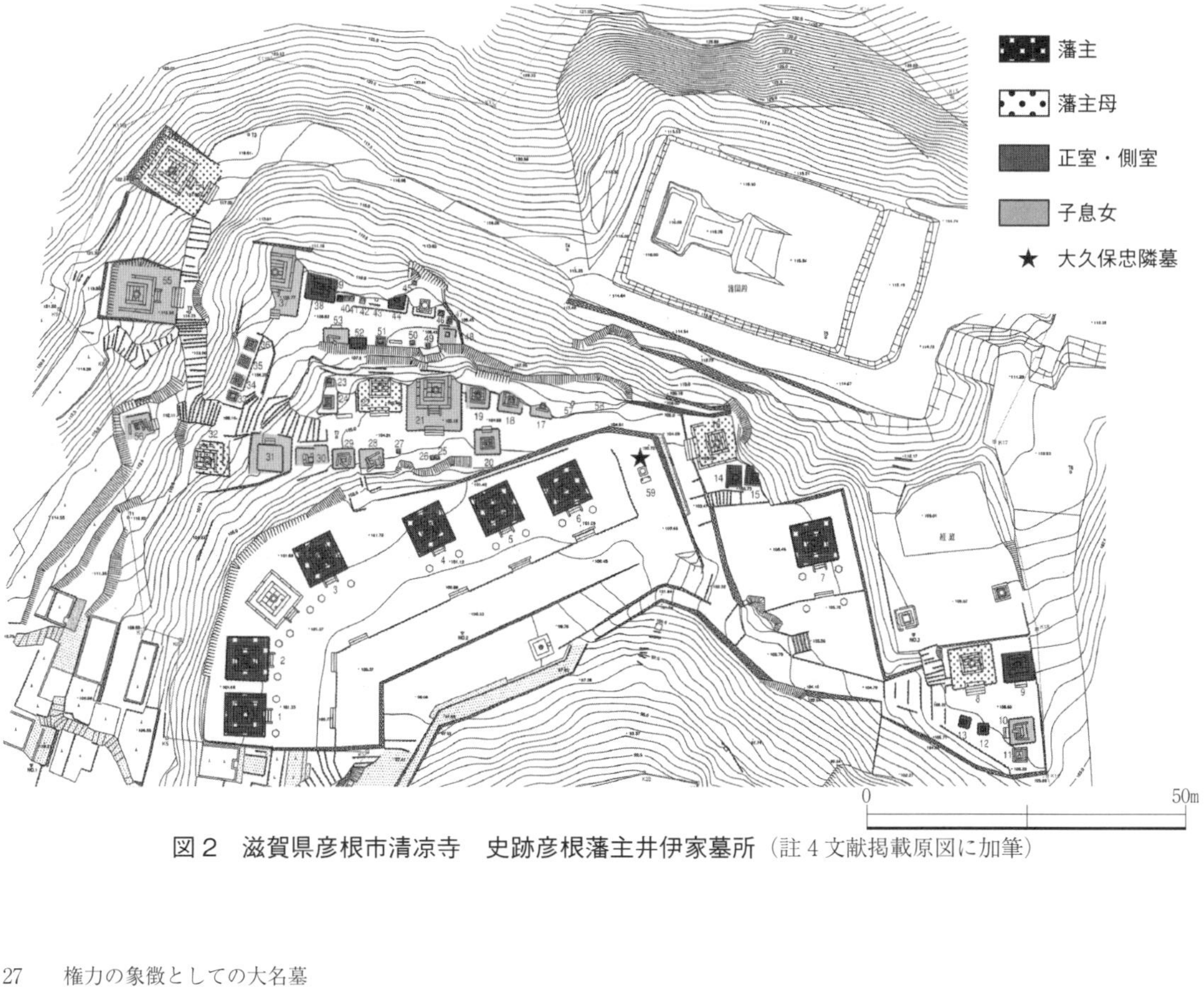

図２　滋賀県彦根市清凉寺　史跡彦根藩主井伊家墓所（註４文献掲載原図に加筆）

賀前田家墓所に見られることに加え、材質の違いだけでA・B・C類の木造霊屋と本質的には変わらない点などの問題がある。[註9]

筆者は大名墓の上部構造を機能と系譜から次のように分類する。

1類：埋葬施設上に霊屋が建つもので、内部に墓標を納めるa類と、木像を納めたb類（影殿・御影堂）、位牌（神主）を納めたc類に細分できる。

2類：埋葬施設上の霊屋とは別に拝殿を有するもの。

3類：埋葬施設上に墳丘を構築し、手前に礼拝施設（遥拝所）を有するもの。墳丘形態（円形・方形・八角形・馬鬣形）と礼拝施設（木造拝殿・石廟・亀趺碑など）によって細分される。

4類：埋葬施設上に基壇を構築し、その上に墓標を設置するが、鞘堂は設けないもの。基壇の構造（壇上積・間知積）や墓標形態により細分される。

1類は松原が指摘するように、中世禅宗塔頭寺院の開山堂から派生したもので、内部に墓標を納めたa類は戦国大名墓にすでに採用されている。越前・若狭で成立した福井市足羽山産の笏谷石を用いた石廟は、高野山奥の院の福井藩初代藩主結城秀康廟で越前式石廟として完成する。内部に位牌（神主）を納めたc類は、近世大名墓に神・儒葬が取り入れられた一七世紀中葉に成立したと考えられる。

2類は秀吉の霊を祀るため、一五九九（慶長四）年に京・阿弥陀ヶ峯に営まれた豊国廟に始まり、七代までの徳川将軍墓や仙台市経ヶ峯の初代から三代までの仙台藩主墓、熊本市妙解寺跡の初代・二代熊本藩主墓などにみられ、初期近世大名墓の頂点に位置する。

3類は瀬戸市定光寺の尾張徳川家初代義直（源敬公）廟（儒葬墓・円墳）、常陸太田市瑞龍山の水戸徳川家墓所（儒葬墓・馬鬣封／円錐形）、会津藩松平家墓所（神道葬墓・円墳）、金沢市野田山の金沢藩主前田家墓所（仏葬墓・有段方墳）、備前市和意谷敦土山の岡山藩主池田家墓所（儒葬墓・円墳）などが知られる。野田山の金沢藩主前田家墓所以外は儒葬ないし神道葬式で、埋葬施設上の墳丘は小さく前面に亀趺碑などの大型の石碑が建つ。前田家墓所を特徴づける有段方墳は、野田山の報告書では北陸の中世墳墓に系譜を求めている。3類のうち儒葬式の墓では、一六五一・五二（慶安四・五）年に造営された尾張徳川家初代義直廟が古くかつ最も大きいことから、大名墓の一型式として定着するにあたり、これがモデルの役割を果たしたと思われる。

4類は近世墓の最も一般的な型式である。静岡市久能山東照宮の徳川家康墓や高岡市の金沢藩二代藩主前田利長墓は4類を代表する石積大型基壇墓であり、大名墓の一型式として4類が定着するにあたり、モデルとなった可能性を指摘しておきたい。なお、石積基壇墓については、中世高僧の墓に系譜が辿れるとの意見がある。[註10]

一七世紀中葉以前に造営された、主な有力大名墓の平面図を図3に示した。廟墓全体の規模や構造の多様性が顕著だが、分霊墓である高野山奥の院の松平秀康の石廟を除き、核となる埋葬（本葬）施設の種類は異なってもその面積は意外なほど似かよっている。

以上、近世大名墓の上部構造のうち1類と4類は中世墓に起源が辿れるが、大名墓への採用に伴い飛躍的に大型化する。豊国廟を原点とする2類は近世王権墓にふさわしい新たな構造だが、徳川将軍家・仙台藩主家ともに一八世紀初頭には姿を消す。1類は2類よりも格が下がる。江戸に営まれた大名墓が七代以前の将軍墓を除き4類に属するのに対して、国元では次第に4類が増加するものの、

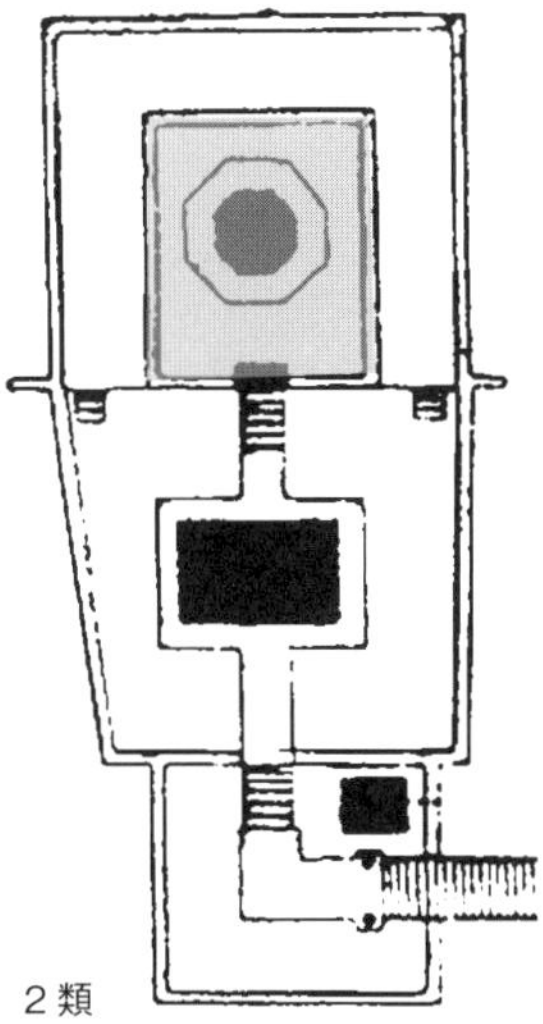

2類

初代将軍徳川家康本葬墓
（日光東照宮奥社）
1617年造　1641年・1683年改造
（村上訒一『日本の美術295 霊廟建築』）

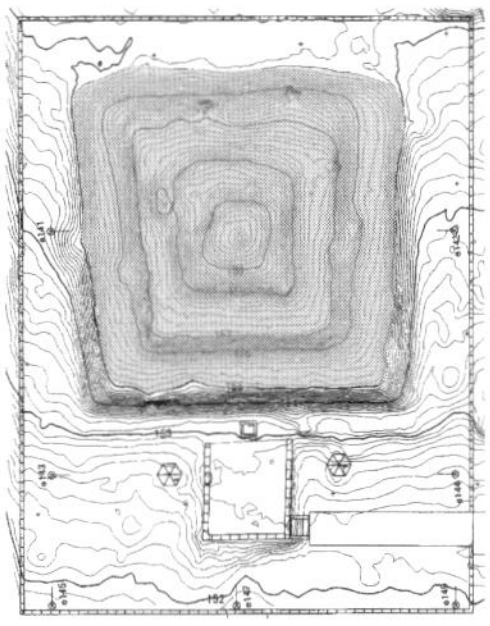

3類

金沢藩初代藩主前田利家本葬墓
（野田山）1599年造
（金沢市『野田山・加賀藩主前田家墓所調査報告書』）

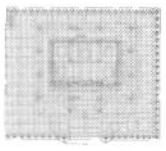

1類

福井藩初代藩主松平秀康分霊墓
（高野山奥の院）1607年造
（高野山文化財保存会『重要文化財松平秀康及び同母霊屋修理工事報告書』）

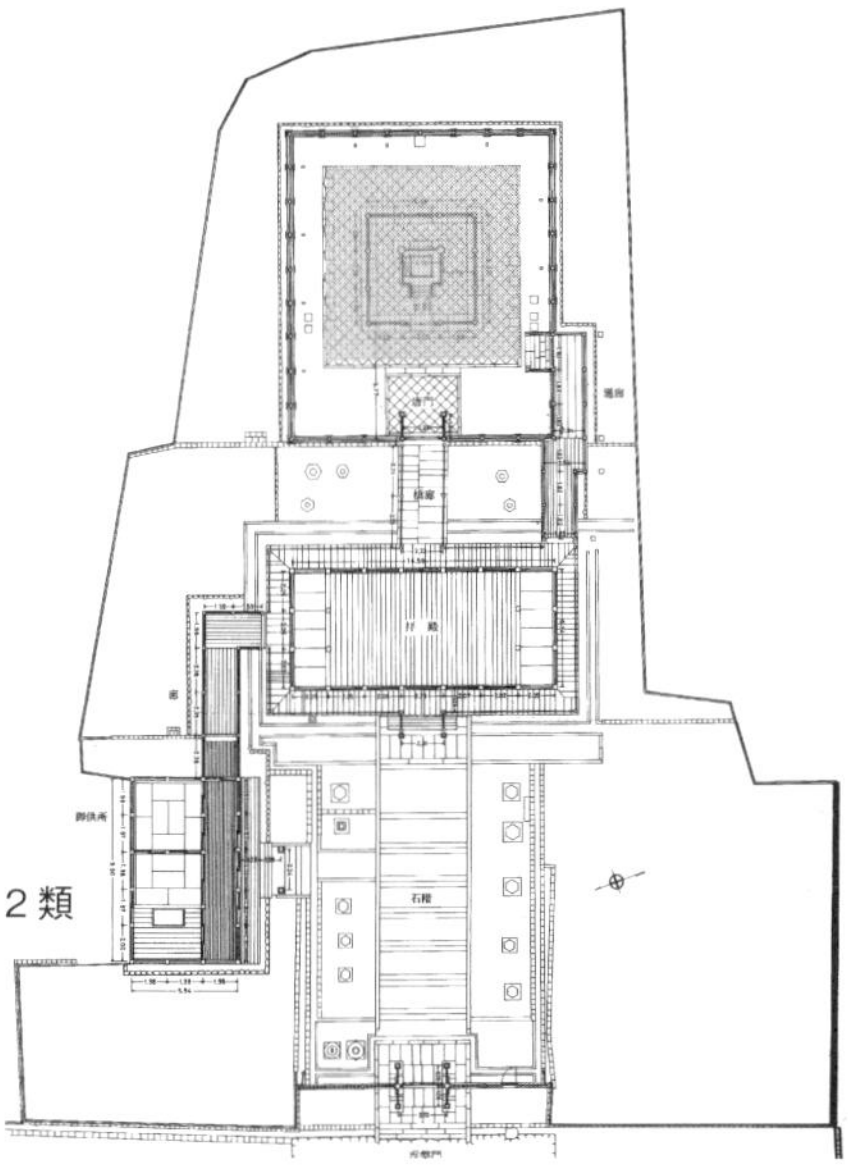

2類

仙台藩初代藩主伊達政宗墓（瑞鳳殿）1637年造
（伊東信雄編『瑞鳳殿伊達政宗の墓とその遺品』）

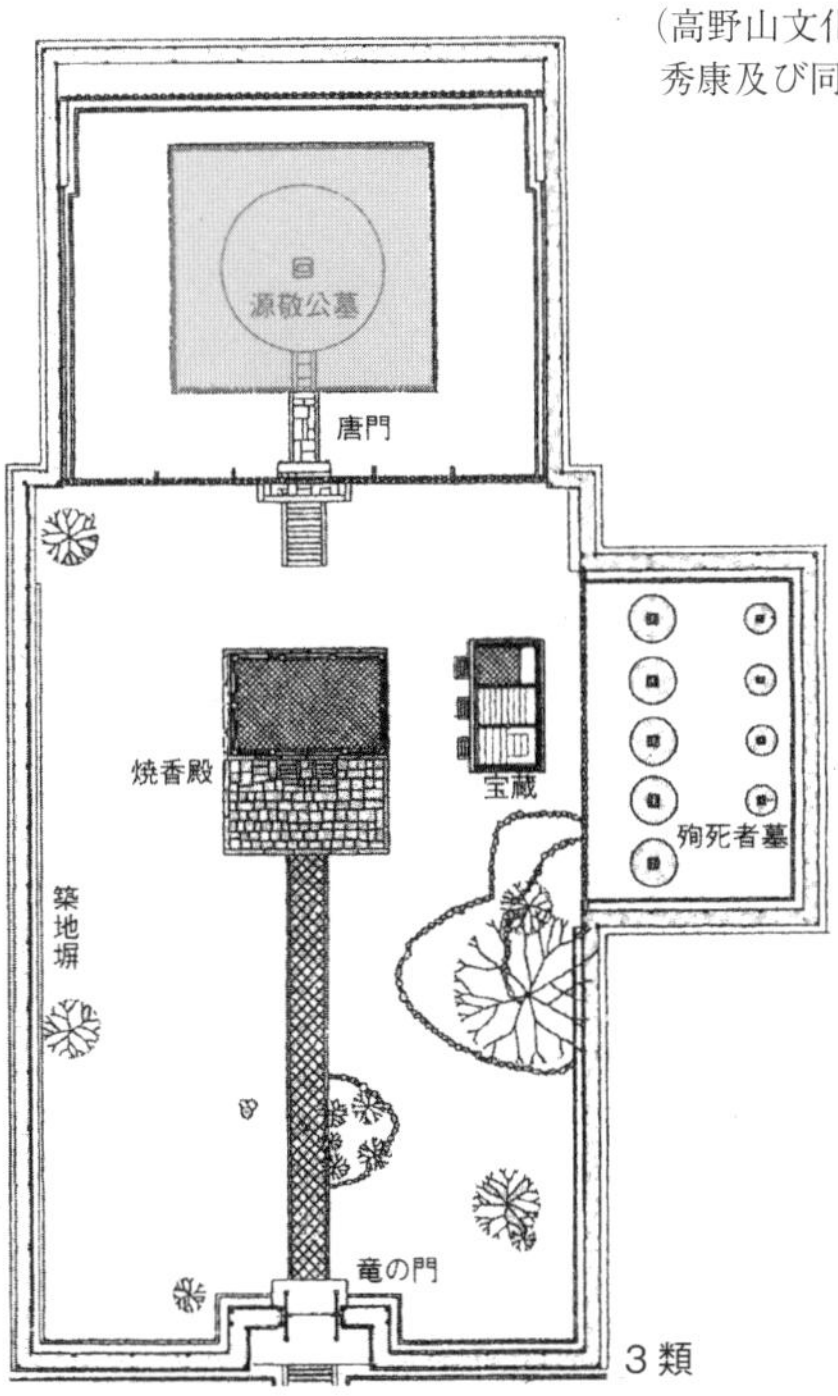

3類

尾張藩初代藩主徳川義直墓（源敬公廟）
1651・52年造
（愛知県史編さん委員会『愛知県史別編文化財1』）

4類

金沢藩二代藩主前田利長本葬墓　1614年造・1646年大改造
（高岡市教育委員会『高岡市前田利長墓所調査報告』）

埋葬・分霊施設の範囲　0　50m

図3　初期近世有力大名墓の上部施設

1・3類も幕末まで存続し、高野山には1・4類がみられる。

近年、一七世紀中葉以降、儒教の喪禮に則った近世大名墓が多く営まれたことが明らかとなり注目されている。上述の分類では1c類や3類の多くが儒葬式の大名墓に相当する。

青森県黒石市の黒石神社に祀られている津軽信英の廟墓[註11]（図4）は、儒葬が大名や儒家に留まらないことに加え、儒葬墓には1類と3類の融合形が存在すること示す。黒石神社の本殿は信英の本葬墓上に位置し、境内には一三回忌に嫡子信敏が奉納した石燈籠、同じく家臣が奉納した手水鉢、百回忌に五代著高が寄進した石燈籠がある。本殿内は砂利敷で、切妻屋根形の漆喰槨（馬鬣封）を中心に、背後には嫡子信敏が一周忌に建てた小型の墓碑、前面には五〇回忌に孫の信全が建てた大型の頌徳碑が据えられている。本殿が建てられた時期は不明だが、本殿内に残る信英の二男信純（十郎兵衛信統）が奉じた「追遠堂」の額は、比較的早い段階から埋葬施設上に覆屋（鞘堂）が存在していたことを物語る。[註12]

（二）墓　標

大多数の大名墓は墓標を有するが、墓標の代わりに霊屋内に木像を納めた厨子や位牌（神主）を安置する例もある。墓標の大部分は石製だが、銅製宝塔や木製宝塔、彩色木製五輪塔もみられる。[註13]

石製墓標の型式は多様で、大名家ごとに違うが、一つの大名家の墓所内では、藩主を頂点として、藩主生母・藩主後継者、正室、側室、子息女の序列で、型式や大きさに格差が認められる場合が多い。

石製墓標の頂点に君臨するのが、木造建造物を模した宝塔で、徳川将軍家（将軍・正室・生母・成人子女）・紀州徳川家・御三卿に使用が限られる。古くは宝塔と同じく中世からの伝統をもつ五輪塔や宝篋印塔、無縫塔に加え、近世になって現われる五輪塔と宝篋印塔の折衷形などの塔類が目立つが、時期が下るにつれ碑形のものが多くなる。大名家墓所の構成員のなかでは下位に属する側室や子息女の墓には塔形に比べ格が下がる笠塔婆形や角柱形、櫛形の墓標も多い。なお、神道形式や儒葬形式の大名墓では、埋葬施設の前面に亀形の石を台として大型の石碑を乗せた亀趺碑が多くみられる。

四　埋葬施設

同じ本葬墓でも、土葬と火葬とでは埋葬施設は大きく異なる。ここでは話を土葬墓に限るが、儒葬墓や神道葬墓の発掘調査例は少なく、仏葬墓の埋葬施設との異同については不明である。

江戸遺跡で発掘調査された近世墓の事例から、大名墓の埋葬施設は、徳川将軍家や御三卿清水家にみられる石室石槨墓を頂点とするも、石室木炭・石灰（漆喰）槨墓が一般的であったことが判明している。[註14]地方では弘前藩主津軽家報恩寺墓所のように石の代わりに角材を井桁状に高く組み上げ木室とする事例も知られているが、埋葬施設には、上部施設程の多様性はみられず、格差も小さい。

陸奥盛岡藩主の陪臣ながら藩主一門に列し一万二千石余を拝した遠野南部家二八代当主義顔の墓は、墓標は盛岡藩主南部家の五輪塔に対して笠付方柱形と格下だが、埋葬施設は石室木炭・漆喰槨墓と大名墓並であった。[註15]人目に付きやすく厳格な社会的規制が働く上部施設と異なり、地下の埋葬施設や副葬品は身分より実質的な経済力（禄高）に左右される傾向にあったことが推察される。

二〇一二（平成二四）年、弘前藩主津軽家の菩提寺である長勝寺境内で、一八六八（明治元）年一一月、箱館戦争に伴い亡命先の弘

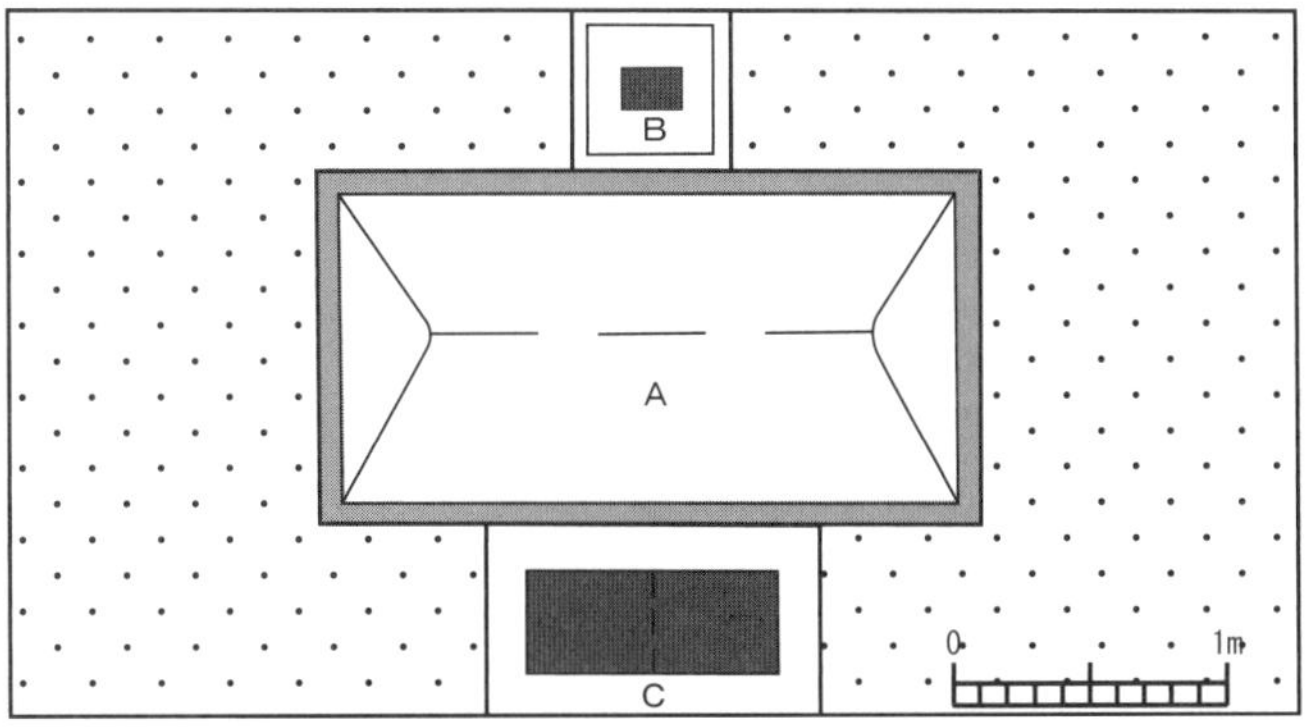

黒石神社本殿（津軽信英廟）内平面図（2003年関根達人調査）

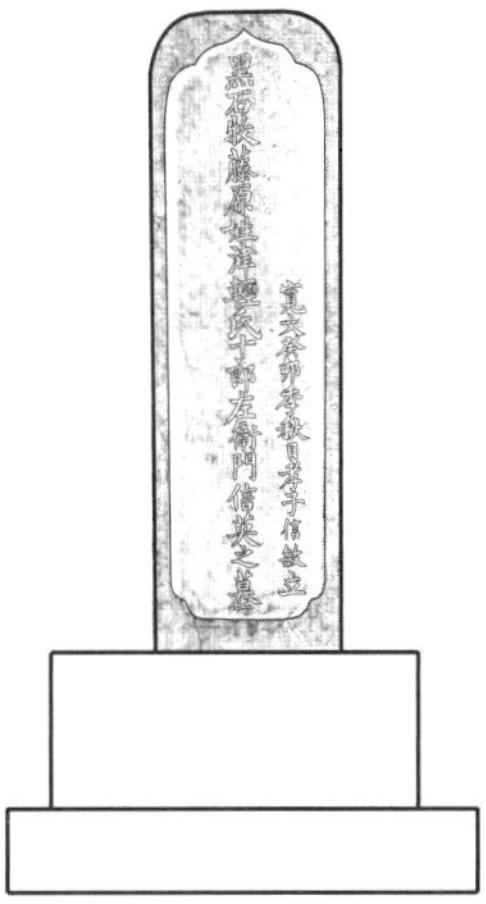

B：1周忌に建てられた墓碑

A：切妻屋根形の漆喰槨（馬鬣封）

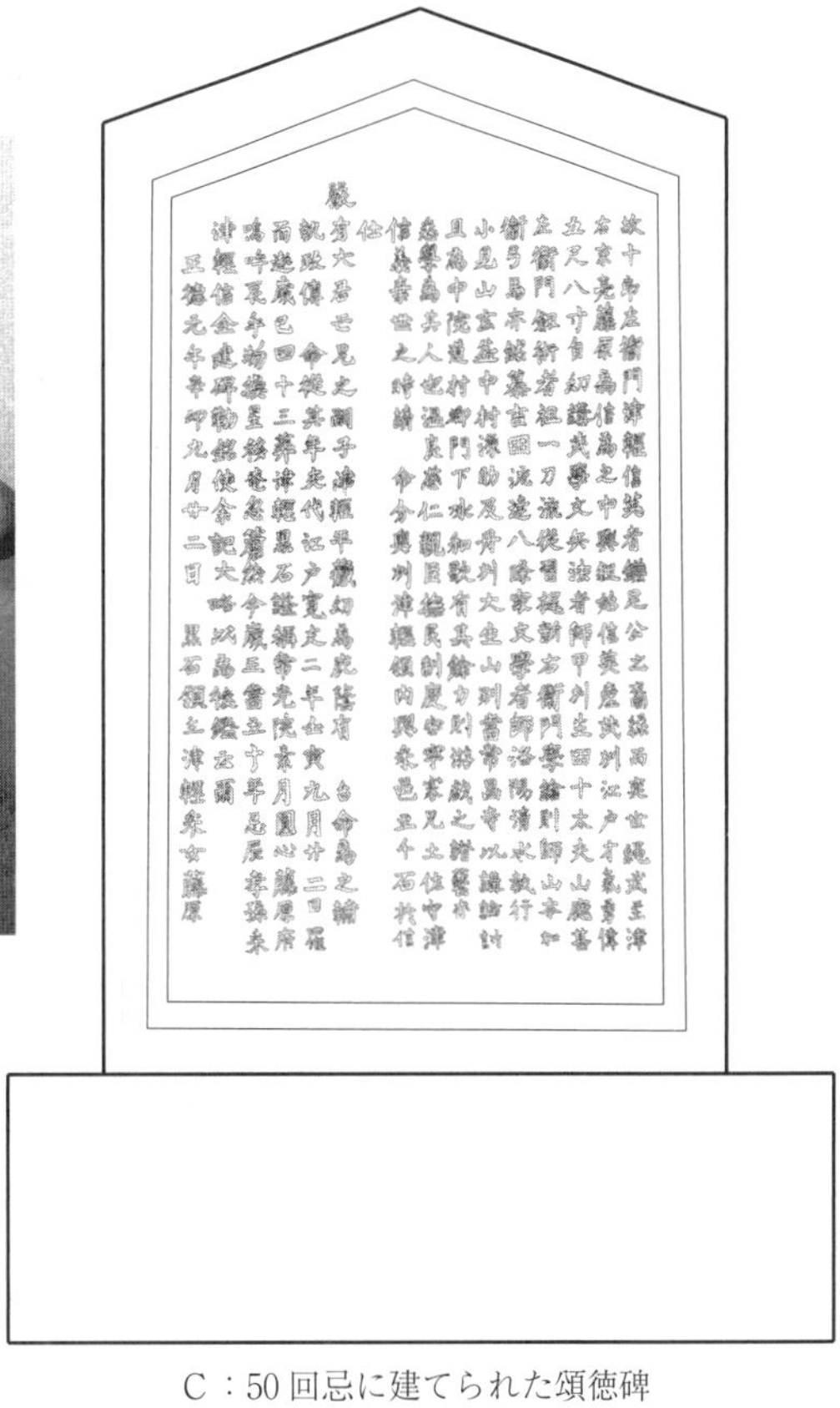

C：50回忌に建てられた頌徳碑

廟に掲げられていた扁額「追遠堂」

0　1m

図４　津軽信英の儒葬墓（青森県黒石市黒石神社本殿内部）

前で客死し、長勝寺に「仮埋葬」され、二年後に松前へ改葬された松前藩主松前徳廣の木室木炭・石灰槨墓が発見された（図5）。

墓壙は、上面が約四メートル四方、底面が約三メートル四方の方形で、掘り込み面からの深さは約三・三メートルを測る。底面には南北・東西方向に胴木を二段に組み、その上に長さ三メートル前後で約六寸四方の角材を井桁状に九段組み、約二・一メートル四方、高さ約一・七メートルの木室を構築している。改葬に伴い棺を掘り起こした際に生じた穴の埋土からは、墓標と推定される大型の木製卒塔婆の残骸が出土している。木室内部には板材を積み上げて一辺約一・二メートル四方の木枠を二重に設置し、間には多量の炭を充填している。木枠を構成する板材の隙間は、「ちゃん」（瀝青に砥の粉と油を混ぜたもの）と思われる黒色の物質で目張りがなされており、底には石灰が敷かれていた。内側の木枠の南西隅には、葬儀で使用されたと思われる、和挟一点、剃刀一点、白木櫛四点、金箸一点、竹製箸入一点、髪が包まれた和紙一包、墨書のある和紙一包、元結一束、縄二本と、「ちゃん」を調合する際に削ったと考えられる砥石が残されていた。木棺は改葬を受けて存在しないため、遺体や副葬品は不明だが、埋葬施設は一八五五（安政二）年に没し、弘前の報恩寺に埋葬された津軽承祜墓に類似する。(註16)

出土した遺物からは、一七〇三（元禄一六）年に死亡し、三重県伊賀市長田山に葬られた伊勢津藩三代藩主藤堂高久の葬儀記録である『高久公易簀録草稿』(註17)に記されたのと同様の葬送が、時代や石高の違いを越えて執り行なわれたと推察できる。敗走先での客死にもかかわらず、弘前藩の手で松前徳廣の葬儀が平時と同じく行なわれたことは、非常事態にあってなお大名の葬儀が極めて重要な「まつりごと」であったことを物語っていよう。

図5　弘前市長勝寺発見の松前藩主松前徳廣の改葬墓と板のつなぎ目に塗られた「ちゃん」（右下）

（註1）坂詰秀一氏監修の『近世大名墓所総覧』（ニュー・サイエンス社、二〇一〇）には個々の大名墓のデータはないが、全国各地の近世大名墓所を網羅した地名表がある。東京都内に関しては秋本茂陽氏による悉皆調査報告『江戸大名墓総覧』（金融界社、一九九八）がある。

（註2）関根達人「近世大名墓における本葬と分霊」『歴史』九九、東北史学会、二〇〇二

（註3）例えば一六三一（寛永八）年に江戸で没した弘前藩二代藩主津軽信枚は、浅草の天台宗常福寺に本葬されたが、上野寛永寺坂上にあった寛永寺三十六坊のひとつ津梁院にも墓が造られた。『弘前藩庁日記（江戸日記）』によれば、没後約五〇年が経過した一六八〇（延宝八）年、四代将軍家綱の廟所造営により津梁院が林広院跡に移転するに伴い、信枚の墓を改装する必要が生じたが、その時すでに常福寺と津梁院のどちらに本葬したかわからない状態になっていた（註2参照）。

（註4）金沢市『野田山・加賀藩主前田家墓所調査報告書』二〇〇八、彦根市教育委員会『国指定史跡「彦根藩主井伊家墓所」調査報告書』二〇〇九、盛岡市教育委員会『聖壽禅寺南部重直墓所発掘調査報告書』一九九八

（註5）最北の城下町である松前の近世墓標の悉皆調査に基づき、藩主松前家とその家臣団の墓標の在り方が検討されている（関根達人編『松前の墓石から見た近世日本』北海道出版企画センター、二〇一二）。

（註6）村上訒一『日本の美術二九五　霊廟建築』至文堂、一九九〇

（註7）白石太一郎「近世大名家墓所について」『野田山・加賀藩主前田家墓所調査報告書』金沢市、二〇〇八

（註8）松原典明『近世大名葬制の考古学的研究』雄山閣、二〇一二

（註9）石廟の系譜については、関根達人「石廟の成立と展開」（『日本考古学』三三、二〇一一）を参照されたい。

（註10）高岡市教育委員会『高岡市前田利長墓所調査報告』二〇〇八

（註11）津軽信英（一六二〇―六二）は、弘前藩四代藩主津軽信政の伯父で、信政の家督相続に際し五千石の分知を受けるとともに幕府から交代寄合と信政の後見人を命ぜられた。生前、山鹿素行に師事した信英の葬儀は遺命により儒葬で執り行なわれ、忌日には霊前で大学と御国御作法事が読誦された（「津軽藩舊記傳類」・「奥富士物語」・「工藤家記」）。

（註12）黒石神社が所蔵する「藩祖廟所絵図」（年代不明）では、廟は木製の玉垣に囲まれ、破風造り・檜皮葺で、現在の本殿・拝殿とは異なり南を正面とする。なお、信続については篠村正雄氏にご教示を得た。

（註13）銅製宝塔は徳川将軍家に限られ、日光東照宮の初代家康と三代家光、江戸増上寺の四・五・六代将軍・五代生母桂昌院・一四代正室和宮の廟にみられる。日光東照宮の家康廟の宝塔は、創建時には木製多宝塔であったものを一六四一（寛永一八）年に石製宝塔に建て替え、天和の大地震で損壊し一六八三（天和三）年に銅製にしたもので、家光廟の宝塔も一六五三（承応二）年の創建時には石製であった。木製宝塔は増上寺の二代秀忠廟、彩色木製五輪塔は弘前市長勝寺の弘前藩主津軽家霊屋にみられる（註2文献参照）。これらは、近世初期には木製の宝塔や五輪塔を墓標とする大名墓がかなり存在したことを示していよう。

（註14）松本　健「江戸の墓制」『文化財の保護』二二、東京都教育委員会、一九九〇、谷川章雄「江戸の墓地の発掘」『甦る江戸』新人物往来社、一九九一

（註15）藤田俊雄・関根達人「東京都港区金地院遠野南部家二八代義顔墓所改葬報告」『岩手考古学』一九、二〇〇七

（註16）関根達人・成田正彦「弘前市長勝寺発見の松前徳廣墓について」二〇一二年度東北史学会大会発表資料

（註17）前掲註8文献に同じ

近世大名墓の形成―各地の事例から―

中井　均

一　はじめに

近世大名墓の大半は、藩主歴代の墓所が一ヵ所にまとまって形成されていることに大きな特徴がある。そこには大名の「イエ」意識が如実に表わされている。本稿では各地の大名墓を取り上げ、その形成について考えてみたい。

二　丸亀藩京極家墓所からみた大名墓の形成

丸亀藩京極家墓所は、滋賀県米原市清滝に所在する徳源院に造営されている。その墓所は上段と下段に分かれ、上段には京極氏の始祖氏信以降中世の京極家歴代の宝篋印塔が一八基並ぶが、これらは江戸時代の丸亀藩二代藩主京極高豊が、近隣に散在していた墓石をこの地に集めて祀ったものである。つまり、近世大名が中世の祖先の墓を自らの墓所に取り込むことによって、中世以来の守護の系譜を顕示したものと考えられる。

下段には、京極家中興の祖となる高次以降の、近世大名としての京極家歴代の墓が位置している。従来、京極家の墓所をこの地に定め、中世の墓も集めて整備したのは京極高豊といわれているが、実は高豊以前の高次、忠高、高和の墓がすでに営まれており、この説はなりたたない。近世大名として最初に葬られているのは高次であり、高次が徳源院墓所の創設に大きく係わっていることはまちがいない。京極家の墓所形成にとって高次は重要な位置を占めているので、ここでは少し詳細に高次について記しておきたい。

京極家第一九代高次は近江大溝城主から八幡山城主となり、さらに大津城主となる。一六〇〇（慶長五）年の関ヶ原合戦には東軍に与し、大津城で関ヶ原に向かう毛利元康を大将とする立花宗茂、毛利秀包、筑紫広門軍の東進を阻止した。その戦功により若狭国を賜り、小浜城主となった。高次は一六〇九（慶長一四）年に没する。

その子忠高は徳川家光の信任が厚く、一六三四（寛永一一）年には出雲・隠岐二ヵ国二六四、二〇〇石に加増され松江城に入城する。さて、本来ならば忠高はこの間に父高次の墓所を造営し、さらにはその地を京極家累代の墓所とすべきである。その墓所は当然家督を継いだ小浜において営まれるべきである。しかし高次の墓所は清瀧寺（現徳源院）に営まれた。おそらく高次の遺言によって清瀧寺を墓所としたものと考えられる。一方、忠高は父の供養のため、松江の郊外にある安国寺に供養塔を建立している。その供養塔は、徳源院墓所の石廟と同じく越前の笏谷石を用いた宝篋印塔である。

忠高は一六三七（寛永一四）年に江戸で急逝する。遺骸は江戸の東禅寺に安置され、火葬された後に遺骨が松江に運ばれた。しかし、松江に墓所は営まれず、近江の清瀧寺に営まれた。これは清瀧寺が高次の個人の墓として営まれたものではなく、京極家の累代の墓所として定められていたことを示している。

京極家は忠高に嫡子がなかったことから、一時絶家の危機にさらされるが関ヶ原合戦での高次の功績によって免れ、忠高の甥である高和が播磨龍野六万石で存続を許され、さらに一六五八（万治元）年には讃岐丸亀へ転封となり、以後明治維新まで続いた。高和にとっては祖父高次、伯父忠高の功績によって京極家が存続したことになり、その菩提追善に努めている。徳源院に所蔵されている「佐々木氏信寄進状　付天祐紹杲後書」には、紛失した京極家の始祖氏信の寄進状が発見されたのを喜び高和が修復して清瀧寺に納めたことが記されている。さらに同書のなかで、「此寺乃京極一族之塔処也」と、清瀧寺が京極一族の墓所であると記している。高和は故忠高の墓所を一新し、清瀧寺の伽藍の修築も行なっている。

丸亀藩二代藩主高豊は一六七二（寛文一二）年に幕府へ、播磨国の所領二ヵ村と近江国坂田郡清瀧村・大野木村との交換を願い出て許された。そこで位牌堂、三重塔が建てられ、十二坊の復興が行なわれた。高豊にとって父高和は大伯父や曽祖父以上に京極家を存続させた人物であり、菩提を弔うべき人物であった。そこで復興した清瀧寺は父高和の院号より徳源院と改称された。さらに高豊は近隣に散在していた高次以前の京極家累代の墓石を集めて補修し、徳源院の上段に安置した（図1）。

このように徳源院の京極家墓所を見てみると、そこには大名墓所の形成が端的に示されている。ここでまとめてみると、鎌倉時代以来の北近江の守護である京極家が、近世大名としてスタートしたのが京極高次であった。高次はその死に対して、領国小浜ではなく、父祖伝来の本貫地である清瀧寺に葬られることを望み、嫡男忠高はその遺志を尊重して清瀧寺に葬ったものと考えられる。ここでなぜ高次が領国ではなく、本貫地に墓所を求めたかについては、やはり守護大名の系譜を引く大名としてのプライドからと考えられる。その墓所としたのは清瀧寺の故地である。清瀧寺とは京極家の初代氏信によって創建された氏信の菩提寺で、氏信の法名清瀧寺殿からつけられた寺号である。この京極家初代の墓所こそが高次にとっては重要な場所であった。高次は大津城主時代より清瀧寺については気にかけており、徳源院には二通の書状が残されている。一通は「随而正祖屋敷ニ台所を立させ侯つるか、今少地形せまく侯間、北之方を壱間ニ拾間ひろけさせ申度侯為、」と、清瀧寺の建物（台所）を拡張することについて記したものである。また、もう一通は清瀧寺山林の紛争について、清瀧村の領主であった石田三成の父隠岐守に宛てたものである。こうした文書より、高次が他領内にある清瀧寺について気にしていたことがうかがえる。おそらく高次こそが荒廃していた清瀧寺をまず整備し、そこを墓所としたのである。

高次の墓所は下段にあり、笏谷石製の石製霊屋を伴うもので、霊屋は一間×一間の規模で、切妻妻入となる屋根には板状に加工された笏谷石を葺き、東面に木造扉を設ける。霊屋正面の右側には不動明王を、左側には毘沙門天を、欄間には相対向する飛天がレリーフされている（図2）。

その霊屋のなかには砂岩製の宝篋印塔が収められている。基礎には正面にのみ左右の扉形を刻んでいる。扉形は三区に分けられ、最下段には格狭間を刻む。塔身には金剛界の四仏の種子を配しているが、東面のみは線刻蓮華座上月輪を設け、その内に刻まれている。隅飾は外傾し、二弧で輪郭を巡らす。

以後の忠高、高和、高豊、高或、高矩、高中、高朗も墓石は宝篋印塔であるが、このうち高豊、高或、高矩、高中の墓には木製の霊屋が設けられている。こうした形状より、高次の墓所の特異性に気がつく。一般的に大名墓では、累代の藩主を葬った墓の墓標には斉一性が存在する。そうした墓制において京極家の場合、高次墓のみがほかの藩主墓と相違するのは、明らかに高次の墓を初代の墓として意識したからにほかならない。

このように京極家墓所の成り立ちをみた場合、そこに近世大名の墓所の形成をうかがい知ることができるのである。

三　大名墓の形態分類

ところで、近世大名の墓所の形成について考える場合に、その形態は重要である。大名墓は江戸幕藩体制の下で独特の発展を遂げる。それは参勤交代制による江戸と国許という二元的居住地に大きく起因している。そこで次に大名墓の形態について概観しておきたい。

Ⅰ類：江戸と国許の両方に墓所が営まれるタイプで、a類とb類に細分できる。

Ⅰ・a類：江戸で没した藩主は江戸で葬られ、国許で没した藩主は国許で葬られるタイプで、大名墓の最も基本的な形態である。その代表例として彦根藩井伊家墓所がある（江戸：豪徳寺、彦根：清凉寺）。

Ⅰ・b類：江戸、国許いずれで没した藩主も国許の墓所に葬られる一方、江戸の菩提寺にも分霊墓（供養墓）を持つタイプである。その代表例として対馬府中藩宗家墓所がある（府中：万松院、江戸：養玉院）

Ⅱ類：江戸のみに墓所が営まれるタイプである。その代表例として福山藩阿部家墓所（江戸：西福寺）や、岩村藩松平家墓所（江戸：寛永寺塔頭春性院）がある。

Ⅲ類：国許のみに墓所が営まれるタイプで、a類とb類に細分できる。

Ⅲ・a類　国許に一ヵ所のみ墓所が営まれるタイプである。その代表例として土佐藩山内家墓所がある（高知：筆山）。山内家では「帰葬」と呼ばれる葬制があり、江戸で亡くなっても高知へ遺体を運んで葬るというものである。また、金沢藩前田家墓所（金沢：野田山）や、高島藩諏訪家墓所もこのタイプの代表例である（諏訪：温泉寺）。

Ⅲ・b類　国許に二ヵ所以上の墓所を営むタイプである。その代表例として萩藩毛利家墓所がある。毛利家では基本的に奇数藩主と、偶数藩主の墓が交互に営まれており、儒教の昭穆制によるものである（奇数藩主：東光寺、偶数藩主：大照院）。

Ⅳ類　本貫地にのみ墓所を営むタイプで、a類とb類に細分できる。

Ⅳ・a類　本貫地にのみ墓所を営むタイプである。その代表例として丸亀藩京極家墓所（近江国：徳源院）や、島原藩松平家墓所（三河国：本光寺）がある。

Ⅳ-b類　非常に特殊なタイプで、本貫地（供養塔）と、江戸（江戸で没した藩主を葬る）と、国許（国許で没した藩主を葬る）に墓所を営むタイプである。多度津藩京極家墓所のみがこのタイプに相当する（本貫地：近江国徳源院、江戸：光林寺、国許：丸亀玄要寺）。

Ⅴ類　本・支藩の墓所を一ヵ所に営むタイプで、水戸藩徳川家墓所とその支藩松平家墓所がこれに相当する（常陸太田瑞竜山：水戸藩徳川家、守山藩松平家、松川藩松平家、宍戸藩松平家、府中藩松平家）

と、大まかに分類することが可能である。さらに多くの大名は高野山奥の院に墓所を営むのも特徴である。こうした形態に大名の「イエ」の特徴が表わされているといえよう。

四　藩祖の墓からみた大名墓の形成

次に大名墓の形成という点から、藩祖の墓のあり方に注目してみたい。

「帰葬」と呼ばれる葬制を持つ土佐藩山内家墓所は、高知城のほぼ北側正面に位置する筆山の山麓に営まれている。藩祖山内一豊

図１　京極家墓所（上段）

図２　京極高次石廟

図３　山内一豊墓所

は、関ヶ原合戦の戦功により土佐一国を賜り、一六〇一（慶長六）年に国入りするものの、四年後の一六〇五（慶長一〇）年に高知城の下屋敷で没した。遺骸は常通寺河原で葬儀が行なわれ、遺体は火葬され、日輪山（現在の筆山）に埋葬された。ただし、この際に埋葬された場所については不明である。墓標は無縫塔である。

二代忠義は一豊の弟康豊の長男で、子のなかった一豊の養子となる。一六六四（寛文四）年に高知城二の丸で没した。遺体は真如寺に運ばれ、葬儀が執り行なわれた。三代忠豊の書状に「於真如寺ニ奉致土葬ニ候由」とあることより、忠義は土葬によって葬られたことがわかる。墓標は一豊と同じ無縫塔としている。その位置については不明であるが、当初は一豊の墓所よりも高所に位置していたようである。このため、後に三代忠豊の墓所造営による整備が行なわれた。

三代忠豊は一六六九（寛文九）年に江戸で没した。忠豊は生前に江戸で死去した場合は火葬にして遺骨を国許に送り、一豊公の廟所の脇に軽く石塔を立てるようにと遺言した。しかし、「寛文改替」と呼ばれる初期の藩政改革を行なった忠豊であり、葬儀は大規模なものとなった。その廟所の選定にあたって筆山の墓所が整備されることとなる。まず藩祖一豊の墓所が二代忠義の墓所よりも低い位置にあり、さらには墓所のすぐ脇に往還が通っており、墓所が上から見下ろされることより、山頂に移されることとなった（図3）。そして一豊の左下に二代忠義の墓所を移し、右下に三代忠豊の墓所を配置した。四代藩主豊昌によるこの藩祖ら三代の墓所整備は三代忠豊の葬儀にともなって再整備されたものであり、一六六九年のことである。そこには四代豊昌による、「階級の心持ちをもって」造営を行なう指示に従った整備をみることができる。さらに藩祖らの整備は、祖先（藩祖）を真ん中に、父（二代）を左に、子（三代）を右に配置する、中国の昭穆の制によったものであることも明らかである。

山内家墓所では、藩祖と二代の墓標が無縫塔であるのに対して、三代は笠付位牌形となるが、四代以降も基本的にこの笠付位牌形を踏襲する。さらに江戸で没した場合も高知で葬るという帰葬も三代以降に定着するなど、三代忠豊の葬送儀礼が以後の藩主葬送の基本となる。ただし、忠豊は火葬であり、遺骨が高知に持ち帰られたのに対して、四代豊昌以後江戸で没した藩主は『豊昌公紀』に「大名を火葬と申事無之」とあるように、棺に収められた遺体を高知に運び土葬とした。

同様に井伊家墓所にも注目しておきたい。井伊家墓所は国許彦根では清凉寺に営まれている。初代藩主井伊直政は関ヶ原合戦の戦功により、近江佐和山城を賜り、一六〇一（慶長六）年に上野高崎より佐和山城に移った。しかし、関ヶ原合戦の鉄砲傷が悪化して、翌一六〇二（慶長七）年に佐和山城中で没した。遺骸は善利（芹）川の河原で荼毘に付され、清凉寺に埋葬された。以後清凉寺が国許での墓所となる。二代直孝は一六五九（万治二）年に江戸で没し、墓は世田谷の豪徳寺に営まれた。以後井伊家では国許で亡くなると清凉寺に、江戸で亡くなると豪徳寺に葬られることとなる。この井伊家墓所の墓標を見ると、清凉寺では無縫塔が建てられ、豪徳寺では唐破風笠付の位牌形が建てられている。おそらく歴代の藩主は彦根で亡くなった場合は初代直政の墓標を踏襲し、江戸で亡くなった場合は江戸の初代ともいうべき二代直孝の墓標を踏襲したものと考え

左：井伊直政墓（彦根清凉寺）　右：井伊直弼墓（江戸豪徳寺）

図４　井伊家墓標実測図（報告書より作成）

られる。

ところで、清凉寺の北隣地には龍譚寺が位置している。この龍譚寺は井伊家発祥の地である遠江井伊谷に建立された井伊家の菩提寺を移した寺院である。しかしこの龍譚寺に藩主の墓が営まれることはなかったのである。

では、直政はなぜ清凉寺を墓所としたのであろうか。実は清凉寺の創建についてはよくわかっていない。一六〇二（慶長七）年に藩祖直政の墓所として創建されたといわれているが、一説には石田三成の居城であった佐和山城を直政は攻めたのであるが、その城中で没したすべての将兵やその家族の霊を供養するためにその山麓に建立したともいわれている。彦根といえば彦根城を連想するが、直政が徳川家康より賜ったのは佐和山城であり、直政としては佐和山城こそが戦功のシンボルだったのである。そこで墓所を佐和山山麓に定め、新たに清凉寺を建立したものと考えられる。以後、彦根で没した藩主は墓標を無縫塔とし、清凉寺に葬られることとなったのである。

一方、江戸においては二代直孝が葬られた豪徳寺が以後、江戸で亡くなった藩主の墓所となり、墓標も笠付位牌型を踏襲することとなったのである（図４）。

このように、初代、二代といった江戸草創期の藩主の墓は藩祖の墓所として神聖視され、歴代墓所へと発展していったものと考えられる。

今、ひとつの事例を紹介しておきたい。信濃高島藩諏訪家墓所は、高島城下の温泉寺背後に営まれている。諏訪家は諏訪大社の大祝を務めるとともに、鎌倉幕府の御内人、室町幕府の奉公衆として武士の側面も有していた。戦国時代に武田信玄によって諏訪頼重は自刃させられ諏訪の惣領家は滅亡する。頼重の従兄弟頼忠が一五八二（天正一〇）年に徳川家康に仕え、大名諏訪家は再興され、その子頼水が関ヶ原合戦の戦功により、故地である信濃諏訪高島に封ぜられた。頼水は一六四一（寛永一八）年に没し、頼岳寺に葬られた。ところが二代藩主忠恒は温泉寺を墓所とした。このため、以後の藩主は頼岳寺ではなく、忠恒の葬られた温泉寺をその墓所としたのである。

この諏訪家墓所の配置は、正面に向かって左側（北側）より、七代、五代、二代忠恒、四代、三代、六代、八代の墓が一直線上に並んで営まれている。二代を中心に、その右側に三、四、六、八代墓が、左側に五、七代墓が配置されている。完全に奇数、偶数には分かれていないが、二代墓を端にして、三、四代墓が営まれた後に、昭穆の制が取り入れられ、五代が左、六代が右、七代が左、八代が右と交互に営まれたものと考えられる（図５）。墓標は非常に特異な形態で、無縫塔形の石材を半裁し、切断面を平滑に加工して正面とし、中央に戒名、右側に没年、左側に没月日を刻んでいる。その標身高は二代忠恒のもので一・九メートルを測り、側面から見ると標身はやや前屈み状に前傾する、特殊な形状の舟形墓標である。

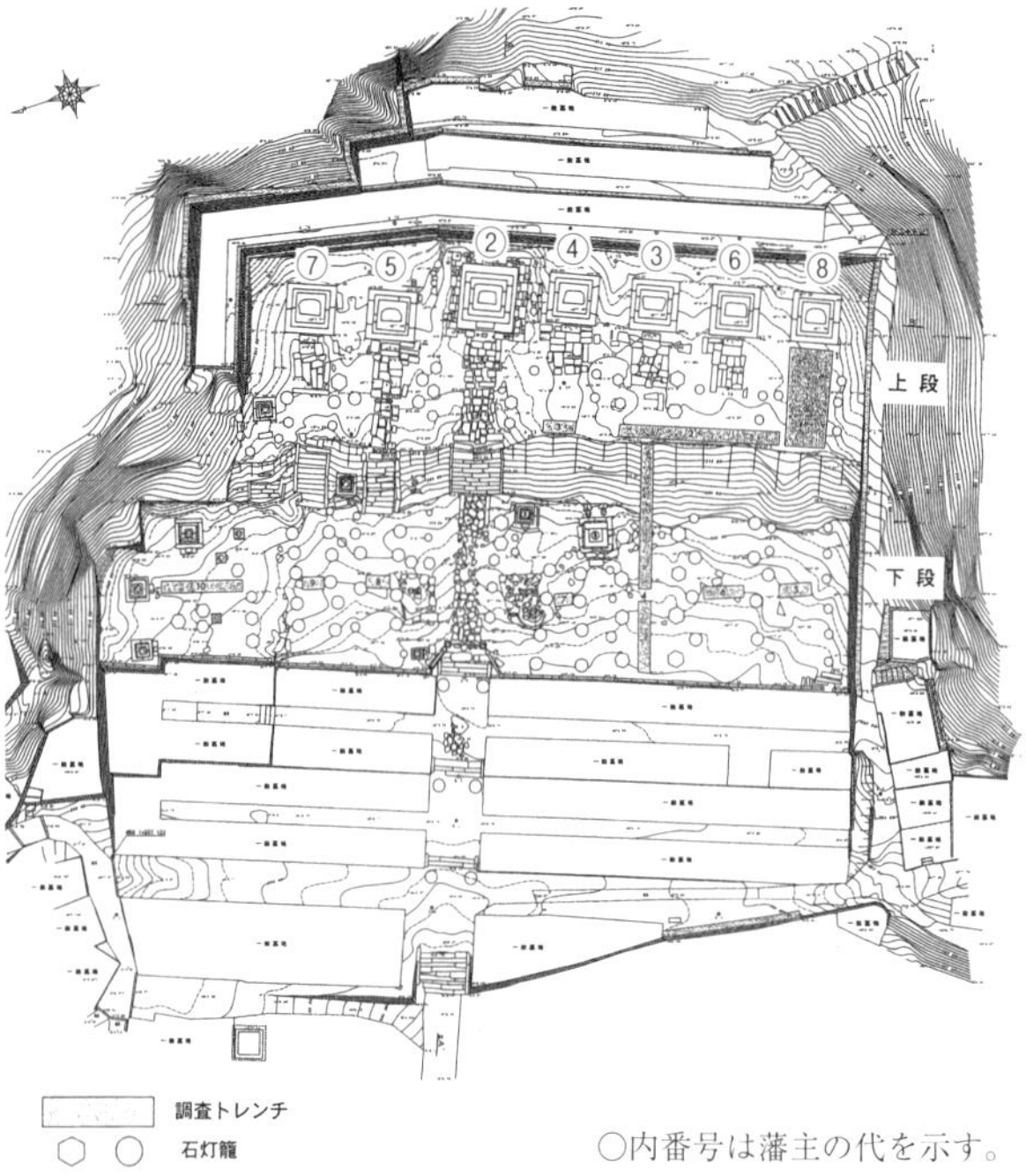

図５　信濃高島藩諏訪家墓所平面図（諏訪市教育委員会）

　この諏訪家墓所で最も注目されるのが、二代忠恒の墓だけには御霊屋が設けられていたことである。御霊屋とは墓標を覆う鞘堂のことで、御霊屋、霊屋、覆屋、鞘堂などと呼ばれている。忠恒墓では忠恒没後一六年目の一六七三（寛文一三）年に御霊屋が造営されている。桁行三間、梁間三間の宝形造り構造で、正面に葺きおろし一間の向拝が付く。基壇の構造や敷石の状況などから、諏訪家墓所では二代墓のみに御霊屋が設けられており、二代忠恒が特別な位置にあったことを物語っている。さらに二代墓の正面に参道が位置しており、歴代墓として形成されたときに、二代墓を正面としたものと考えられる。

　このように山内家墓所、井伊家墓所、諏訪家墓所を事例としてみたとき、大名墓にとって、初代もしくは二代の藩主墓が重要な位置を占めていることがわかる。その整備段階で正面に据えられたり、墓標の形態や御霊屋の造営などで顕彰することにより、神聖視化し、歴代墓が造営されていったのである。

五　領国に対する意識

　ところで、墓所の営まれる分類で、国許にのみ造営するⅢ類、本貫地に造営するⅣ類は、領国を強く意識した葬地として注目される。Ⅲ類の場合では、金沢藩前田家墓所、土佐藩山内家墓所、萩藩毛利家墓所など外様の大藩に多く見られる。こうしたなかで萩藩毛利家などは戦国時代からの領国であり、その土地に対する強い意識の存在したことがわかる。一方、関ヶ原合戦の戦功によって移封された新地の領国であっても、徳川家康より拝領した領国であり、土地に強い意識のあったことは同様である。

　諏訪家は譜代大名である。譜代大名とは一般的に関ヶ原合戦以前より徳川家に臣従して取り立てられた大名を指す。新井白石は『藩翰譜』のなかで譜代を十八松平、外戚、武功の家、執事・御役の家、新参の家に親疎分類している。諏訪家は新参の家に分類されているが、前述したように諏訪家は徳川家康によって故地諏訪へ大名として封じられたのである。諏訪大社の大祝でもある諏訪家にとっては、諏訪の地に対する意識はほかの大名とは比較にならないほど強い。その諏訪の地に歴代墓を造営することは、領主諏訪家にとっては非常に重要なことであった。

さらに領国として強い意識を示したものがⅣ類である。京極家は近世大名ではあるが、守護の系譜を引くことにステイタスを求め、鎌倉時代以降の歴代の墓を一同に集め、その同じ場所に近世大名としての墓所を営むという形成は、領地に対する強い帰属意識のあったことを示している。墓所の形成に領国という意識は強く関係していた。

また、肥前島原藩松平家の墓所も江戸や国許ではなく、三河国本光寺に営まれた。島原藩主の松平氏は十八松平と総称される松平一族のなかの深溝松平と呼ばれる一族である。その初代忠定によって深溝に建立されたと伝えられる本光寺には初代から五代までの墓所としての西御廟と、六代で島原藩の初代藩主から一九代までの墓所としての東御廟が営まれている。こうした二廟形式はまさしく丸亀藩京極家墓所と同じである。つまり松平家の戦国時代以来の領主の墓所としての西御廟が京極家墓所の上段に相当し、島原藩主松平家の墓所としての東御廟が京極家墓所の下段に相当する。島原藩の藩祖忠房によって西御廟が整備されるが、その際に建立された亀趺には「祖先墳墓之所在也」と刻んでいる。本貫地という土地を意識して営まれた墓所として形成されたのである。

六　おわりに

このように大名の墓所は単に藩主を葬った墓といった単純なものではなく、大名の「イエ」のあり方を示すモニュメントだったのである。戦国時代には個々の墓として営まれる場合が多かった守護、戦国大名の墓との大きな相違点である。

ところで、鳥取藩池田家には「自分手政治」と称する大身の家老に領地を与えて知行させるという制度があった。その筆頭が荒尾家

図６　了春寺荒尾成尚墓

であり、伯耆米子を賜っていた。元来、鳥取池田家は因幡、伯耆二ヵ国の国持大名として、因幡には居城として鳥取城と、伯耆には米子城を所有していた。この米子城に筆頭家老である荒尾但馬守家が城代に任じられていた。筆頭家老として常時は鳥取城下の屋敷に住んでいたが、亡くなると米子の了春寺に墓所が営まれた。その墓標には「伯耆米子城主」と刻まれている（図６）。

同じく安芸と備後の一部を所領した浅野家も安芸の広島城と、備後の三原城の所有が認められた。三原城には一族であり、筆頭家老でもあった浅野長吉が城代となり、以後長吉の子孫が三原城を預かっている。その居宅は広島に置かれたが、墓所は三原城下の妙正寺に営まれた。現在三代忠真より明治に至る三原浅野家の墓所となっている。いずれも巨大な五輪塔を墓標とし、その地輪には「備後三原城主」と記されている（図７）。

図７　妙正寺浅野忠正墓

本来は城持ち大名ではなく、大藩の家老職なのであるが、墓標に「城主」という文字を刻むことによってステイタスを表現したのである。陪臣の墓所ではあるが、こうした造墓思想に大名墓の形成が端的に表現されているように思えてならない。

参考文献

諏訪市教育委員会『高島藩主廟所―長野県諏訪市高島藩主廟所第１次発掘調査報告書１』二〇一三
大名墓研究会『大名墓研究会資料集』一～四、二〇〇九～二〇一二
土佐山内家宝物資料館『土佐藩主山内家墓所調査報告書』二〇一二
中井　均「丸亀藩京極家墓所」『大名墓研究』立正大学、二〇〇九
彦根市教育委員会『彦根藩主井伊家墓所調査報告書』二〇〇九
本光寺霊宝会『深溝松平家墓所と瑞雲山本光寺』松平忠貞・瑞雲山本光寺、二〇一〇

公家の墓所と大名の墓所

藤井直正

一　はじめに

私に与えられた標題は、近世における公家と大名との二つの墓所である。大名の墓所については、周知のように近年とみに調査・研究がさかんになり、数かずの業績が集積されている。

これに対して公家の墓所については、名所案内は別としてほとんど触れられることもなく、考古学の対象としてはまったく手つかずの分野である。私に下命されたのは、かつて「近世公家墓所の一例―摂関家鷹司家の墓所―」と題した一文を発表していること(註1)に起因しているのであろう。

一九八七（昭和六二）年のことであったが、京都市右京区嵯峨二尊院にある鷹司家墓所の探訪と調査を試みたことがあった。それは居住地に近い東大阪市六万寺町に所在する六萬寺往生院の寺史につながることで、平安時代に浄土信仰の道場として創建された往生院が、江戸時代の一六五三（承応二）年に河内国河内郡池島村（現在の東大阪市池島町）の旧家であり庄屋であった富家《ふけ》浄泉坊欣誉が、時の関白、鷹司信房および房輔の援助を受けて再興したと伝えていることから、鷹司家史料の探究を試みたのである。

鷹司家墓所を掃苔したのはこの時で、さらに宮内庁書陵部に所蔵されている古文書・記録を閲覧した。一文はこれらの覚書である。以後現在に至るまで、公家の墓所については関心を持ち続けながらも、自余の墓所の探訪や調査は行なっていない。したがって旧稿に付け加えることはないが、改めて鷹司家墓所を紹介し、責を果たすこととしたい。

大名の墓所についての関心は、伊勢神戸《かんべ》藩主本多家の後裔に当たる大阪市阿倍野区在住の本多康彦氏が藤井家と回縁に当たり、一九八〇（昭和五五）年度に本多家に所蔵されている史料が大手前女子大学に寄託されることになった。これに伴って、大学に史学研究所が設立され、中田勇次郎、若林喜三郎両教授の調査・研究を補佐しながら、本多家に係わる遺跡の考古学的調査を私が担当することになり、大名墓所の調査・研究を一つの課題として取り上げることになったのである。「本多家の遺躅《いちょく》」(註2)はその成果であり、東京都江東区深川の霊巌寺に所在する本多忠統《ただむね》墓塔や、伊勢神戸城下の観音寺にある本多家墓所などを収録している。

さらに伊勢神戸藩本多家から本家筋にさかのぼって、近江膳所《ぜぜ》藩本多家の菩提寺である滋賀県大津市丸之内町の縁心寺に所在する歴代墓所と、その直接の先祖に当たる「お松見《しょうけん》」本多家墓所について調査記録と所見を収録したのが「大名家墓所の一例―近江膳所藩主本多家の墓所―」である。(註3)

続いて一九九四（平成六）年には、香川県高松市の法然寺に所在する讃岐高松藩主松平家の調査を行なった。

江戸時代のはじめの一六四〇（寛永一七）年、世に有名な生駒騒動による転封のあと、一六四二年幕命によって松平頼重が、東讃岐一二万石余で入封した。頼重は御三家の一つ水戸藩初代藩主頼房（徳川家康の第一一子）の長子で、頼房のあと水戸藩二代を継いだ光圀の異母兄に当たる。

頼重にはじまる讃岐高松藩主松平家の菩提寺として造営された仏生山法然寺は、頼重独自の仏教観にもとづいて設計されている。伽藍の背後、最頂部に「般若台」と名づける聖域をつくり、ここに廟を建てて内部に頼重の肖像が安置されていた。

松平家墓所の調査は「大名家墓所の一例（二）―讃岐高松藩主松平家墓所―」(註4)として総括したが、一般にはあまり知られておらず、くわしく後述することにしたい。なお当墓所は国の史跡として申請するため、現在香川県教育委員会によって調査が実施されている。

近年における大名墓所の調査記録、研究会・シンポジウムの開催、論文・著作などについては、いずれも本誌の各所で紹介されると考えられるので、必要に応じて触れることとしたい。

二　公家の墓所

（一）公家墓所の所在

公家とは、朝廷に仕える貴族・上級官人の総称で、天皇に近侍し、または御所に出仕していた、主に三位以上の位を世襲している家のことをいう。公家の称は、本来は天皇・朝廷のことであるが、鎌倉時代に武家の地位が確立してからは公家と称した。これらの公家は御所の周辺に集められ、幕府の保護を受けることになったが、反面、天皇と公家を規制する「禁中並公家諸法度」が定められ、これによって江戸時代の公武関係が規定されることになった。

これらの公家は、明治維新に際して東京に移住される場合もあったが、平安京以来の京都に定住される家も多く、京都御所の周辺に屋敷が存在していた。現在、国の重要文化財に指定されている冷泉家住宅は近世公家を代表する唯一の遺構である。また近年における土地事情の変化に伴い、移転・改築の行なわれることも多く、京都御所周辺に存在する公家住宅の発掘調査が実施されている。

公家の墓所の所在については、家としてではなく、個人の墓について地誌に記載されているものがある。中でも江戸時代の初期、一六八六（貞享三）年に刊行された『雍州府志《ようしゅうふし》』は、安芸国広島藩主浅野家に仕えた藩医であった黒川道祐が、職を辞して後、京都の市中に隠居し、山城国内を実地踏査し、詳細に記録したすぐれた地誌である。

建置沿革、形勝門・郡名門・城池門・風俗門・山川門・神社門・寺院門・土産門・古蹟門・陵墓門の一一項目、全一〇巻から成り、陵墓門は郡別に天皇・皇族をはじめ、著名な武家・公家の陵墓を掲げ、人物名と続柄、墓塔の特色などを記している。

（二）鷹司家の墓所

鷹司家の墓所は、京都市右京区嵯峨の二尊院境内の墓地にある。小倉山を背にした本堂の右手に弁才天堂が建ち、その横から山腹にかけて一筋の長い石段がある。この石段の右手、すなわち北側は、三〜四段の平地が開かれて墓地となっているが、ここに鷹司家をはじめ、九条家・二条家・西三条家など著名な公家の墓所が櫛歯している。

鷹司家の墓所は、最上段の「空公行状碑」が安置されている廟の前を北へ進んだところにひろがっている。先述の『雍州府志』陵墓門には、

○鷹司殿塔　信房公以下多在二同院一

とある。年代の古いもの、新しいもの、当主・正妻・側室・子女などをふくめ五〇〜六〇基以上を擁する墓域で、四〜五の区域に分けることができる。

中心となっている区域は、約一〇メートル四方の広さで、ここに計二四基の墓塔が集中している（図1）。それぞれ方形の基壇がつくられ、その上に宝篋印塔形、または五輪塔形の墓碑がのっている。墓塔の大きさは七〇〜八〇センチ前後をはかり、一メートルをこえるものは少ない。用材は砂岩で、小形であっても丁寧な細工である。

この墓域の中で、年代のもっとも古いものは、一六五七（明暦三）年に没した鷹司信房の墓塔で、総高七六センチの宝篋印塔であるが、塔身の正面に、

明暦三年
十二月
後法音院

の刻銘がある（図2上）。

この区域の中心、やや南よりに一辺一・九メートルの南面する宝形造・桟瓦葺の小さい建物がある。随分損傷しているが、南面を開け、東・西・北の三面を五輪塔形の板を内側と外側に二枚合わせ、各面五枚ずつ壁板にした小規模であるが覆屋の形をのこしている、内側の塔婆板には仏像が彩色で描かれていたようであるが剝落がはげしい。この中に総高一二四センチ、花崗岩製の宝篋印塔が安置されている。霊屋があったため、石肌の保存が良く、原形をとどめた美しい石塔である。塔身に、

元禄十三（庚辰）年
正月十一日
後景皓院

の刻銘があり、一七〇〇（元禄一三）年に没した後景皓院、すなわち鷹司房輔の墓塔であることがわかる。

この方形の区画から南へ約五メートル張り出した長方形の一かくがある。南北約二・五メートル、側面約三・五メートル、正面中央に扉をつけた石柵をめぐらし、奥寄りに三段の台座をふくめて、総高二・七メートルの宝篋印塔形式の墓塔がある。塔身の正面（東面）に

図１　鷹司家墓所全景
（上：南方より　下：北方より）

図２　上：鷹司信房墓塔（左側）
と下：鷹司房熙墓塔（右前）

延寶七己未年
高政院
十一月八日
背面（西面）には、
鷹司攝政關白房輔公
室北政所従三位竹子者十州大守
毛利右馬頭大江朝臣元就之曽孫
羽村秀就朝臣息女也
延寶七年十一月八日

と刻まれていて、房輔の室であり兼熙の母である「高政院」の墓塔である（図3上）。夫の房輔は先に記した霊屋のある墓塔であるが、これに先立つ一六七九（延宝七）年に没した奥方の墓塔との差は余りにも大きい。

いま一つ、これに対比する位置に、葵紋の入った石扉に石柵をめぐらした特異な形式の大きな墓塔がある（図3下）。正面（東面）に、

享保四乙亥年
願證院
四月二十六日
背面（西面）にまわると、
鷹司前關白正一位兼熙公
政所従三位長子者
東照権現家康之曽孫
父者讃陽城主従四位上
近衛権少将源頼重媛□

と刻まれている。兼熙の正室「願證院」の墓塔で、彼女は徳川家康の曽孫に当たり、讃岐高松に封じられた家康の孫松平頼重の息女であったことがわかる。

図３　上：高政院墓塔
と下：願證院墓塔

この二つの墓塔の銘文から読み取れることは、公家であり摂関家である鷹司家と、武家である徳川家もしくは毛利家との縁組であるが、諸家の系図や当時の記録によってわかることながら、墓塔に刻まれた銘文はより明白に伝えている。また嫁先のご当主の墓塔が小さいのに対して、生家の力を反映して墓塔の大きさ、規模、まわりの荘厳に至るまで大きな差異を認めることができるのである。

ここからさらに北方に行くと、「願證院」塔の右側に石段が設けられ、その上に一つ一つの区域があり、石段を登らずに奥まったところにも十数基の墓塔の並ぶ一かくがある。

いずれにしても、当墓所でもっとも古い墓塔は、一六五七（明暦三）年に薨去した鷹司信房である。二条晴良の男子で、忠冬の養子となって一時断絶していた鷹司家を再興した人といわれている。この代に当墓所が造成、整理されたと考えることができる。

（三）『鷹司房熙記』に見える葬送の記事

宮内庁書陵部には、鷹司家関係のものとして、次の史料が架蔵されている（表1）。

一九七七（昭和五二）年五月、宮内庁書陵部に出向してこれを閲覧した。全部で七九冊を数え、装幀に手が加えられ表紙をつけて製本されている。これらの史料については、これまで刊本はなく書庫に収められたままで、これを閲覧したのは、おそらく当時の私がはじめてだろうということであった。

中でも目についたのが『鷹司房熙記』に見える先代鷹司兼熙の薨去と、その後につづく葬送の記事である。これを日付を追って項目別に整理すると下のようになる（表2）。

表1　宮内庁書陵部に所在する鷹司家史料

名称	年代	冊数
鷹司房輔記	延宝三	一
鷹司房熙記	享保一〇—一五	四
鷹司房熙記	享保一三—一四	四
鷹司政通記	文化五—文政一一、別記共	二四
鷹司政通記草	文化一五—弘化三	一六
鷹司家記	天保五—文久二	一九
鷹司輔政記	元治元—慶応三	一一

表2　『鷹司房熙記』に見える葬送記事

十一月	二十日	前殿下（鷹司兼熙）、亥刻（午後十時～）薨去
〃	二十一日	三宝院へ院号（戒名）のことをおねがいする
〃	二十二日	
〃	二十三日	三宝院より「登雲院」の院号が下されたが、所存があるので勘え直していただきたい旨を伝える 酉刻（午後六時～）入棺、二尊院（の僧）による誦経
〃	二十四日	院号はこちら（鷹司家）で勘えて「心空華院」に定める 酉刻（午後六時～）出棺
〃	二十五日	
〃	二十六日	
〃	二十七日	
〃	二十八日	未刻（午後一時）送葬の行列 房熙公は辰一点（午後七時～九時）より門を出、午刻（午前十一時～午後一時）に二尊院に著く 先龕前堂で法事を聴聞する 火屋より二町斗前より轅に相従って引導、焼香、法事 導師、伴僧が退散されて後、廟前に詣で、方丈に帰って暫く休憩 申刻（午後三時～五時）に二尊院を出、酉刻（午後六時～八時）に帰る
〃	二十九日	七カ日の間法事を敢行、今日の申刻がはじめ 二尊院において初七日の法事をつとめる
十二月	一日	
〃	二日	二尊院に詣る、二七日の法事
〃	三日	
〃	四日	三七日の法事を二尊院で執行
〃	五日	七カ日の法事結願
〃	六日	四七日の法事を二尊院で執行
〃	七日	
〃	八日	
〃	九日	
〃	十日	
〃	十一日	五七日の法事を二尊院で執行
〃	十二日	
〃	十三日	
〃	十四日	
〃	十五日	
〃	十六日	
〃	十七日	
〃	十八日	六七日の法事を二尊院で執行
〃	十九日	

三　大名の墓所

（一）大名墓所の所在

近世、江戸時代は幕藩体制による社会でもあった。将軍家を頂点とし、親藩・譜代・外様の各大名が領有する藩とによって全国を支配する政治体制であった。開幕以後、三代将軍家光のころまでは、さかんに改易・減封・移封が行なわれ、大名の数は安定しなかったが、以後は安定し、その数は二六〇ないし二七〇家に達したといわれている。

近世二六〇年間を通じて営造された大名の墓所は、各大名が領有した国許に建立された菩提寺に所在するのが一般であるが、江戸に菩提寺がつくられる場合、あるいは縁故によって、代を限って別の場所につくられる場合、そのほか、高野山奥之院に林立する造塔例をふくめて、実際の大名の数をはるかにこえる墓所が存在しているのである。

このことは、岩淵令治氏が「大名の墓所・霊廟」において指摘している。（註5）

（二）伊勢神戸藩主本多家の墓所

伊勢神戸藩本多家の初代は忠統である。父忠恒は近江膳所藩第一〇代藩主の康慶の弟で、一六七九（延宝七）年、膳所七万石のうち一万石を分割して河内西代《にしんだい》藩が成立した。陣屋と藩領の所在した河内国錦部《にしごり》郡は、現在の大阪府富田林市と河内長野市に当たる。

一七三二（享保七）年、西代藩主二代目の本多忠統は伊勢神戸に転封されることになった。当初は一万石であったが、八代将軍吉宗の代に若年寄に任じられ、その職責による功労から五千石を加増されて一万五千石となり、城地を許されて神戸城を再建した。

伊勢神戸の地は現在の三重県鈴鹿市、古くは伊勢国河曲《かわわ》郡の首邑であり、日永の追分（四日市市）で東海道と分かれた伊勢街道の、はじめての宿駅がおかれた要衝の地でもある。神戸の名は、伊勢神宮の社領から出た地名で中世には神戸氏が神戸城を築いた。織田信長が伊勢攻略に当たって、三男の信孝を送ったことは史上に有名である。

江戸時代の神戸藩主は、一柳《ひとつやなぎ》氏・石川氏と代わったが、本多忠統の入封以後は、忠永《ただなが》・忠興《ただおき》・忠斉《ただひろ》・忠升《ただたか》・忠寛《ただひろ》・忠貫《ただつら》の七代がつづき明治維新となって廃藩を迎えた。

城下における本多家の墓所は、鈴鹿市神戸五丁目の浄土宗観音寺にある。本堂内、向かって左側の位牌所には、忠統父君の忠恒を筆頭に左へ忠統以下歴代藩主の位牌、さらに正室・子女の位牌、計三六基が安置されている。

本堂の北隣に当寺の墓地があり、その北東隅に本多家の墓所がある。この墓所に葬られているのは令室と子女で、歴代藩主は東京都江東区深川の霊巌寺にある墓塔の地下にまとめて葬られている。家康・秀忠・家光の三代に信頼の厚かった霊巌雄誉上人は、一六二四（寛永元）年隅田川河口の西側を埋め立てて寺を建立した。広大な墓地には国の史跡に指定されている松平定信墓がある。墓地全体の東北隅に近く、地表から六五センチの高さに連なる台上に各家の墓碑・墓塔が並んでいる。本多家の墓塔は東端に位置しているが、総高二・八八メートルをはかる角柱、位牌型の墓塔で、基礎・反花をもつ台座・請花座の上に方四六センチ・高さ一・四二メートルの塔身をのせ、その上に正面を破風につくり、中に立葵の定紋を雲形で囲んだ文様を飾った笠をおき、さらにその上に露盤付の宝珠をのせた堂々とした墓塔である（図4・5）。

図4　本多忠統墓塔

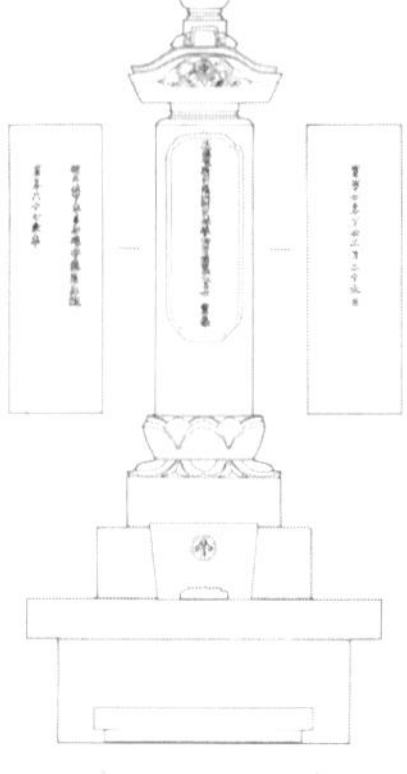

図5　本多忠統墓塔実測図

塔身正面に、

長徳院殿豫州刺史浄譽拙翁圓徹大居士
霊儀

と忠統の法名を刻み、左側面に

宝暦七年丁丑二月二十九日

と没年時が刻まれている。

墓塔の最下部には長方形の石が立てかけられている。この石を動かすと穴が開き、下へ降りる石段があって左右にひろがる部屋がある。周囲には棚が設けられていて、各代の遺骨を納めた陶製の甕が並べられているということである。東京都内の各所で行なわれた発掘調査において、こうした地下構造の事例は知られているのだろうか。ご当主の貴重な証言として書き留めておきたい。

ところで本多忠統は数ある近世諸侯の中でも儒学者、文人大名として著名である。かの荻生徂徠の高弟の一人で、東京都港区三田四丁目、長松寺境内にある国指定の史跡「荻生徂徠墓」の碑文を撰した。一九八二（昭和五七）年史学研究所の事業として、本多康彦、中田・若林両教授と共に長松寺に参詣し、荻生家のご子孫荻生敬一氏立会のもとに墓碑を調査したことがあった。（註6）

忠統の薨去に際しては、同じ荻生徂徠の門下であり親交のあった服部南郭が墓誌をしたためた。その碑文は『南郭全集』に収録されているが、現物の所在は未確認である。

（三）讃岐高松藩松平家墓所

四国の玄関、香川県高松市仏生山町に所在する仏生山法然寺は、松平頼重が高松に入封して二七年目の一六六八（寛文八）年、松平家の菩提寺として建立された。当時、新寺の建立は禁止されているため、浄土宗の祖法然ゆかりの古跡である那珂郡小松庄（現在の仲多度郡満濃《まんのう》町）の生福寺を移転・再興する方法が採用された。

頼重は法然寺に寺領として新開三〇〇石を寄進し、一六七三（延宝元）年には将軍家から朱印状を得たが、『仏生山法然寺条目』（註7）や『仏生山開基已来雑録』（註8）に、寺領や本堂以下の諸堂その他についても細部にわたって要項が記載されている。

仏生山は高松藩領のほぼ中間に当たり、墓所の営まれた般若台のある雄山の山頂からは讃岐平野、すなわち高松城下を一望に見渡すことができる。雄山と向かい合って北東には縢《ちきり》神社がまつられている雌山《めんのやま》があり、その間には前池・平池・蓮池（現在は仏生山小学校の敷地）と堀に囲まれていた（図6）。

当寺には、頼重開創当時の図面と考えられている『境内古図』（註9）（正式には「法然寺内御朱印附属絵図面」名付けられている。雌山から雄

図6　法然寺付近の地形と伽藍
1：地蔵堂　2：総門　3：十王堂　4：黒門　5：仁王門
6：韓門　7：二尊堂　8：文殊楼　9：来迎堂　10：般若門
11：涅槃門　12：三仏堂　13：本堂門　14：本堂　15：庫裡

山までの境内と諸堂が描かれ、建物にはそれぞれ名称と規模・法量が記されている（図7）。以下この図に沿って法然寺の伽藍を一巡しながら、墓所をふくめ諸堂宇を配置した頼重の構想を探ってみたい。

法然寺は三つの中軸線を持っている。仏生山街道は雌山のふもとで突き当たり、ここで右へ折れて山の後ろに回ったところに表門があり、門を入ってすぐ右側にあるのが十王堂である。ここから約一町余の参道がつづき、その突き当たりに黒門がある。ここで少しずつ距たりをもつ三つの門に出会うのであるが、一ばん左（南側）が仁王門、まん中が涅槃門、右（北側）が本堂門である。三つの門はそれから延びるラインを基準として、法然寺の境内が三つの機能に分かれるのであり、それぞれの機能に応じて境内と伽藍が区分され、建物の配置もそれに従っているのである。

この中でもっとも重要であり、しかも中心的な役割を果たしているのが、

仁王門―韓門《からもん》（建物は現在しない）―文殊楼―二尊堂―来迎堂

とつづくラインである。来迎堂の背後は松平家の墓所である般若台がひろがっているが、かつては同じライン上に初代藩主頼重の墓所である般若台と拝殿が前後に建てられていた。こうして見ると、法然寺の伽藍と墓所は、当初から一体として設計されたことが遺構を通じて汲みとることができるのであり、頼重独自の宗教観にもとづき、それを具現した造形ということができるのである。

『境内古図』を見ると、来迎堂のうしろに石垣が築かれ、柵をめぐらした区画が描かれている。これが般若台である。中央北寄りに二つの門があり、右側が般若門、左側鎮守社に通じる門である。般若台の中央に描かれている建物は一見重層のようであるが、図をよく見ると、上には〝般若堂〟、下には〝同拝殿〟の注記があって、前後する二棟の建物であることがわかる。この図で見ると般若堂は宝形造、〝拝殿〟は正面三間の吹き抜けの建物であったらしい。幕末の刊行であるが『讃岐名勝図絵』に載せられている図幅（註10）では、般若堂は宝形造・重層の建物で、現存する来迎堂や涅槃堂と同じような造りであり、屋根は檜皮葺であったように思われる。堂内には、現在では高松城内の玉藻神社に移されている頼重の陶製像がまつられていたのであり、霊廟建築であったことがわかる（図8）。

『境内古図』は法然寺の創建から時日を経ていないため、般若台には中央二棟の建物と鎮守社の一かくのほかは描かれていない。時代を下った『讃岐名勝図絵』の図幅では、般若堂すなわち頼重廟の左側に、拝殿を持つ宝形造の建物が見られるが、これは頼重につづいて営まれた三代藩主頼豊の廟であることが知られる。さらにここから左に一一棟の宝形造の屋根が描かれているから、以後に営まれた歴代藩主ならびに奥方の墓所は、すべてが霊廟建築を伴うものであったことがわかる。

次に現状を見ると、般若門は現存している。木造本瓦葺、間口一間の四脚門である（図9）。ここから門内に入るとすぐに急な石段があり、これを上ると小さい平面がある。ここから右へまた石段を上ると、手前に三代頼豊・奥に正面頼重の各墓所に出る。

現在の状況では、初代頼重の墓所は東西・南北共に一四メートルの方形で、周囲に早く二メートルの石垣が積まれている（図9）。正面中央が石段で、中程左右に石燈篭が立つ。前面には間口一〇メートル、奥行四・六メートルの石列があるが、これが古図に見た拝殿・般若堂の基礎であったと推定することができる。ここに二段の

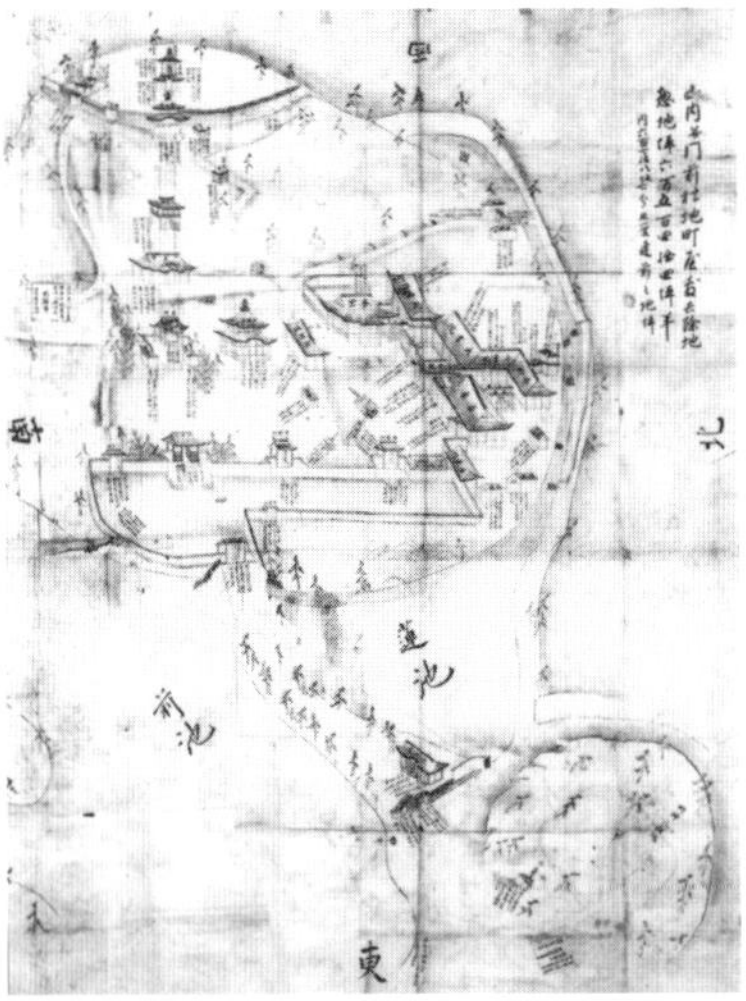

図７　『法然寺旧境内御朱印付属絵図面』
（法然寺所蔵・高松市歴史資料館提供）

図８　『讃岐名勝図絵』に描かれた法然寺

図９　般若台の現景（『仏生山来迎院法然寺』より）
上：松平頼重墓所　下右：般若門　下左：経塔

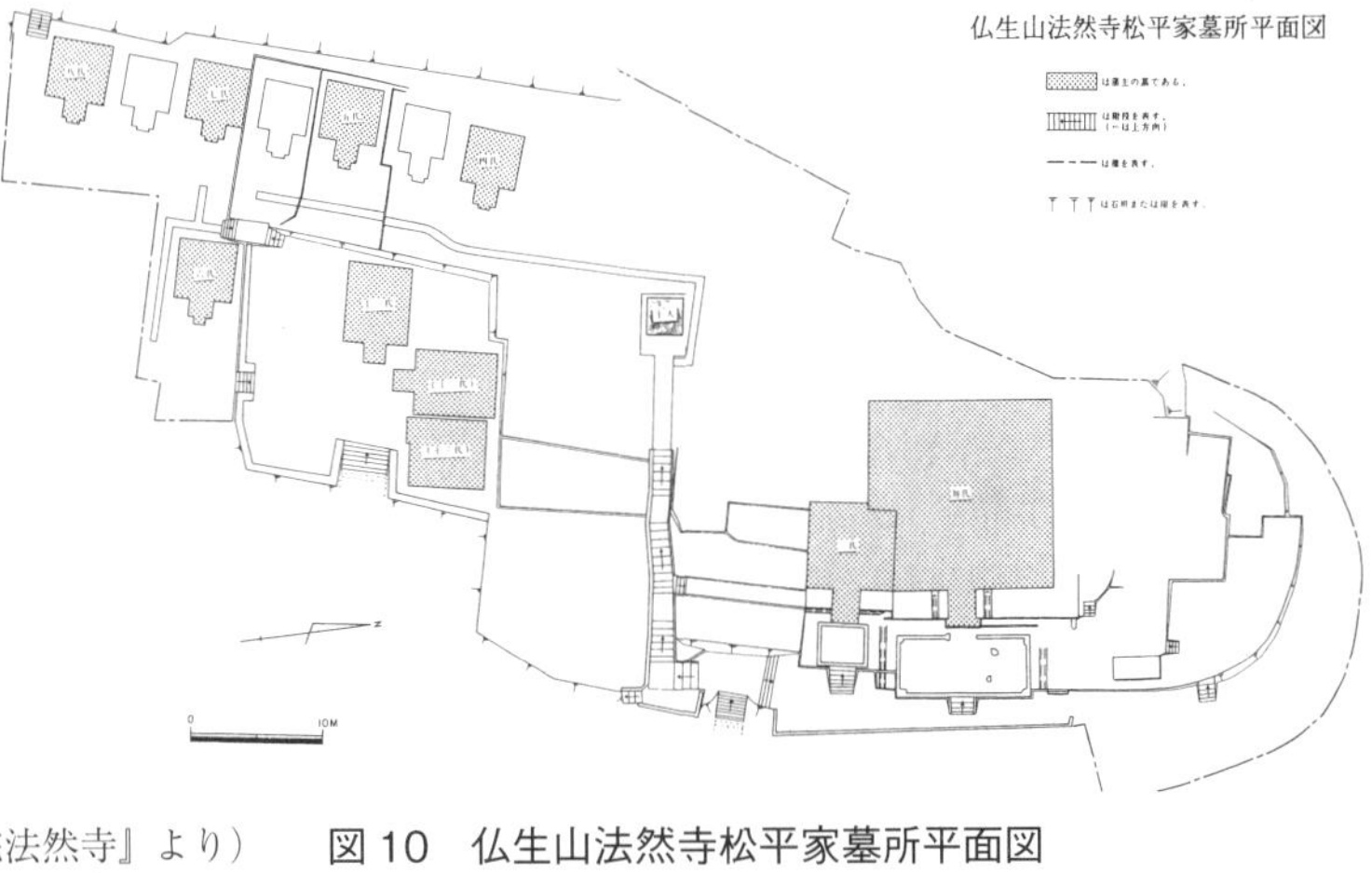

図10　仏生山法然寺松平家墓所平面図

台座・二段の基礎の上に塔身の高さ二メートルをはかる花崗岩製の大形の無縫塔（卵塔）が建てられている。塔の中央には、

　元禄八乙亥年

　龍雲院殿雄蓮社大誉孤峯源英大

　居士尊儀

　四月十二日

と刻まれている。

次に三代頼豊の墓所は、向かって左方の一段下がった所に位置する。構造はほぼ同じであるが、平面は東西・南北共に六・五メートルで、初代の約四分の一の広さである。初代の墓所の南東部に幅二メートル、奥行五・六メートルの部分が喰い込んでいる。墓塔の形も同じで、中央に戒名と没年が刻まれている。

元に戻って、左の石段を上って右折すると法然上人の石塔に至るが、上人の石塔と初代・三代の墓所までの間および初代墓所の左側には、現状では多数の墓塔が林立している。築造当時の般若台の範囲はこのあたりであったと考えられるが、後代になって北方と南方に拡張され、現在見るような広大な兆域を占める墓所になったのであろう。その時期については、確かなことはわからないが、四代藩主頼桓以後の墓所が法然上人塔より奥まったところに連なっていることから、頼桓墓所の築造以降と考えることができる。

本来、当墓所のあり方は霊廟建築であったが、おそらく明治以降に撤去され、無縫塔形式の墓標に替えられたものと推察している。

般若台に所在する松平家の墓所には、初代頼重から一一代頼聡まで八人の藩主が葬られている。二代頼常と九代頼恕は水戸の出身で儒葬であったため、寒川郡志度（現在のさぬき市）の霊芝寺に墓所が営まれ、一〇代頼胤は江戸小石川の伝通院に葬られている。一九九四（平成六）年調査当時の資料では、現代における般若台所在の墓の総数は一八一基に及び、そのうち一〇五基が松平家の本家が占めているということであった。

四　おわりに

以上、所定の紙数の中で、標題に添って述べてきたが、旧稿に手を加えた程度である。

公家の墓所については、私の知識が当時のままであり、寡聞のため、それ以上のことは述べることができなかった。これを機会に公家の墓所についての調査・研究が進展することを望みたい。

大名の墓所については著しい進展が見られるが、地域の歴史をまとめる上においても、各地の研究者が在地の墓所について、一つずつ、緻密な成果を積み重ねることが必要である。大名の墓所の位置・疆域・構造すなわちあり方からはじまって、葬送儀礼の思想的背景や、石材の調達・加工、碑文の作成など、さまざまな課題が考えられる。

全国各地に所在する大名の墓所は、石高一万石の小大名から百万石の大大名に至るまで多様である。現世に生きた大名のすがたは来世にどのように反映しているのだろうか。墓所はそれを物語っているのである。

（註1）藤井直正「近世公家墓所の一例―摂関家鷹司家の墓所―」『大手前女子大学論集』一三、一九八九

（註2）藤井直正「本多家の遺蹟」若林喜三郎編『旧伊勢神戸藩主本多家史料』大手前女子大学史学研究所、一九八八

（註3）藤井直正「大名家墓所の一例―近江膳所藩主本多家の墓所―」『大手前女子大学論集』二一、一九八七

（註4）藤井直正「大名家墓所の一例（二）―讃岐高松藩主松平家墓所―」『大手前女子大学論集』二八、一九九四

（註5）岩淵令治「大名の墓所・霊廟」『史跡で読む日本の歴史』9江戸と都市の文化、二〇一〇

（註6）藤井直正「江戸時代文人墓所の探訪」『大手前女子大学論集』二四、一九九〇

（註7）一六七〇（寛文一〇）年、松平頼重が公布した三七ヵ条の条目、頼重自身の奥書がある（『香川叢書』第二所収）。

（註8）法然寺に伝存する古記録の一つ、一七四六（延享三）年ごろ、第一一世紹誉学超の代に筆録された記録。

（註9）雄山から雌山までの境内と諸堂が描かれ、建物にはそれぞれ名称と規模・法量が記されている。頼重開創当時の図面と考えられている。法然寺所蔵。

（註10）一八五三（嘉永六）年、梶原藍水によって編纂された讃岐国の地誌。

近世葬制における神・儒・仏それぞれの墓

松原典明

長年、近世の墓については、「仏教による葬送」として研究されてきた。しかし、中世末期から近世初期の豊臣秀吉や徳川家康の葬送において神号により祀られている点を捉えても、仏教以外の影響を容易に想像できる。しかし考古学における墓制研究の分野では、葬制の具体的な点についてはあまり触れられることはなかったと言える。筆者は発掘で得られた近世大名墓の葬法を検討する中で、遺骸を処理する方法において儒教の基本書である朱熹『家禮』の「治葬」がテキストとして用いられた例が多く、近世葬制には儒教の影響が大きいことを指摘した。[註1] さらに近年緊急的に調査された愛知県幸田町深溝松平家七代忠雄墓所の調査[註2]に参加する中で葬法を分析整理した結果、遺骸埋葬においては三物あるいは石灰と炭を使用し石製墓誌を用いるなど儒教的な影響が大きかったが、上部構造は石製の「社」（石殿）を用いその中に神主を納めるなど最終的には吉田神道による造墓であったという評価をした。秀吉、家康の神号や深溝松平家の葬礼を見ても明らかなように、近世葬制は、儒教による埋葬と神道による祭祀が混淆していることが看取できる。遺骸埋葬における儒教受容は拙著で示したので参考としていただきたい。

ここでは近世葬制における神儒仏混淆状態を具体的に確認してみたいと思う。とくに、墓の副葬品が画一的になることの背景に儒教受容があることを示し、続いて一七、一八世紀に展開する儒者の交流と亀趺碑の造立に着目し、各大名の造墓意識を考えてみた。そして秀吉・家康以外に「人神」として祀られた例に触れ、吉川神道の台頭について若干示した。思想的な視点から近世武家社会の葬制を捉えるきっかけになればと考える。

一　副葬品からみた儒教の受容

仙台藩一門第三席とされる独特の家格にある水沢伊達氏留守家[註3]は、禄高が約一万六千石で地方の大名階層の家格である。奥州市水沢の臨済宗大安寺を菩提寺とする。墓所は境内地に四ヵ所に分かれている。今回紹介するのは、北墓地の留守家六・七代の当主とそれぞれの正室墓の改葬調査で出土した資料である。墓碑はいずれも円首で両端に稜を持つタイプである。一七五六（宝暦六）年に没した六代正室墓は、埋葬主体部の構造は木製板による外槨に、木製の方形の座棺を置き槨と棺の間の空間に木炭（白炭に近い種類か）を充填させる構造である。柩の上には輿の部品と思われる飾り金具や木片が確認されている。副葬品は煙管具複数一式、木製高台付漆椀、

図１　遠野南部家墓所
全景と出土遺物
（遠野市立図書館・博物館提供）

皿、染付磁器、土瓶、硯、水滴、柄鏡、扇子と多くの遺品類が発見された。副葬品の内容は、近隣である盛岡遠野藩南部家墓所の改葬で確認された副葬品の組成に類似し、一八世紀代の藩主クラスの副葬品の特徴と遜色ない。東北地方における近世墓の副葬品における食膳具の組成についてはすでに関根達人[註4]が詳細に集成しており、近世末期では副葬品の主たる組成が漆器から陶磁器へと変化することを指摘している。このような傾向に加えて、次に示す事例などから近世墓における副葬品の画一化を指摘しておきたい。具体的には関根も資料化しているが、遠野市鍋倉城に改葬された遠野南部氏二五代利戡墓出土筒守・二七代信彦墓出土ガラス碗その他[註5]、あるいは会津藩保科正之の家老田中正玄夫人墓[註6]（一七〇〇（元禄一三）年歿）（会津市見禰山墓所内所在）の改葬で出土した写経、陶磁器類、漆器膳椀類一式などは上級武士の階層性を端的に示す類似の事例として注意しておきたい。一八世紀前後における豊富な副葬品の傾向は全国的な指向なのか、近年発掘調査された本光寺（口絵）を菩提寺とする深溝松平家七代忠雄墓所事例や池上本門寺の熊本藩細川家二代側室清光院墓副葬品事例も同時代であり、副葬品に贅を尽くした漆器や西欧由来のガラスタンブラーなどが埋葬されていた。事例は武具である太刀や衣冠束帯という装束を除けば、副葬品類は品質の差こそあれ、組成と言う観点からみれば銭貨が共通するなど違いは顕著ではないように思える。言い換えれば葬具や副葬品が画一化の傾向にあったと言えるのではなかろうか。それでは、画一的な副葬品、葬具の由来はどこにあるのか。短絡的ではあるが一八世紀を前後する時期は林鵞峰の『国史館日録』を見ても明らかなように、国内の文化圏の形成において儒臣と各大名らは交流を持ち新しい文芸を積極的に取り込んだ[註7]。とくに交流の中心になるのは冠婚葬祭であり、大名らはこの規範を『家禮』に求めた。『家禮』の中の葬礼の項目を紐解くと、副葬品に係わるところとして「明器」の項目がある。その由来は『礼記』の孔子の言説を典拠としていることが記されている。少し長い引用になるが挙げておきたい。

『礼記』檀弓下第四[註8]

「…（中略）…〇孔子謂ふ、明器を為る者は、喪の道を知れり。物を備ふれども用ふ可からざるなり。哀しいかな、死者にして生者の器を用ふるや、殉を用ふるに殆からずや、と。其の明器と曰ふは、之を神明にするなり。塗車芻霊は、古より之有り、明器の道なり。孔子芻霊を為る者を謂ひて善し、と。俑を為る者を謂ふ不仁なり、人を用ふるにちか殆からずや、と。」

竹内照夫の語訳に従えば次のようである。「〇孔子がこう言った。「明器を案出した人は、人の死ということを良く弁えたものだな。物がみな備わってはいるが実用にはならないのだ。（もしも明器がなかったとしたら、）悲しいことに、死者がなお生者の品を使わされるのであって、それでは人を殉死に使うのと、似たことになるではないか」。そもそも明器という（言葉の）意味は、死者を神明の者と見るからこそ、その用いる品々を明器とよぶのである。彩色した車や人形など（の副葬品）は古くからあったもので、言わば明器なのである。孔子は草の人形を考案した人については「良し。うまく作った。」と言ったが俑（精巧な人形）を考案した人のことは、「不仁だ。まるで生きている人を使っているようではないかと言った。」

以上、少し長くなったが『礼記』の引用部分を示した。つまり実用にならない品を土や草などで造り「明器」として死者に供えたことが記されている。したがって日本近世における副葬品に見られる白木や形骸化した内容の品々の位置づけとして、『家禮』における「明器」の日本的解釈から創られたものと考えておきたい。日本の古代から中世にも「あまがつ（人形）」などを納棺したことが散見できるが極めて少ない。こう考えると、近世における副葬品の画一化は、中世末期以降、アジアにおける習俗を『家禮』から学び、『家禮』流布に伴い葬礼の内容を日本的に解釈した結果でなかろうか。日本においては韓国王陵や胎室墓発見のミニチュアである「明器」は確認できないが、被葬者が生前使用したと解される品々や、これに代わる葬具（葬式用具）としての白木製用品は納棺されている場合が多い。とくに白木製葬具類の発生は、葬礼の執行、葬具の製作を生業とした職業人の登場をも意味しており、アジア的な習俗を『家禮』から受容した結果が画一的な副葬品として成立し、今日の葬儀の原型を生みだしたものと考えられよう。なお、以上のように捉えた画一化された副葬品のうち銭貨は集成結果[註9]などを参照しても中世後半以来、副葬品として共通しており多くの墓から出土している。近世以降、墓に納められた副葬品のうち画一的な品々は「明器」として捉えられるのであるが、この銭貨のように中近世を通し被葬者の階層をも超えた共通する副葬品が確認できると云うことは、近世に展開する儒教的な葬制習俗の成立は、中世の伝統的葬制様式の一部を止揚した結果なのではなかろうか。副葬品と習俗の関連を示した文献[註10]として『兵範記』一一五六（保元元）年七月二日条では、鳥羽法皇が遺言によって柩に御衣、野草衣、敷物、真言などは入れるが、手水、御膳を供えることや沐浴はしないこと、また「あまがつ」は入れないこととしていると記されている。なぜ明確に拒むことを記したのかを考えると、沐浴や御膳を備えることなどは『礼記』に記された「芻霊《すうれい》」を用いるという儒教的な葬送に繋がる。安楽寿院陵に埋葬するので敢えて仏教色を強調した葬送を執行するために「経典納入」を強調的に記したものと捉えておきたい。このような儒教的な葬送を拒んだ事例は、『兵範記』一一五五（久寿二）年藤原忠実室源師子の改葬における墓坑の四方に経典を納めることにも通じるのではなかろうか。これらの文献に記された葬送は、古代から近世における日本の宗教観を示していると言える。一方先に示したように銭貨は品階を超え「明器」としての組成の中に組み入れられた結果、多くの墓に確認されるのではなかろうか。江戸の墓出土の六道銭について谷川章雄[註11]が丁寧に纏めており、この論考の中でも儒教思想と銭貨との関連に触れられている。

二　亀趺碑と墓所の造営事情

次に紹介する金沢藩前田家家老職奥村支家は、金沢藩前田家行政組織の最高官職として存在した加賀八家うちの一つで、禄高一万二千五石を有した大身の家臣であり藩主を補佐する執政役の最高位の家である。

　奥村支家墓所は、初代易英の嫡男和忠が三七歳で没しているために、和忠の嫡男康禮が祖父易英が没した後に二代目（嫡孫）として家督を継いだ折に造営した。二代目康禮の奥村家墓所造営は、奥村宗家初代永富（曾祖父）の墓碑と共に亀趺碑を建立することに始まる。永富は、一六二四（寛永元）年に没しているために曾孫に当たる支家二代康禮が顕彰のために、亀趺碑（砂質凝灰岩製）撰文を木下順庵に依頼し墓碑を建立した。[註12]花崗岩製の亀趺の上に花崗岩製の半円状の笠を載せた砂岩製螭首碑が載る（図2）。墓碑は頭部に雲首を載せた位牌型で、正面左に「故朝散大夫丹州刺史奥村君」、右に「配　加藤孺人」と記されており夫婦合葬墓であることがわかる。この墓の地下構造は不明であるが、墓碑の後方に奥行きのある塚を持つ。塚の原形は留めていないが、円墳というよりは縦長で後方がやや高みを有する形状が想定でき馬鬣封の可能性もあろう。この墓所様式は初代易英以降歴代に採用されている。初代易英墓の碑に記された銘文を確認すると「孝孫康禮泣血記」と記されており、これはまさに林鵞峰が母亀孺人の喪礼を執行するのに際して朱熹の母孺人の喪礼に倣ったことを『泣血余滴』[註13]として遺すが、その序で「親喪泣血之言而号泣余滴」と記したことに通じているものと捉えられる。以上のように康禮が執行した儒教に影響されたと考えられる喪礼の背景を確認しよう。康禮は金沢藩三・四代藩主光高に近侍し五代藩主綱紀にも重用された。その折に幕府儒臣であった林鳳岡、木下順庵、[註14]水戸徳川家の客儒であった朱舜水を師とし朱子学を学んだ。とくに五代藩主綱紀が重用した順庵を中心に松永永三、石川丈山の門下平岩仙桂、沢田宗堅、吉川維足の門下である田中一閑（宗得）や室鳩巣などから儒教を学び密接な交流を繰り返していた。これらの交流背景が亀趺碑の建立や雲首を載せた位牌形式を墓碑として初代事績顕彰に採用した経緯に繋がったものと思われる。ここではとくに亀趺碑造立における順庵、堀杏庵と石川丈山[註15]の交流からその影響を探ってみたい。両者は康禮が墓所造営に当たり亀趺碑を造立する以前に没しているので直接的な関係はない。しかしそれぞれの足跡を紐解くと撰者である順庵との接点が見出されることに注視したい。以下その交流を具体的に見てみたい。

　石川丈山は一六四〇（寛永一七）年、明の邵夢弼編『杜律集解』を入手したことで松永尺五と読了に至るまでの学問的な交流があり、尺五門である秀俊な木下順庵とは次韻するなど交流が繰り返されていたことが指摘されている。また時間は前後するが、堀杏庵と石川丈山の交流をみると、杏庵は一六三九（寛永一六）年と一六四一（寛永

図2　前田家家老奥村支家
初代永富の墓碑（右）と亀趺碑（左）

図3　石川主馬
佑吉信亀趺碑

一八）年に忠臣を重視する意識から殉死者の顕彰として「石川朝臣主馬佑吉信公墓誌銘」（図3）、「本多親信墓誌銘」を撰文し石川丈山がこの事業に加わり亀趺碑の建立に至ったという経緯がある。さらに堀杏庵の事績を示すと、広島藩浅野家分家初代浅野長治は[註16]一六三二（寛永九）年に父の遺領のうち備後国三次郡と恵蘇郡に五万石を分けられ三次藩を立藩してその初代藩主となる。そして一六三八（寛永一五）年父浅野長晟七回忌に顕彰のための木製亀趺碑を「従四位下遺補闕兼芸備二州都督浅野公神道碑」として造立した。長治は吉川惟足から一事重位を授かっていることが造立背景にあったものと思われる。この碑の撰文は堀杏庵が行なっているのである（碑文中には「尾陽路儒学教授兼医官法眼杏庵正意誌」と記されている）。この亀趺碑は頭部が雲首形であることが特徴で、年代的に奥村家墓碑に先行して用いられていることに注目しておきたい。さらに彼は安芸広島藩を致仕し尾張藩に儒臣として仕え、ここでは犬山藩主初代で後に尾張藩筆頭付家老となった成瀬正成の墓誌を撰文している。碑陰の銘文から犬山藩主四代成瀬正幸が、初代成瀬正成没後九一年目に碑を新造（一七一五（正徳五）年）したことが記されている。[註17]

　このほか、儒者が介在して亀趺碑を「イエ」の墓所造営に際し建立する古例として、飯能市智観寺を菩提寺とした水戸藩付家老中山家信吉墓所と木製亀趺碑が[註18]挙げられる。浅野長治建立碑に先立ち一六四四（寛永二〇）年に木製碑を造立した例であり、林羅山撰文碑であることも初源的な様式を示すと言っても過言ではないと思う。これが寛文期になると先にもふれたが、深溝松平家造立の亀趺碑が示す通り石造となる。撰文は林鵞峰であることも墓に伴う亀趺碑造立の様式を受け継ぐ事例として重視したい。さらに高槻藩永井家、福井藩越前松平家や姫路随心寺を菩提寺とした姫路藩主榊原忠次墓なども石造の亀趺碑と一族の墓所を造営した事例であり、一七世紀中葉段階における大名墓造営の一様式を端的に示している。これらの背景に先に触れたように儒者の存在は不可欠であるが、政治的な背景として一六四一（寛永一八）年、幕府がはじめる「寛永諸家系図伝」の編纂事業[註19]（一六四三（寛永二〇）年完成）との関連を指摘しておきたい。「寛永諸家系図伝」編纂事業は、林羅山、鵞峰、堀杏庵が編集の中心となり江戸前期の武家系譜における嫡流、庶流の別を明らかにするために旗本に及ぶ一四〇〇余家に対して系譜提出を求め幕府との関係を明らかにした。このような編纂事業は武家社会秩序の固定化を目論んだ施策としての評価がなされていることからも、多くの大名らが改めて幕府との関係を重視し家の由緒を示す装置として一族の墓所造営に伴い亀趺碑の造立を積極的に行なったものと考えられる。また家光自らも一六四五（正保二）年、朝廷に執奏し家康の藤原姓や秀忠の豊臣姓を源姓に新調するなど、謂わば豊臣との関係を粉飾し過去を改竄したことなども一七世紀中葉段階における各地の大名墓造営背景となりえると思う。さらに幕府自体は榊原忠次が編纂した『御当家紀年録』をもとに、林鳳岡を中心に一六八三（天和三）年から三年かけて『武徳大成記』という徳川家の由緒ともいうべく歴史書を完成させる。この段階で武家社会における家の由緒重要視の社会的な指向を徳川家自らが創りだしているといえ、かかる潮流の中で前田家八家奥村支家の造墓も積極的に行なわれたものと思われる。

　奥村支家が示す造墓事情は、近世初期における大名墓造墓システムを考える上において興味深い事例といえよう。そしてこの造立事情と由緒創りは、一八世紀前半における岡山藩池田家、水戸藩徳川家などの自由な自葬墓造営意識を刺激した可能性もあることを射程に入れて捉えると、一七世紀中葉から後半は近世大名墓成立における最も重要な時期であり画一的な大名墓の創出の初源もここに見いだせるのではないかと思う。

最後に日本の伝統的な葬制と呼べるかどうかは検討を要するが、秀吉、家康の葬送以外に、葬られることで「人神」[註20]あるいは「氏神」として祀られた二人の墓所を紹介してみたい。秀吉、家康は、神道的な喪礼によって葬られ、最終的に「人神」として祀られた。多くの近世武家はこの葬礼を先例としつつ、国元という限定的な地域において神化されることで「氏神」として祀られたものと思われる。このような一八世紀以降、神道台頭にある中で、多くの大名、氏族の当主などは人神として祀られることは多かったものと思われる。

この指向性は、家康を祀った梵舜が近世神道思想の素地を作り、寛文期に吉田神道の家伝を道統継承者として墨守した吉川惟足が国家統治の道を説き、諸大名の信任を得て一六八二（天和二）年幕府の神道方に任ぜられ以後その影響力を遺した。この神道が一八世紀以降の葬制に大きな影響を与えたものと考える。[註21]

三　吉川神道による造墓

会津藩初代保科正之の墓を含む会津院内墓所は、二〇〇一年の公有地化に伴い、史跡整備計画の必要からは三・五・六・七代藩主の墓域を対象として平面構造把握のための発掘調査が実施された。[註22]歴代墓所は仏式で葬られた二代藩主正経墓以外は、「拝所→亀趺碑→燈籠→表石→鎮石」という同様式で造営されていることが特徴的であり、歴代墓所造営にあたって、藩主保科正之の神道思想が具現化されたとされている。藩主正之は吉川惟足に神道を学び一六七五（延宝三）年奥秘を極め土津霊社の神号を授かり、吉田神道最奥儀の秘伝を伝えられ垂加霊社の号を授かった（一六七一（寛文一一）年授）。山崎闇斎が亀趺の撰文を行なっている。一六七二（寛文一二）年の正之の葬送については『会津鑑』[註23]に詳しく示されており、三物、石灰、瀝清などの用い方など、その内容は極めて『家禮』に記された「治葬」に類似している。これは、吉田神道が儒葬的葬法を取り込んだ結果と考えられる。そしてこの吉川惟足の神道は、津軽藩主四代信政墓所において再現された。

津軽信政は、吉川惟足の門人であり、是長から三事重位を受け、四重奥秘を別格として許授された。四重奥秘許授者は保科正之についで二人目とされている。[註24]

津軽信政は、一七一〇（宝永七）年に没し、五代藩主信寿が信政の遺言に則り、翌一七一一（正徳元）年に神葬祭を斎行して廟所を営み、その翌年の一七一二年に本殿を造営して信政の神霊を遷祀した。四代信政の葬送については一八三三（天保四）年に今村玉慶が描いた『信政公葬送図絵巻』[註25]が残っており本墓と呼ばれる津軽信政公墓は、二重の八角形石造台座の上に八角形石柱を立て頂部に笠石を載せる様式で会津藩の「鎮石」型式である。[註26]そして拝墓と呼ばれる前方の石碑は、三重の方形基壇の上に方形石柱を立てる様式で、会津藩の「表石」と共通する。この類例から言うなれば、これこそが吉川神道様式の墓所と言えるものであろう。一七一二年七月五代藩主信寿によって高照霊廟（神社）が建造され、一七二八（享保一三）年吉川従長が「高照霊社縁起」を草して奉納したとされている。

しかし、同じ神道式葬送でも、深溝松平家墓所では遺骸を埋葬した上に石製の流造りの「社」（石殿）を造立し霊魂を祀る方法をとることから、吉田神道に通ずる葬制を用いていることを以前指摘した通りである。そして中陰仏事などに関しては菩提寺である本光寺が執行しているので、言うなれば神・儒が折衷した様式の葬制が創出されているものと看取できる。これもこの時期における近世大名墓葬制の特徴の一つと言えよう。

以上みてきたように限られた類例ではあるが、一七世紀から一八世紀前半における葬制の根底には、アジア受容の儒教による遺骸処理と日本の伝統的な神道的葬制が脈々と流れており、一八世紀以降の葬制の展開を改めて捉え直すと、儒教的様相が強い大名墓と神道が儒教そして仏教を取り込み、葬制における折衷様式を積極的に創出した可能性を指摘できる類例が多いことにも注意したい。

今後、個々の造墓を捉えなおすことで新たな近世における宗教事情が再考できるものと考えている。

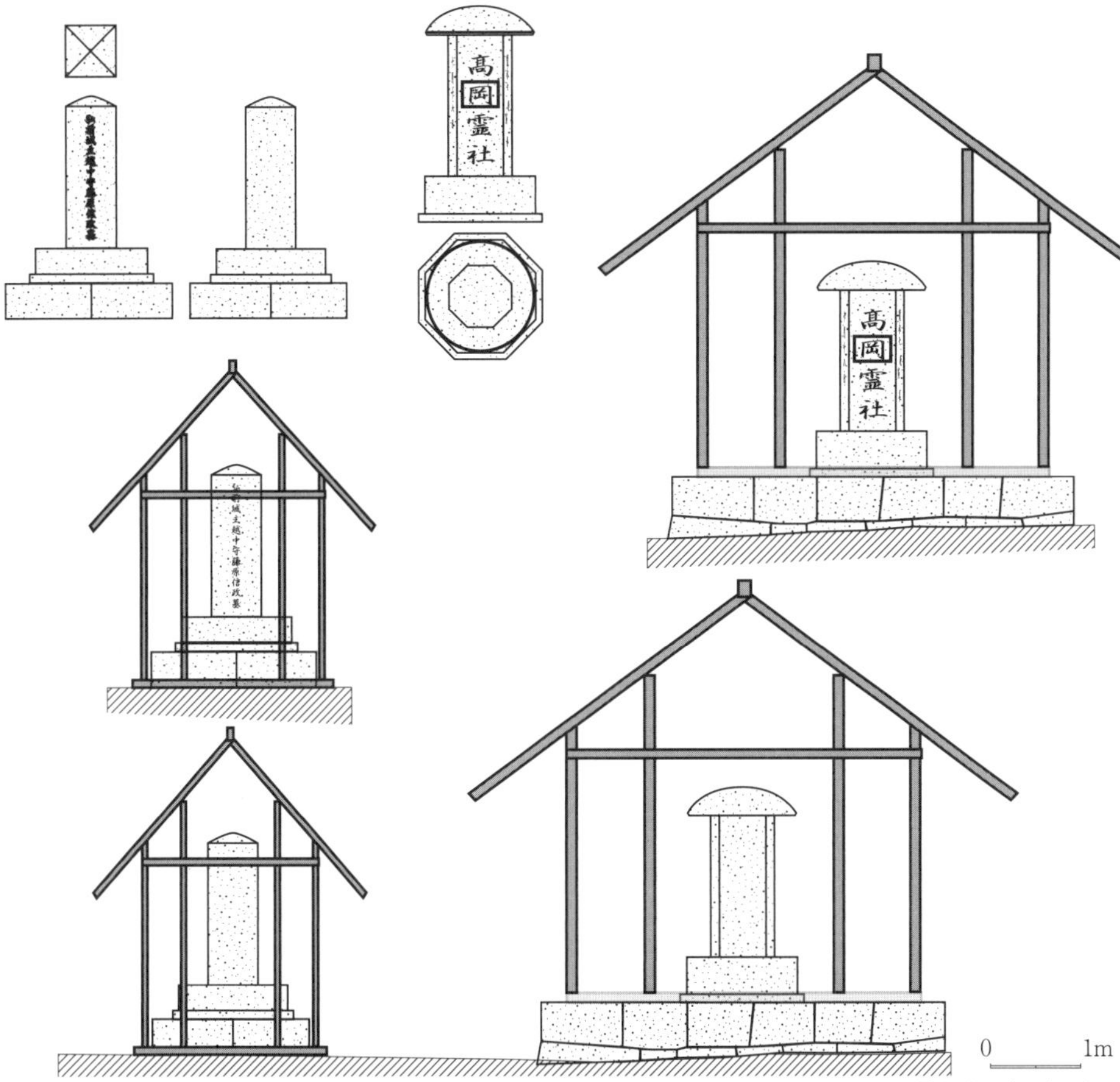

図４　高照神社鎮石と表石（松原実測）

（註1）拙著『近世大名葬制の考古学的研究』雄山閣、二〇一二

（註2）拙稿「本光寺深溝松平家墓所の葬礼と近世大名墓の諸問題」本光寺霊宝会・松平忠定・瑞雲山本光寺『深溝松平家墓所深溝松平家墓所と瑞雲山本光寺』二〇一〇

（註3）佐久間賢「大安字留守家墓所」財団法人奥州市文化振興財団・奥州市埋蔵文化財センター『平成二一年度奥州市遺跡発掘調査報告会　資料集』二〇一〇

（註4）関根達人「東北地方における近世食膳具の構成―近世墓の副葬品から―」『東北文化研究室紀要』四〇、一九九九
（註5）遠野市郷土博物館で実見し撮影した写真を使用。
（註6）会津市教育委員会「会津藩家老田中正玄夫人の墓について」『会津若松市の文化財』一九八五
（註7）渡辺憲司『禁止大名文芸圏研究』八木書店、一九九七
（註8）竹内照夫著の『礼記』（明治書院、一九七一）の通釈による。
（註9）中世墓資料集成研究会『中世墓資料集成』二〇〇四～二〇〇六
（註10）勝田　至「文献資料に見る作法・儀礼」中世葬送墓制研究会『考古資料から描く葬送作法―副葬品を中心として―』二〇一一
（註11）谷川章雄「江戸の六道銭」谷川章雄・櫻木晋一・小林義孝編『六道銭の考古学』高志書院、二〇〇九
（註12）金沢市埋蔵文化財センター『野田山・加賀八家墓所調査報告書』二〇一二の報告書と実査で左記の銘文を確認。
「寛文十三年歳次癸丑夏六月十有二日」（一六七三）
（註13）吾妻重二編著『家礼文献集成　日本編　二』関西大学出版部、二〇一〇、鵜飼尚代「堀杏庵の歴史解釈」林薫一博士古稀記念論文集刊行会『近世近代の法と社会―尾張藩を中心として―』一九九八、矢崎浩之「徳川義直と堀杏庵―神儒一致論に注目して―」『国際関係研究』一九―四、二〇〇七
（註14）木下一雄『木下順庵評伝』一九八二
（註15）小川武彦・石島　勇著『石川丈山年譜　本編』一九九四、山本四郎『石川丈山と詩仙堂』二〇〇二
（註16）広島県双三郡三次市史料総覧刊行会『三好分家済美録』一九八〇、亀趺碑形状などは実査しているので別稿で提示したい。
（註17）拙稿「儒者ネットワークと喪禮実践」『近世大名葬制の考古学的研究』雄山閣、二〇一二
（註18）飯能市郷土館『中山氏と飯能・高萩』二〇〇三、智観寺所蔵の亀趺碑について飯能市郷土館村上達也氏からご教示頂いた。
（註19）山本信吉「『寛永諸家系図伝』について」『日光叢書　寛永諸家系図伝　解題』続群書類従完成会、一九九七、橋本政宣「寛永諸家系図伝と諸家の呈譜」『日光叢書　寛永諸家系図伝　解題』続群書類従完成会、一九九七
（註20）堀　一郎「Ⅳ　氏神型と人身型―民間信仰の二つの型―」『民間信仰史の諸問題』一九七一
（註21）徳橋達典『吉川神道思想史の研究』二〇一三、平　重道『吉川神道の基礎的研究』一九六六、神道体系編纂会『神道体系』論説編一〇、吉川神道
（註22）会津若松市教育委員会『史跡　会津藩主松平家墓所』二〇〇四同『史跡　会津藩主松平家墓所』Ⅱ、二〇〇五、近藤真佐夫「院内御廟―藩主の死去から墓所造営―」『会津若松史研究』八、二〇〇六
（註23）千葉　栄『会津鑑』神道文化会、一九七一、会津史料刊行会『会津鑑』三、一九八一
（註24）前掲註21平一九六六に同じ
（註25）『信政公葬送図絵巻』（弘前市指定有形文化財）四代藩主信政が高岡の地に葬送された時の様子を描く絵巻。縦二七・二センチメートル、横一、〇五二・〇センチメートル。奥書に「右者従御仮殿御喪屋江之御行列之御規式御座候　天保四癸巳年八月吉曜日斎藤八郎左衛門藤原規房、行年六十五歳、奉謹集之　賀田村住玉慶、行季六十二歳敬画之」とある。斎藤八郎左衛門規房は、藩の学問所和学方御用係で高岡祭司役。江戸で神道家吉川源十郎門に入り、神学の皆伝を受けている。
（註26）「新編弘前市史」編集委員会『新編　弘前市史』二〇〇二、新保真紀子「小学校社会科・身分制度成立に関する教科書の変遷」『神戸親和女子大学児童教育学研究』二五、二〇〇六

近世大名墓の制作
―徳川将軍家墓標と伊豆石丁場を中心に―

金子浩之

一　小論の視点

江戸時代武士の葬送儀礼研究は、現代の葬儀に直接的につながる点で重要な意義をもつ。将軍・大名などの墓は、主君埋葬の場として造られ、歴代の重層的な配置で各家の墓域を形成して、先祖祭祀の場ともなっている。この構造は、規模の大小はあっても日本の墓制に通有のかたちであろう。

武士たちの墓は、表向き公用の姿を整えた地上施設と、奥向きの私的空間としての地下構造の二面性を以って構成されている。この二面性は、死後地上に墓標・廟堂・柵門・燈籠などを構えることで公的な姿を象徴し、地下の棺の中には奥向きの私的な姿を整えていたことが明らかになってきた。近世武士の墓は、地上と地下の両界で構成されているとみて良いものであろう。これに、後世の当主たちが墓を連ねることで家の墓地が形成されたものとみられる。

本稿では、地上と地下、両界の境に建つ墓標がどのような制作工程を経て建立に至るかについて、将軍家の例を中心に管見の範囲で史料探索する。将軍や大名たちの墓石が、いつ、どこで、誰の手によって整えられているかを見る視点には、日本の近世社会の姿が映し出されるものとみられる。

二　徳川将軍墓の墓標制作

武士の葬法を考えるうえで、徳川将軍家の墓は、諸大名が執る葬式儀礼の模範とも先例ともなったものとみられ、その後の日本の葬礼や社会に与えた影響は非常に大きいものとみられる。

徳川家康の葬儀が、吉田神道・山王一実神道による葬法で行なわれた後、二代秀忠以下歴代将軍の葬儀は儒教からの影響の強い仏式を基本とする葬儀が行なわれた。(註1)そこでは、宝塔形式を執るのを徳川家一門にのみ許し、その中でも将軍墓に宝塔（図1）、御台所に八角形宝塔、側室や諸子には塔身部を球形にした宝塔などを執らせ、将軍家内部においても嫡庶の別を墓標形式の違いで厳格に表現していた。これは、近世の墓制様式が血縁と身分格式による上下秩序を示す強い規制をもっていたことを現わしている。

このように、宝塔形式が許されるのは将軍を頂点とする徳川家血縁者に限定されたのに対して、諸大名に許されるのは五輪塔・宝篋印塔などの形式であり、墓標に将軍家と諸家との別、また、将軍家のなかでも正嫡と庶流との明確な差別化が行なわれていたし、地下構造の点でも同じ序列構造が確認されている。

また、近世武家の葬儀の構成や死者供養の基本線は、将軍家の行なう内容が標準化され模倣されたものと想像される。諸家では、将軍家の葬儀に倣いながら、それを縮小省略して造墓されたものとみられる。これは、将軍家の葬送に参じた諸大名が模倣したというより、群参した僧侶たちが導師となる葬儀が、やがて全国的に拡散することで、近世社会全体に広がりをもったと推測できる。今日の日本の葬儀は、徳川将軍家の葬送が簡略化され、模倣されて定着したのであろう。

すでに、増上寺の将軍墓緊急調査例や東叡山寛永寺の将軍家御裏方墓の改葬を前にした発掘調査によって、徳川将軍と奥方の墓域の一部が明らかにされた[註2]のだが、本稿では、墓石と墓域の構成や荘厳に用いられる石材に注目して将軍墓制作の実例をまず追ってみたい。

（一）四代将軍徳川家綱（厳有院殿）宝塔の制作

四代将軍徳川家綱は、数え四〇歳の一六八〇（延宝八）年五月八日に死去して寛永寺に葬られた。家綱の墓石の具体的な制作法は、伊豆半島北西海岸域の井田村（現沼津市井田）の石丁場内に祀られた、石造不動明王像の銘文に大きな手がかりが残されている。この石造不動明王像は、湊をもつ井田集落背後の山中に広がる石丁場に祀られていた。図2に、その不動明王の写真と陰刻銘の拓影を示し、読みを左記した。

〔正面右〕厳有院殿様御寳塔石従當山御出来奉以御同石作
　御山出御船廻御奉行　伊奈兵右衛門忠易
　同　兵□□忠至
〔正面左〕延寳九年辛酉正月八日
　御石作師　亀岡久三郎
〔右側面〕勾當妙田寺　十四世　日勇
　平田九□□
　今井茂右衛門
　□□右衛門

図1　徳川家康（久能山東照権現）宝塔

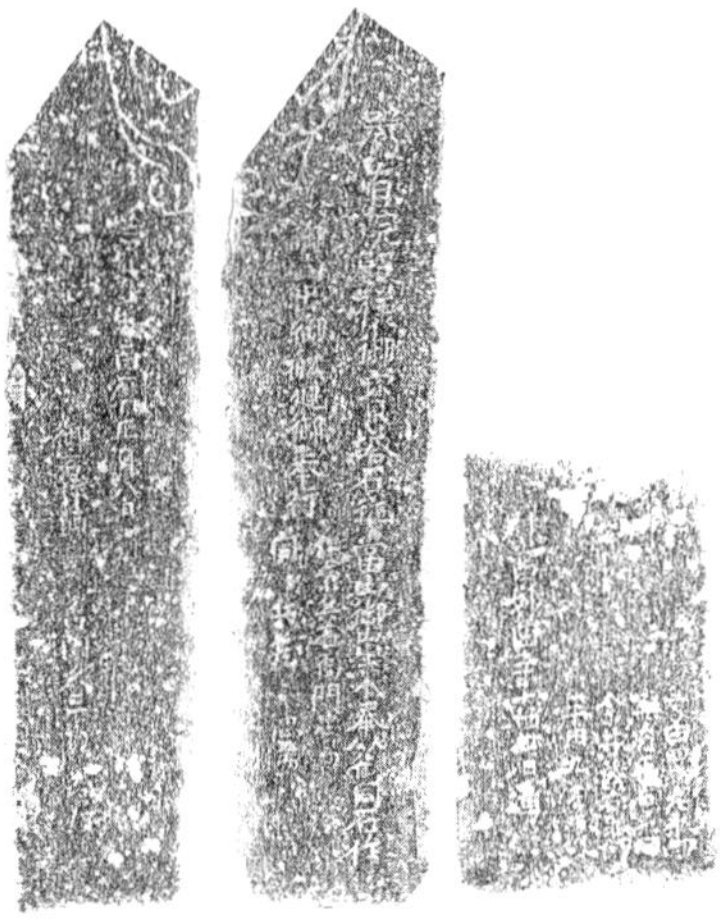

図2　伊豆井田村の石造不動明王像（上）と後背部の陰刻銘拓本（下）

田口四郎左衛門

この銘から読み取れる事実を列挙すると

①家綱の墓石は宝塔形式で伊豆井田村の山中の丁場で制作された。
②その宝塔と同じ石で、この不動明王像を制作した。
③宝塔は船によって海上を運ばれた。
④山出しと海上輸送の奉行職に伊奈氏の二人が就任執行した。
⑤制作指揮を執ったのは「御石作師　亀岡久三郎」であった。
⑥家綱の死去から八ヶ月後の月命日に石塔ができている。
⑦在地の妙田寺日勇・平田・今井・田口等が記念碑的に不動明王像を建立した。

家綱の石造宝塔は、伊豆井田村の石丁場で制作され、完成日は死後八ヶ月後の月命日に当てられていた。この銘中の「石作師亀岡久三郎」は、一六九九（元禄一二）年正月に定められた、江戸職人肝煎の中の石切肝煎亀岡久三郎と同一人物と見られる。[註3]「伊奈兵右衛門忠易」と「同　兵□□忠至」は、通字の一致から家康が伊豆代官や関東郡代などに登用した伊奈熊蔵忠次の五人の子か、その子孫とみられる。「勾當妙田寺」は、現在も井田に法灯を継ぐ日蓮宗妙田寺であり、地元民との調整役に当たったのであろう。

家綱（厳有院殿）の宝塔が伊豆井田村で制作されたことを示す別の史料に、勝呂家文書がある。同家文書は、目録のみで全体は公開されていないが、[註4]中に「厳有院殿様御寶塔石井田村より積出」と記す文書があるので、宝塔と部品は井田村の丁場で制作後、江戸へ海路運ばれたことが明らかである。勝呂家は、江戸城普請の石垣石を伊豆戸田村や井田村などの石丁場から江戸へ廻漕する実務に大きく関与した。この家は、単に諸大名の石材廻漕を請け負うだけでなく、自らも石丁場を所持して石製品を商うと同時に、徳川家への石材献納をも行なう者の一人として行動した。また同家は、江戸城普請の終結後は紀州藩石丁場預り役を拝命し、それまでの功績から石船「千鶴丸」を下賜されて、名字帯刀を許されている。宝塔廻漕にこの千歳丸の後継船が使用された可能性が高い。

（二）八代将軍徳川吉宗（有徳院）宝塔

徳川吉宗（有徳院）は、一七五一（寛延四）年六月二〇日に死去し、寛永寺に埋葬された。葬儀次第は『惇信院殿御實紀』と『大御所吉宗公薨御一件聞書』に記録があり、宝塔は伊豆土肥村で調達されたとある。この『大御所吉宗公薨御一件聞書』の原文を紹介しながら将軍墓の構造を検討した西光三や今野春樹[註5]によると、吉宗公の墓石は幕府勘定奉行神尾若狭守の計らいで、それまで五千両あまりを投じて石問屋に御用達をさせていたのを改めて、豆州土肥の山から切り出させることにした。これによって、切出しの手間賃・廻漕賃や江戸到着後の車力賃など「御手伝」によって賄ったという。この『大御所吉宗公薨御一件聞書』が記す重要な点は、次の六点に整理できよう

①将軍墓建造では石室や宝塔の石材使用部に五千両もの巨費を要してきた。
②石材御用に深川大島町石問屋中野弥平治と青木平左衛門が関係していた。
③将軍墓建造の具体的な意思決定に勘定奉行が関与した。
④吉宗の意思によって葬儀に要する経費も節減の方向が執られた。
⑤節減のために「御手伝」が強調された。
⑥御手伝を執行させた勘定奉行神尾若狭守が巧者とされた。

また、『惇信院殿御實紀』には、一七五二（宝暦二）年二月「十二日徒目付等を伊豆国につかはされ、有徳院殿御宝塔の石材をもとめしめらる」とあるので、勘定奉行神尾若狭守の指示で、現地で具体的な段取りをつけたのは勘定奉行配下の何人かの役人だったことがわかる。おそらく、現地の土肥村の支配関係者との調整と石工への御用の意思伝達が、徒目付などの幕臣から行なわれたのであろう。

（三）一〇代将軍徳川家治（浚明院）宝塔

一〇代将軍徳川家治の宝塔と地盤石（基礎）の石材は、前出の戸田村勝呂家文書に「当村上野御丁場」から「御寶塔御石一式御地盤石共ニ」切り出したことを記す文書があることで、紀州家がこの頃新たに開いたという戸田村の上野丁場で整えられたことが確認できる。この文書を紹介した高本浅雄は、「御寶塔」の主を前後の年代関係から一〇代将軍家治（浚明院殿）と推定している。やや疑問が残るが、いずれにしろ「公儀御用」の宝塔と石室用の石が戸田村から形を整えて運ばれていることがわかる。

（四）一〇代将軍家治室（心観院）宝塔部品

一〇代将軍家治室心観院の増上寺の墓は、没年の一七七一（明和八）年から八五年を経た一八五六（安政三）年になって、「御胴筒石」「御雲形石」などを納めた場合の値段見積が相州岩村に残っている。この文書に対して『真鶴町史』の編者は八十八回忌の供養塔造営との所見を示した。しかし、記された宝塔部材は「御胴筒石」「御雲形石」のみで、大名墓の部品としては部分的に過ぎる。さらに、その仕様に「但本小松上石色揃」として色調に注意が払われた。これは、すでにある宝塔に後補の石が入り込むことで、色合いにばらつきが生じないようにする措置とみられる。こうした点から、おそらく損壊した石塔部材を交換して、修理するための見積書が岩村に残ったと見られる。

（五）一一代将軍徳川家斉（文恭院）宝塔

『真鶴町史』所収文書に、安政六年または同七年と推定される江戸城西の丸の石垣修復石材の見積書がある。その文中に「石直壇之義は、文恭院様御宝塔石代銀ニ引当何程（後欠）」とあり、この表現から「文恭院」即ち一一代将軍徳川家斉墓の宝塔は、相州岩村で調整されたと推定される。（註6）

（六）一四代将軍家茂（昭徳院）宝塔

一四代将軍家茂（昭徳院）は一八六八（慶応二）年八月に死去し増上寺に葬られる。この昭徳院の宝塔は、幕府御作事方が仕切る入札で請け負い先が決められた。この昭徳院「御宝塔御普請御用」の入札が実施されるのは、同年一二月である。（註7）死後四ヶ月も経過してから宝塔制作に着手している点は、幕末の諸事情が反映されたものか、やや奇異なところがある。かつて別稿（註8）で、この注文帳に石室部材も含まれると考えて土葬、火葬の遺体措置に言及したが、改めてこの文書内容を読むと宝塔とその基礎材だけで占められており、石室材は含まれないことがわかるので、前稿を訂正したい。むしろ、この昭徳院宝塔の注目点は、台場構築などの公共事業と同じように将軍墓も幕府作事方による入札で請け負い先が決められた点にあろう。徳川初期の将軍墓に石工棟梁や石問屋青木家などが関係した時期の宝塔制作とは大きく違い、吉宗の時代の御手伝普請が強調された頃の造墓からも更に変わり、幕府官僚が競争入札を行なわせている点への変化には注目すべきものがある。

三　徳川将軍墓への献燈

将軍墓や大名墓が営築される時の臣下の行動は、墓前に構えられた燈籠に象徴的に表われている。大名墓は、墓標のほかに御霊屋・石門・石柵・参道などさまざまな施設で荘厳されて表向きの姿が整えられる。葬儀には諸大名から封地の高や家格によって決められた香典が納められるが、なかでも、家臣や諸大名から奉献される燈籠は最も遺存例が多く、被葬者生前の社会的関係が表われている。将軍墓の前に並ぶ燈籠群は、あたかも群臣居並ぶ姿を霊前に再現したかのような景観を呈している。この献燈は、各地の大名墓や上級武士の墓にも広く行なわれ、臣下が執る弔意表現として一般的であったようである。そうした奉献燈籠の制作の具体相を追跡すると、将軍墓や大名墓が負った社会的な背景をみることができよう。

（一）徳川家綱（厳有院殿）墓前の燈籠

厳有院殿墓には、諸大名から石燈籠が奉献された。現状では、これら石燈籠の多くは山内各所に散っているが、往時には厳有院殿霊廟に至る参道の両側は石燈籠が並び立ち、群臣居並ぶ姿を彷彿とさせたはずである。この奉献石燈籠が並ぶ厳有院殿霊廟に、小田原藩主稲葉氏は「唐金燈籠両基」とその「地盤石」を献納した。銅燈籠の奉献は御三家が行なう例が多いが、家格や厳有院殿との関係などから唐金燈籠という他家とは違う献納品が選択された。

図３　厳有院殿墓に奉献された石燈籠の一例（寛永寺）

この奉献は小田原藩『稲葉日記』一六八一（延宝九）年三月二八日条に「唐金之御燈籠両基」ができあがり、設置作業のために奉行職や足軽・中間など一五五名余を寛永寺へ発向させたが、この日「上野ニ立置及黄昏罷帰候」とある。即ち、一五五名余の藩士は、寛永寺で銅燈籠二基の設置作業を終えて、この日の夕刻に小田原へ帰参したという。このことから、四代将軍家綱（厳有院殿）墓の造営は、一六八〇（延宝八）年五月八日死去の後、翌一六八一（延宝九）年正月八日に伊豆井田村で石造宝塔完成、同年三月二八日に小田原藩の唐金燈籠の献納という段階を経ていた。つまり、一周忌の一月前の月命日法要には燈籠が整えられ、霊廟全体の荘厳が祥月命日には完成するという段階を経ていたのである。ただし、注目点としては、厳有院殿宝塔は海上輸送されたが、小田原藩主稲葉家の唐金燈籠二基は、陸上輸送で献上された点にある。[註9] 献上行為を沿道の民衆に見せることが意識されたのであろう。

家綱の墓に対して奉献された銅や石の燈籠などは、それを献じた各家の意思で設置されている。このため、現状で墓標と燈籠が一体に見えても、両者は別産地で整えられ、一周忌までに順次付け加えられたものである。

（二）徳川家綱室（高厳院）墓前の石燈籠

前出『稲葉日記』には、一六八一（延宝九）年五月一一日に「高厳院様御仏殿江指上候御石燈籠地盤石」を「御足軽五拾人為持罷越

候」とあり、翌一二日「高厳院様御仏殿江被指上候御石燈籠、今日建候ニ付為」奉行二人が足軽三〇人を連れて小田原を出発した。つまり、石燈籠とその基礎材（地盤石）の制作を領内石材産地で済ませ、まず地盤石を足軽五〇人に持たせて先発させ、石燈籠自体は足軽三〇人で後発した。しかも「建候ニ付」というから、足軽たちは、江戸で石燈籠の設置作業も行なっている。「高厳院様」は徳川家綱の室だが、一六七六（延宝四）年に没し、翌年に従一位を送られたという。しかし、没年と『稲葉日記』に見える石燈籠の献上の期日のずれが大きい。いずれにせよ、高厳院墓前の燈籠は石造で、領内の石材を用い、小田原藩士たちによって陸上輸送された。

（三）一一代将軍徳川家斉（文恭院）墓前の燈籠

一一代将軍徳川家斉（文恭院）の宝塔は、相州岩村で整えたのに対して、墓前に林立した石燈籠の多くは、西伊豆戸田村で制作されたことが文書に残されている。即ち、一八四一（天保一二）年に文恭院殿墓に献ずる「公儀御用之灯籠石五拾本」を戸田村勝呂弥三兵衛が一手に請け負い、内匠山新開丁場から出したという。この時の燈籠一基の値段は、金二四両二分で、内訳は石工工賃と船による廻漕料で八六％以上を占め、石工工賃は「一本ニ付上山分金十両二分、下山分壱本ニ付拾壱両」という。この表現から報告者高本は、上山分とは石材を切り出す工賃、下山分はそれを加工する場所が波止場付近にあったと推定しており、[註10]筆者もこれに同意見である。

四　将軍墓の制作者と設計書の存在

（一）宝塔制作の場所

冒頭、歴代将軍やその奥方の墓石が、伊豆や西相模産の伊豆堅石で制作されたことを記した。同時代文書では、相模国内の石材に対しても伊豆堅石と呼称しているが、具体的な宝塔の制作場所はどこなのだろうか。石材だけが伊豆や西相模で整えられ、宝塔への調整は江戸で行なったとみることもできよう。しかし、実際の制作は、石丁場やその近くの作業場で完成したとみる方が正しい。これは、文書史料や石造物銘に「御宝塔石出来奉」と記された点から明らかだが、宝塔などの完成は一周忌法要の一、二ヶ月前頃という例が多く、その期日からしても江戸で宝塔に作業が加えられることは考えにくい。伊豆の山中で母岩から割り出された石材は、近くの丁場で完成状態まで加工された後に廻漕され、江戸では設置工事だけが行なわれたのであろう。あるいは、江戸で銘文の陰刻や石肌の仕上げ程度は行なうのかも知れないが、一周忌法要までの一ヶ月間に可能な作業は、組み立てと銘文刻み程度しか想定できないであろう。

江戸での葬儀は、遺体を埋葬するだけの行為ではなく、一周忌を山場とした毎月の命日を節目とする法要が行なわれていた。その間、霊屋建設・立塔・献燈などの荘厳を順次加え、一周忌法要の実行で結願を迎えて収束する内容である。この点からも、宝塔は石丁場で制作完成された後に、一周忌供養に供されるべく運ばれて、江戸で組み立てられたのである。

（二）部材制作の分担例

増上寺の一一代将軍家斉室広大院の宝塔制作では、「御宝塔御用石割合帳」と題する文書が真鶴町所蔵文書にある。これによると広大院の宝塔は、真鶴岬周辺の岩村と吉浜村の両村で分担して制作した。このため、両村間の分担部品の数量を確認する文書内容である。全文引用は省略するが、部材名称には次のものがあり、それぞれにサイズと量および分担村名が記されている。

一　八本　御地形石　長六尺巾三尺厚壱尺五寸
　　　内三本　岩村　同五本　吉浜村

一　弐本　御地盤石（以下、寸法と両村分担割の表記を省略し部材名のみ列記する）

一　御八角座石・御花座石・御胴筒石・御笠石・御宝珠石・胴筒扉石・御高欄石・御高欄妻石・御柵門四半石・同鱗石・御矢来子台石・御柵矢来子・御柵隅柱石・同御笠木石・同御矢来子造出シ控柱・同男柱石・同御控柱石・御柵下石垣石・同御下石遣イ・同御柱石・御四半石・御鱗石・御下石　（部材名だけを省略して示した）（註11）

これらの部材名を実際に発掘調査された大名墓と照合すると、宝塔の基礎の地形石に始まり、地盤石二枚が石室を覆い、石壇に八角座石を置いて、上に花坐（蓮坐）と宝塔塔身の胴筒・笠・宝珠へ下から上におよび、さらに塔身部には長弐尺六寸、巾壱尺、厚五寸の二枚の扉石がある。これは、塔身に刳り貫かれた空間があることを示しており、東叡山寛永寺の徳川家墓所調査で明らかにされたとおり内部に本尊の仏像が納められた空間があることに合致している。

「御高欄石」以下は、宝塔を載せる基壇部分の制作と装飾用の石材であり、宝塔周囲は四半敷の敷石で覆い、基壇周囲は石垣で組まれた上に石柵が巡って、石柵内側の四半敷石が最後にある。こうした部材配列は、徳川家ゆかりの者に許された通有の構造であり、寛永寺、増上寺や池上本門寺などの大名墓の部材構成と同じである。ただし、地下の石室と石燈籠の部材の記述を欠くので、この部分は別発注だったことを示していよう。石室は死後わずかな期日の内に構える必要があり、石燈籠は墓を営む施主とは別の諸大名から献納される事情がある。この結果、石室・墓標・石燈籠は別産地で整えられたと推定される。

ところで、広大院宝塔制作が岩・吉浜両村で分割された事実は、この宝塔の設計書が予め用意されていたことを推定させる。その設計書を元に、村の石工たちが分担を決めたのであろう。逆に、設計図があれば、両村石工の間で個性を主張せずに分担し合うことが可能なほど共通の技量だということもできる。

歴代将軍とその室の宝塔は、世代を重ねてもあまり大きな変化をみせていない。その点からすると、幕府作事方などの技術官僚的な者が介在して、おそらく一七世紀の間に先例となる図面と設計書が整えられ、その原図の掌握者が、葬儀が生じるごとに先例に従って図面を調整して発注したと推定される。宝塔の一〇分の一図面の遺存例からして、幕府作事方の官僚的な人物が設計図書の作成に当たったものとみられる。

江戸に散在する大名墓は、墓標が宝塔か否かの別や荘厳の程度において徳川家を頂点とした序列が厳然としているものの、墓標やその周囲の造りは、全体として同じ組み合わせを執っており、その共通の仕様は技術官僚的な設計者が大名墓制作を主導し、また一面、将軍墓が諸大名に模倣されたと推測される。

以上のとおり、将軍やその夫人の宝塔、あるいは、墓前の石燈籠の制作地に関する資料を地方文書を中心に示した。その結果の集約は、表1に示すとおりである。この表からわかるとおり、伊豆や西相模の石材産地内で宝塔やその周囲の装飾に用いる石材部品が制作され、多くの場合は海路を運ばれていた。これらの事例は、将軍と正室たちの墓石調達法の一部に過ぎないだろうが、大名墓との共通点も多く、全体の推察には役立つであろう。重要点を列挙する。

①伊豆堅石が将軍やその夫人の墓に広く使用された。

②石室・宝塔と周囲の石装・燈籠は、一周忌までに順次加えられる。

③諸大名から将軍墓に燈籠が献納される慣例があり、その際、燈籠とその地盤石は、宝塔・石室部材とは別産地で整えられる。

④通常、石丁場から海路運漕されるが、献上が意識される場合には小田原藩のような陸上輸送例もある。

⑤産地の地方文書に、「石値段帳」「入札注文帳」などの部材名と寸法などを記す文書があることから、石材産地で全部品を整えて搬送している。

⑥監理のために、幕府の官僚機構の中に設計者がいると推定される。

表１　徳川家墓所の宝塔などの制作地一覧表

被葬者 死没年月日	制作品	着手・完成日	制作地	運搬法	根拠資料
4代徳川家綱（厳有院） 1680（延宝8）年5月8日	宝塔	1681（延宝9）年 1月8日	伊豆井田村	船運	石造不動明王銘文
	唐銅燈籠・ 地盤石共	1681（延宝9）年 3月28日	相模真鶴岬周 辺	陸上	『稲葉日記』
4代徳川家綱室（高厳院） 1681（延宝4）年8月5日	石燈篭・ 地盤石共	1681（延宝9）年 5月10日起立	相模真鶴岬周 辺	陸上	『稲葉日記』
8代徳川吉宗（有徳院） 1751（寛延4）年6月20日	宝塔・ 地盤石共	1752（宝暦2）年 2月12日着手→	伊豆土肥村	（船運）	『惇心院殿御實紀』『大御所吉宗公薨御一件聞書』
10代徳川家治（浚明院） 1786（天明6）年9月8日	宝塔・ 地盤石共	不明	伊豆戸田村上 野御丁場	船運	勝呂 安 家文書
11代徳川家斉（文恭院） 1841（天保12）年閏正月30日	宝塔	不明	相模真鶴岬周 辺	船運	『真鶴町史』
	石燈篭・ 地盤石共	1840（天保11）年 7月受注→12上旬完成	豆州戸田村内 匠新切開丁場	船運	勝呂 安 家文書
11代徳川家斉室（広大院）	宝塔・ 地盤石共	不明	相模岩・吉浜 両村で分割	船運	『真鶴町史』
徳川家治室（心観院） 1771（明和8）年8月20日	宝塔胴筒 他修復材	安政3年修復実施	相模真鶴岬周 辺	船運	『真鶴町史』
14代徳川家茂（昭徳院） 1866（慶応2）年7月20日	宝塔・ 地盤石共	1866（慶応2）年 12月着手→	相模真鶴岬周 辺	船運	『真鶴町史』

五　江戸への墓石供給

日蓮宗大本山池上本門寺では、山内に造営された近世大名墓や奥絵師狩野家の墓などが、坂詰秀一の指導の元に発掘調査された。法華信仰に篤い大名墓や奥絵師の墓所の発掘は、類例の少ない調査例として注目すべき成果をあげた。公刊された報文(註12)や、調査中に拝観した地下構造などの全体像を振り返ると、これまで述べて来た徳川将軍家の墓の構成と江戸の大名墓や上級武士層の墓石は、非常に良く似た構造を呈していることが実感される。

それは、単に墓石と石室の石材が伊豆堅石製だというだけに止まらず、江戸全体の墓石の種類構成も造形の細かな点にも、すべてが似通った印象をもっていると感じられる。大名墓でも中下級武士の墓であっても共通、または、似た印象はなぜ生じるのだろうか。前節で将軍墓制作地が、伊豆または西相模の石丁場であることを示したが、あるいは、武士の墓も百姓の墓も江戸の石造物の大多数が伊豆の石丁場で生産されたものが、江戸で組み立てられているという可能性はないのだろうか。近世墓標生産の様相を示してみたいと思う。

（一）相州岩村の石材生産

江戸城の営築に諸大名を大動員した御手伝普請は、寛永末年までにおよその終結をみる。江戸城石垣を造るために開かれた伊豆の石丁場は、寛永末年に稼働を停止して凍結状態に持ち込まれる丁場と商人丁場と呼ばれた民用の丁場の二者に分離してゆく。凍結状態にされた石丁場は、在地の有力百姓に「丁場預り」役を指名して残石を管理させ、江戸城の御手伝普請終結時の状態を保ったまま幕末に至っている。（註13）

一方、伊豆の石丁場のなかには、当初から百姓所持（商人持とも）の山に開かれた丁場が稼働しており、それらは民間の石丁場として石製品を生産し、江戸を主な市場として経営が続けられた。この商人持の石丁場は、江戸城普請以前からのものもあれば、江戸城普請をきっかけに新たに石商売に参入した百姓による丁場もあって、来歴は一様ではない。この西相模から伊豆半島域に広がる何箇所かの「商人丁場」が、江戸時代の間にどのような製品を供給していたかをみると、江戸への石造物供給の様相がみえるはずである。

真鶴岬の東側に相州岩村が立地している。前述のとおり、徳川家の墓石制作にも大きく関与し、幕末には「小松石」のブランド名で知られる名石の産地である。ここの丁場群は、同村作成の文書（註14）に次の由緒がみえる。

「岩村堅石之儀は（中略）、九拾年程以前より磯辺ニて少宛石切初、五六拾年以前ニは丁場数拾ケ所程御座候て商売仕候、三十八九年以前より拾八九年以前迄は石はやり申候ニ付、丁場数五拾六七ケ所御座候て商売仕候、夫より以来は石はやり不申候ニ付、段々丁場数へり、只今は三拾四ケ所御座候、右之丁場より切出申石ハ築石・板石・四面塔石・仏石・花石前々より只今迄切出し江戸商売仕申候（後略）」

これは、一六九一（元禄四）年に岩村の石材生産の経緯を記したもので、文中の「九拾年程以前」とは、慶長年間の江戸城営築を指す。この江戸城普請の需要が寛永末年で一段落すると、岩村は「石商売」を行なった。その後、石需要は寛文年間にピークとなり、現在は漸減傾向だという。この記述の注目点は、生産品目に「築石・板石」の土木建設素材と「四面塔石・仏石・花石」のような墓石・石塔類の二大別を挙げた点にある。「四面塔石」とは五輪塔・宝篋印塔などの製品であるし、「仏石」は石仏、「花石」は石仏などの蓮坐を指す。このことから、江戸へ運ばれた岩村の石製品は、土木建設用石材と石仏などの石製品の二者があり、素材としての石塊ではないことが明らかである。石製品は「四面塔石」「仏石」などの総称名が記されているが、製品名を付け得る完成品だとみられる。つまり、石丁場で、すでに目的別の既製品を制作して江戸へ供給したと記されているのである。

繰り返すが、江戸へ運んでから用途別に加工するのではなく、相州岩村の丁場で石製品を完成させているものとみられるのである。

（二）「多賀青石」と「多賀白石」の場合

現熱海市多賀地区では「多賀青石」と「多賀白石」の二種の石製品が生産されたが、この村では一六七〇（寛文一〇）年に江戸への石製品廻漕をめぐって、隣村網代村船持衆との間で争論となった。争論の始末は、本論から外れるので略すが、その過程で作成された文書に石工の仕事内容と江戸への運漕の実態が推測できる記述が含まれている。[註15]それによると、多賀村の石材生産は、江戸城本丸と天守台普請の「御用石」に採用されて始まり、寛永末年に伊豆代官に申請して石商売を始めた。江戸への廻漕は、網代村が専属的に行なって「冬時分ハ五六万も」ストックがないと正月までの船積みに不足が生じるが、「當年ハ青石うれかね、壱万八千余之丁場ニたまり申候」という。この記載から、多賀村の石製品生産は、江戸城普請で本格化し、寛永末年に商品生産に変貌した相州岩村と同じ経緯があったことを示している。ただ、岩村では「仏石」などの製品名記載があったが、残念ながら多賀村の文書には生産品目を示す文言はない。しかし、石製品運漕の姿は比較的よくわかり、多賀村の隣村網代の廻船が専属的に、毎年数万という膨大な数の石製品を江戸へ輸送していた。さらに、石製品は不景気などの理由で売れ行きが落ちて、丁場内に一万八千ものストックが出ているとあるとおり、買い主が決まっているものではなく、いずれ買い主が決まる予定の規格品の輸送だったこともわかる。帆船による定期的な廻漕は、冬の季節風による困難期があり、強風の一、二月を避けて帆走する必要から正月までの積み込みが必要だと意識されていたのであろう。

(三)戸田村勝呂家の場合

伊豆西海岸戸田村では、勝呂家が江戸城普請以来、近代にいたるまで石商売に深く関わり、石材値段などに関する文書多数が伝存している。勝呂家の石材加工品目には、石垣用「間知石」、建築用「丸石」、石垣裏込の「栗石」、「土塀台石」、「加んき石」、「庭置石」などの名があるが、現状では墓石・石仏生産の存否は判然としない。しかし、右の生産品目は、伊豆多賀、真鶴岬周辺の石方六ケ村の生産品目と変わるところはなく、将軍墓の制作例からすれば、墓石・石仏などをも生産した可能性は高い。勝呂家は、自ら商用の石丁場経営をしているのと同時に紀州藩石場預り役、さらに、一八四〇(天保一一)年には紀州藩新開設の石丁場の実質的な運用役をも兼帯している。その新設石丁場の業務のひとつが、前述した一八四一(天保一二)年末の大名向けの石燈籠五〇基の制作であろう。勝呂家の経営は、石材をとおした紀州藩御用商人としての性格が強かったと推定できる。

六　大名墓制作の諸相

各地の大名墓を大観すると、墓石から中世まで血脈をたどり得る家はごくわずかであり、徳川初期に初代や藩祖と仰ぐ人物の墓を造り、始祖とする例が多い。そうした初代墓は、二代、三代以降の子孫の墓標とは趣が違う例が多い点が指摘できよう。つまり、各藩の二代目、三代目以降にそれぞれの家の墓標や霊廟のあり方が整えられ、それ以降は、ほぼ同じ型式の墓標が制作されて前例を踏襲する態勢が執られたのである。では、各家が墓石の様式を整えた段階の墓石制作はどう進められているのか。改めて、全国的視野で大名墓への石材供給例を追究する必要はあろうが、当座左記の事例を挙げ得る。

(一)高野山の大名墓

高野山に対しては、中世以前から武士たちが来世の安穏を祈念する供養を重ねて来た。近世武士層も活発に高野山納骨を進めており、巨大な近世大名墓が奥之院に林立していることは周知のとおりである(図4)。

図４　高野山奥之院には大名墓が林立する

高野山に納められた諸大名の墓石に関する西山祐司の研究によると、高野山内には全国各地の名石を用いた石塔が多数確認されている。(註16) 伊豆石製の五輪塔や花崗岩製・和泉砂岩製など、さまざまな石材による大名墓や供養塔が高野山内に営まれているのである。高野山内の大名墓への使用石材の検討は、今後さらに精緻さを増すであろうが、現状で言えることは、高野山の大名墓は予め各地の石材産地で所用の石塔が整えられた後に山内に運ばれ、現地で組み立てられているという事実である。したがって、大名領国または近隣に産出する名石を用いて各家が特注品の墓石を用意し、山内に運びこんでいるのである。(註17)

（二）対馬藩主宗家の墓

一方、領内・近隣に適切な石材産地がない藩では、名石材の産地に発注し、遠路を運漕して運んだ墓石が用いられている。対馬藩主宗家の例では、大半は対馬の島外産出の花崗岩製の墓石が使用されており、一部に砂岩製のものが含まれているという。(註18) おそらく瀬戸内産の花崗岩製の墓標が対馬まで海路を取って運ばれ、砂岩製という墓石は日本海海運で島内に持ち込まれたものであろう。船運で墓石が移動する点は、後述する伊豆諸島の近世墓標や江戸の墓石群とも同様の供給態勢であったということができる。

（三）松前藩主松前家の墓

北海道の松前藩主松前家の墓石は、日本海を七五〇キロも隔てた越前の笏谷石《しゃくだにいし》を伝統的に使用し、一八世紀後半以降は花崗岩製の石廟と墓標が整えられていると報告されている。しかも、同家の笏谷石製の越前式石廟と内部の石塔は、部品に付けられた番号などの観察などから、笏谷石の石丁場で細部に至るまで加工を終えた後に日本海海運で運ばれ、松前ではそれを組み立てるだけであったとの所見が示されている。(註19)

（四）薩摩藩島津家

薩摩藩島津家の墓標は、すべて山川石の名で知られる凝灰岩で制作されながら、歴代当主・夫人・生母の墓石のみが山川石のなかの黄色味のあるタイプを使用し、そのほかの子女や殉死者の墓には黒灰色の山川石が使用されているという。(註20) この違いは、徳川家で将軍、御台所と生母にのみ宝塔形式が執られた序列表現と同じ原理であり、島津家では、石材の色調で上下を表現したのである。近世の封建秩序が、墓石石材の違いに映じている。

七　江戸への石材供給の解明と課題

（一）まとめと研究課題

徳川家の墓標は、伊豆や相模西部の安山岩地帯で整えられていた。そうした伊豆堅石の産地では、大名墓以外の江戸向けの石材需要にも対応し、江戸の土木・建築素材と墓石・石仏への石材使用を賄っていた。産地ではその需要に対して量と生産品目の両面で対応していたことを示した。この需給態勢は、江戸と伊豆の関係だけに収まるものではなく、伊豆国廻船の行動範囲である紀伊半島沿岸域を含む東海道沿岸一帯に広がりをもつものと予想される。

伊豆堅石の産地として岩・多賀・戸田・井田村などの事例を紹介したが、ほかの村々にも墓石生産が確認される可能性は高い。右のほかに、相模国内に早川・根府川・吉浜などの村々や伊豆国内では宇佐美・岡・沢田・下田などに、近世の石製品産地としての稼働が知られている。また、とくに江戸後期には、大名墓にも凝灰岩製の切石が地下構造材として使用される例が多くなるが、沢田村（現河津町）や下田市・南伊豆・松崎町・西伊豆町域に群在する伊豆の凝灰岩の石丁場の稼働状況と使用例の確認は、今後の課題として残されている。

江戸の寛永寺徳川家御裏方の墓石は、理化学的な方法で産地分析され、ほとんどの石材が真鶴岬付近の安山岩との結論が出された。本稿では、地方文書と金石文から西伊豆の井田村や戸田村産の安山岩も相当数含まれており、理化学的な分析の結論から漏れた伊豆産の将軍家宝塔や石燈籠の例を指摘した。理化学分析手法がもつベースとしてのデータに疑義が生じている。

なお、安山岩は同時代史料に相模国内のものでも「伊豆堅石」と表現しており、江戸城石垣と共に将軍家や御三家の墓石供給地でもあったことが明らかである。筆者は、さらに一歩進めて、大名墓以外の江戸の石造物の大多数が、伊豆堅石製であろうとの見通しをもつが、そう考える理由のひとつに、江戸の近世石造物の出現期と伊豆の丁場の始動時期とがよく符合している点がある。江戸の石造物が、中世的な姿から近世的型式や様式に突然変貌するのは、一六一五～一六二四（慶長末～元和年間）に始期があり、一六二四（寛永初）年に確定化を遂げている。同じ時、伊豆の石丁場でもその稼働を本格化させ、やがて石商売に転じているのである。

（二）特注品と既成品

文献史料から推定すると、大規模な建築や土木事業の場合は、事前に産地へ寸法や数量の注文書が届けられた後に製品が整えられて廻船に積まれた。しかし、通常規模以下の施工には、「間知石」の名が示すように一定規格の石材が石問屋から供給されていた。この

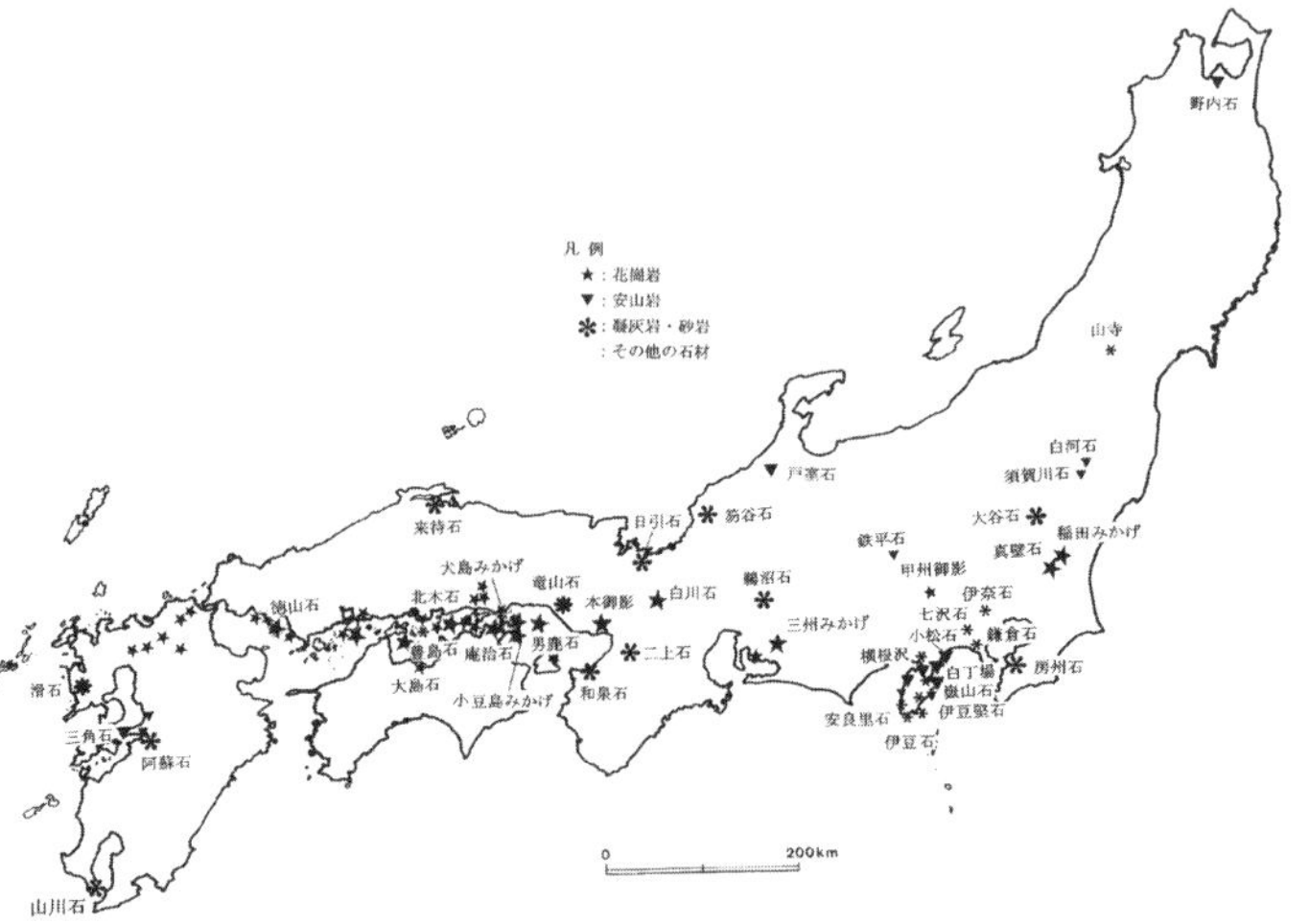

図５　国内の主な石材産地分布図
（『石造文化財への招待』2011 原図を修正のうえ掲載）

土木材と同様に、大名墓のような特注の石造物は、その設計書に沿って作られるので一〇ヶ月ほどの制作期間を要していた。しかし、中下級武士以下の墓石などには、むしろ設計書などは不要で、江戸の石問屋にストックされていた規格品が、家格に合わせて墓石などに使われたのであろう。

ところで、江戸の石造物は、墓石と石仏とが簡単には識別できないという特性が常に付帯している。路傍にある石仏でも銘文を読むまで、墓石か、石仏なのかは外見では判断できない。この現象は、何に起因するのだろうか。石造物の形や意匠決定に宗教性が関与するのならば、墓石と石仏との間にもっと大きな違いがあって然るべきである。しかし、現実には、墓石も庚申塔も、あるいは、回国供養塔もほぼ同じ姿の石造物が通用されている。これは、墓石制作と石仏制作者の間に分業が存在せず、一人の石工が複数の用途に使い得る製品を作り、使い手が銘を刻んで使い分けているために起きる現象とみられる。

石丁場のある村で制作された既製品が、江戸の石問屋に廻漕され、問屋を訪ねた客は、使用目的に適う幾種かの既成品から、自らの家格に照らして選んだ後に、銘文を刻ませて用途が決まるのだと理解すれば、外見で石仏と墓石が区別できない点や、石工の名が石仏に刻まれない現象も説明できよう。

なお、石製品の値段は、石山での採石・加工・製品運搬賃・丁場内こっぱ石処分費・船運賃・揚陸賃などが加算される仕組みであることが石丁場をもつ村方文書に確認されるが、江戸の石問屋は、これに自らの利益と設置費用などをさらに加算していることになろう。

(三) 江戸石工との関係

江戸の石造物は、将軍の墓・武士の墓・百姓の墓、いずれも伊豆で生産された墓石が運ばれていたことを記してきたが、検討の余地があるのは、どの程度の完成率であったのかという点である。先述した一八五六(安政三)年の増上寺心観院宝塔の値段帳末尾には「右は荒切浜着迄直《ママ》段積りニ御座候」とあって、宝塔制作に「荒切」という段階があることがわかる。「浜着迄」とは石丁場から湊までの運賃を含むという意味である。この表現から心観院宝塔では、荒切という工程までが岩村の丁場で行なわれ、その後、江戸で完成までの工程を施されたことがわかる。しかし、この時の心観院宝塔は、没後九〇年近い年月を経て破損した部分のみを石場に発注して、それに対する値段帳に右の荒切云々が記されている。しかも、荒切の故とみられる値引きが五％である点からすると、九五％は完成しており、旧来の部材との擦り合せのために五％の仕上げ作業が施されていないという事情が想定される。つまり、心観院の宝塔部材は修理のために九五％の完成度で江戸へ運ばれたのであって、通常の墓石は銘文の陰刻は別として一〇〇％の完成度で丁場から出荷されているとみて良いであろう。

江戸の石造物が、産地内の完成品だけで占められたのであれば、江戸石工が手を下す場面がない。小田原藩のように組み立て作業にまで足軽を派遣したのでは、さらに江戸石工の出番はない。江戸石工は、小田原の石屋善左衛門や岩村の青木氏のように石問屋として流通に関与して、近世前期には石工としての性格を大きく減じていたとみられる。江戸やその周辺に、自ら手を下す石工が現われるのは、庶民層からの特注品が増えることで需要が高まる一八世紀後半以降であろうと推測される。その段階にようやく江戸石工の名が石造物に刻まれる例が増えており、それ以前は伊豆の石工の手になる製品が汎用されたことが、ここに表われているものとみられる。

ところで、江戸の石仏研究を主導した大護八郎は、伊豆諸島の石仏を総括して、この島々が火山島ゆえに石仏を造る石材がなく、美術的な観点からは見るべき石仏はないと評している。[註21]しかし、島嶼域の近世墓地は本土と変わるところがないと言うのが正確な表現であり、これは、江戸と同じ伊豆諸島の墓石が外から運び込まれていたことを示している。江戸と伊豆諸島との直裁的な比較には無理があるが、石材がないという点は島も江戸も同じであろう。対馬宗家や北海道松前家でも見られたように大名墓を含む近世墓標は、海運によって国内を大きく移動して構築されているのである。

（註1）儒教的色彩は、位牌や霊廟の存在などに象徴的である。そうした性格は芳賀　登『葬儀の歴史』（雄山閣、一九九一）などにも示されているが、近年では松原典明『近世大名葬制の考古学的研究』（雄山閣、二〇一二）にも具体的な指摘がある。

（註2）寛永寺谷中徳川家近世墓所調査団編『東叡山寛永寺徳川将軍家御裏方霊廟』吉川弘文館、二〇一二

（註3）乾　宏巳「江戸の職人」『江戸町人の研究』第三巻、吉川弘文館、一九八二

（註4）小論で参照した勝呂家文書は、いずれも高本浅雄「戸田村の石切文書」（『沼津市歴史民俗資料館紀要』一三号、一九八九）に目録と共に報告されたものを指している。

（註5）西　光三「徳川吉宗葬送考」『寺院史研究』一〇、今野春樹「徳川将軍家の葬儀および墓所構造の検証」前掲註2文献所収

（註6）真鶴町『真鶴町史資料編』一九九三所収、岩村青木家文書

（註7）真鶴町『真鶴町史資料編』一九九三所収、九四号真鶴町所蔵文書

（註8）拙稿「近世墓石生産に関する一様相」『考古学の諸相』Ⅱ、二〇〇六

（註9）早川・真鶴などの石材産地製品は通常は廻船で運ばれる。ここでは『稲葉日記』「延宝九年三～五月」記事（『小田原市史』資料編Ⅰ藩政、一九九五所収）に拠った。

（註10）前掲註4文献に示した高本浅雄の指摘による。

（註11）真鶴町『真鶴町史資料編』一九九三所収、八五号文書

（註12）坂詰秀一編著『池上本門寺近世大名家墓所の調査』二〇〇二、『池上本門寺奥絵師狩野家墓所の調査』二〇〇四、『芳心院殿墓所の調査』二〇〇九など

（註13）拙稿「江戸城向け伊豆石丁場の現況」『ヒストリア別冊』大坂歴史学会、二〇〇九

（註14）真鶴町『真鶴町史資料編』一九九三所収、八〇号文書

（註15）熱海市『熱海市史』資料編所収、八八号文書

（註16）西山祐司「高野山発見の笏谷石製五輪塔について」『紀伊考古学』九、二〇〇六号ほか多数の同氏論文を参照

（註17）奥田　尚「加工石の運搬」『古代学研究』一四九、二〇〇〇

（註18）尾上博一「対馬藩主宗家墓所の現状と保存整備」『考古学論究』別冊、二〇一〇

（註19）関根達人「松前藩主松前家墓所と松前城下の石廟」『考古学論究』別冊、二〇一〇

（註20）松田朝由「薩摩藩島津家墓所における墓塔の展開」『考古学論究』別冊、二〇一〇

（註21）大護八郎「石工研究への私見」『日本の石仏』八、一九七八など

第二章　東日本の大名墓

北海道

佐藤雄生

一　はじめに

松前氏は、奥州梁川に移封された一九〇七（文化四）～一九二一（文政四）年を除き、近世を通じて海に面した福山館（後の福山城）を居城とした、北海道島唯一の大名である。その菩提寺である曹洞宗大洞山法幢寺は、史跡松前氏城跡福山城跡の北側に展開する寺町の一角に所在する（図1）。境内の北東に松前藩主松前家墓所（以下、「藩主家墓所」とする）があり、その東側には、親戚関係にある河野系松前家墓所が隣接している。

一九五〇（昭和二五）年に藩主家墓所を含む法幢寺境内が北海道指定史跡となり、一九八一年には国指定史跡となったが、一九八三年の日本海中部沖地震で倒壊などの被害を受けたため、同年から一九八九（平成元）年にかけて、国庫補助事業により松前町教育委員会が保存修理工事を行なった。この際、石廟や墓標の実測が行なわれ、修理報告書が刊行された。[註1]二〇〇七から二〇〇九年度には、弘前大学が中心となり、福山城下と在方に現存する五、六二九基・一一、八六二名分の近世墓標と、城下の三ヵ寺に残された過去帳二〇冊・一三、六五一人分（重複を除く）が調査され、藩主家墓所についても、墓標調査とともに石廟の再実測が行なわれた。[註2]また、関根達人により、藩主家墓所の墓標と被葬者について、詳細な検討が加えられている。[註3]以下、それらの調査成果に基づき、藩主家墓所の概要を述べる。

二　松前藩主松前家墓所の来歴

法幢寺は、一四九〇（延徳二）年、若狭出身の僧宗源により、蠣崎氏（後の松前氏）の居館となっていた大館に建立されたが、アイヌの襲撃により焼失し、三世義廣によって一五四六（天文一五）年に菩提寺として再興された。一六〇六（慶長一一）年、五世慶廣（初代藩主）が、大館から福山館へ転居したことを機に、一六一九（元和五）年までに福山館の背後地に移転した。

藩主家墓所が法幢寺境内の北東に形成されたのは、七世公廣の没した一六四一（寛永一八）年以降と考えられ、一九代にわたる歴代藩主や正室・側室・子らの墓標五五基があり、そのうち五〇基が一八六八（慶応四・明治元）年以前の没年をもつ墓標である（図2・3・表1）。その内訳は、石廟を有する墓二三基、別石五輪塔一二基、笠塔婆八基、櫛形三基、尖頭角柱形二基、不定形一基、型式不

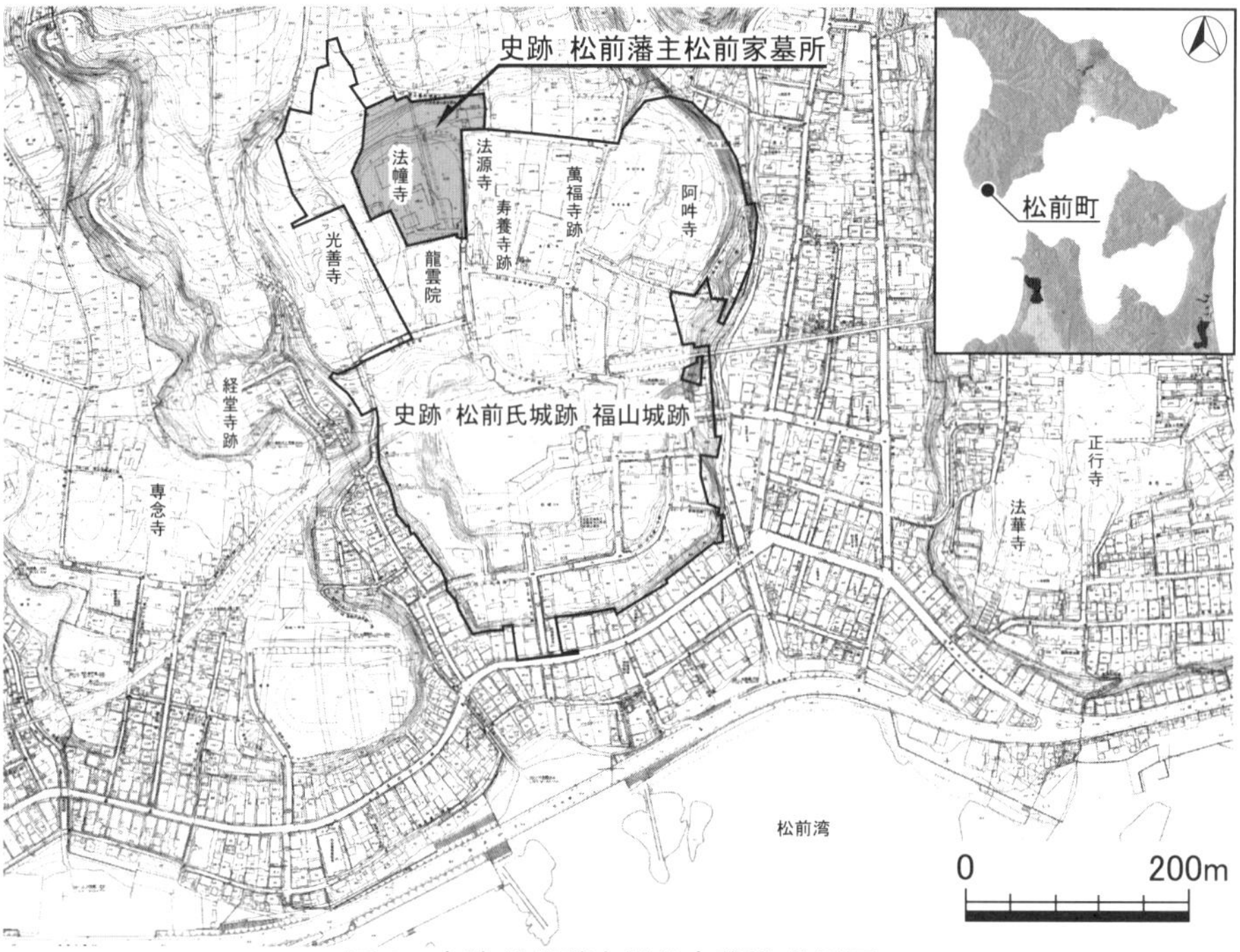

図１　史跡 松前藩主松前家墓所 位置図

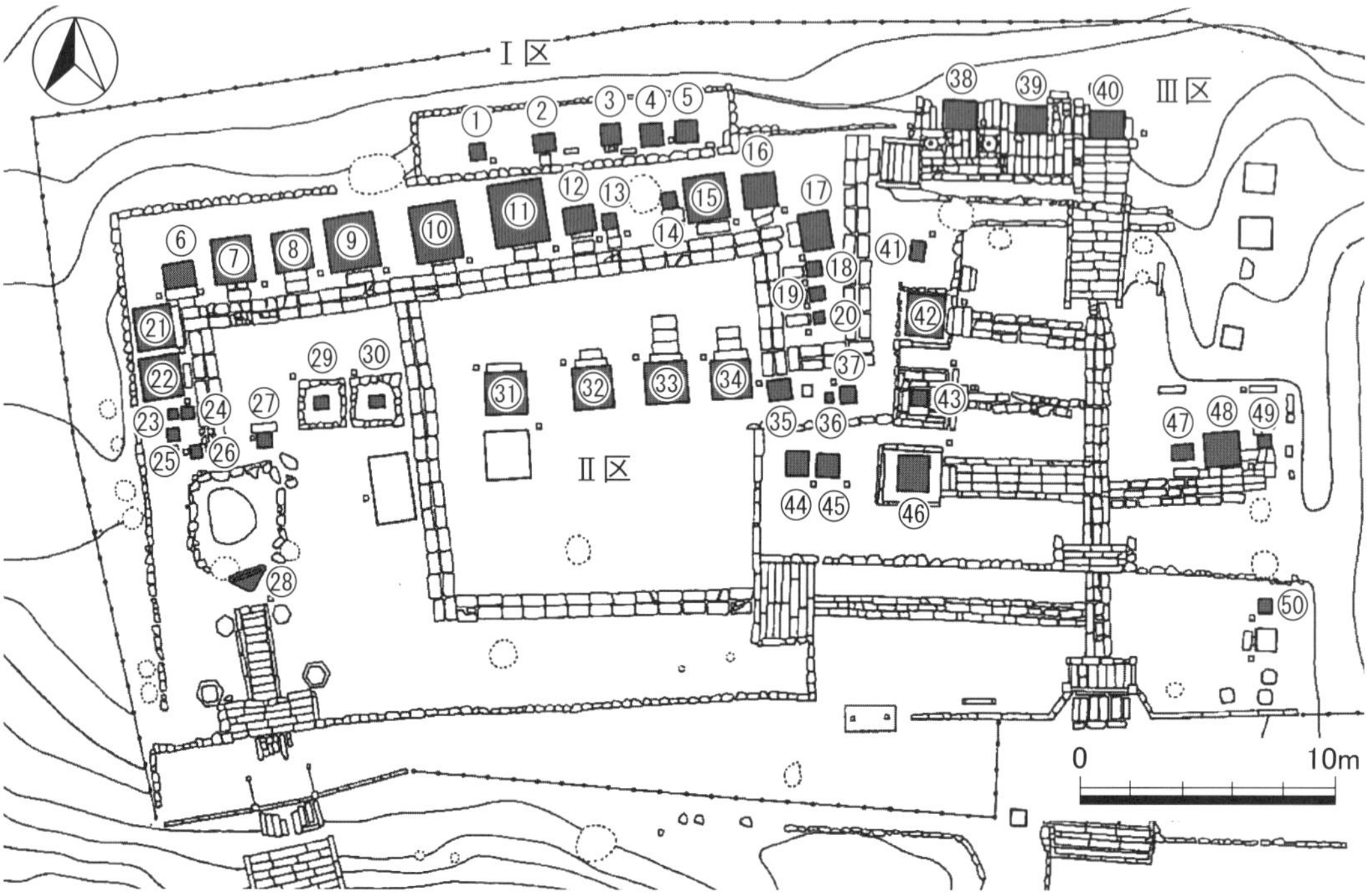

図２　史跡 松前藩主松前家墓所　平面図（註１掲載図を改変、数字は表１に対応）

明一基で、被供養者は不明の三基（松36・47・49）と、一三世道廣の召使（松50）を除き、すべて藩主と室・子供である。

さらに、法幢寺境内には松前家御霊屋（図4）があり、松前家の始祖である武田信廣から、最後の藩主である一八世徳廣まで、一族の位牌が安置されている。寺伝では二世光廣の創設とされ、現在の建物は一八三四（天保五）年の再建で、一八七二（明治五）年、一九五五（昭和三〇）年、一九九一（平成三）年の修理を経ている。

三　被葬者と墓標配置

藩主家墓所は、墓地区画と墓標の配置によりⅠ〜Ⅲ区に分かれる（図2）。Ⅰ区は、斜面に造成された平場に、始祖・武田信廣や初代藩主である五世慶廣などの墓標五基が並ぶ区画である。松前家の礎を築いた人々を祀るために、本来の墓域であるⅡ区を見下ろす斜面に、後世新たに造成されたもので、一七二〇（享保五）年に死亡した一一世の実父本廣が祀られていることから、Ⅰ区が形成されたのは一七二〇年代以降とみられる。

Ⅱ区は、Ⅰ区の斜面下に七世公廣以下歴代藩主・室たちの石廟が並ぶ区画である。北側に七世公廣から九世高廣までの歴代藩主とその室を祀る一七世紀代の石廟が並び、その両側に一〇世矩廣から一二世資廣らの石廟・墓標が配される。さらに、七世公廣ら歴代藩主とその室たちの石廟と向かい合う形で一三世道廣らの石廟・墓標が並ぶ。

Ⅲ区は、Ⅱ区東側の雛段状の平場に墓標が配された区画である。Ⅲ区には、六世盛廣と室である椿姫の石廟があるが、これらは一八四〇年代以降に造営されたことが明らかにされている。(註4)

なお、Ⅱ区の南西端には、一八六八（明治元）年の箱館戦争の際、避難先の弘前で客死した一八世徳廣の巨大な自然石の墓がある。徳廣は死後、津軽家菩提寺の長勝寺（弘前市）に埋葬され、箱館戦争終結後、法幢寺に改葬されたが、二〇一二（平成二四）年に、長勝寺において徳廣の埋葬施設が発見されたことを付記しておく。

四　福山城下寺院の石廟と歴史背景

弘前大学が調査した一一ヵ寺（図1、ただし光明寺は図面の範囲外）のうち、墓標が一〇基に満たない経堂寺と、光明寺を除くすべての寺院において石廟が確認された。法幢寺が九基、法源寺が七基、寿養寺跡が五基、龍雲院が八基、萬福寺跡が一基、光善寺が七基、専念寺が四基、法華寺が八基、正行寺が九基で、これに先に藩主家墓所の二三基を加えた計八一基である。

松前において最初に石廟を採用したのは、藩主松前家ではなく、松前家と姻戚関係にある蠣崎氏といった有力家臣らであり、その年代は一六三〇年代ころと考えられる。藩主家墓所において石廟が採用されたのは、一六四一（寛永一八）年に没した七世公廣の石廟からとみられる。そして、七世公廣から九世高廣までは、切妻造り・妻入りで、壁と屋根・平入りである。藩主家墓所において石廟が採用されたのは、柱が別材となっており、内壁には四十九院塔婆、四隅の柱の外面には、四門八塔が刻まれるなど、規模・装飾ともに有力家臣らの石廟を凌駕している。

その後、一六六〇年代ころまでは、藩主家墓所並びに蠣崎氏・下国氏といった有力家臣たちによる石廟の造立が続く。この時期、有力家臣が石廟を採用し続けた背景には、八世氏廣から一〇世矩廣まで

図３　史跡 松前藩主松前家墓所 全景

図４　法幢寺 松前家御霊屋 近景

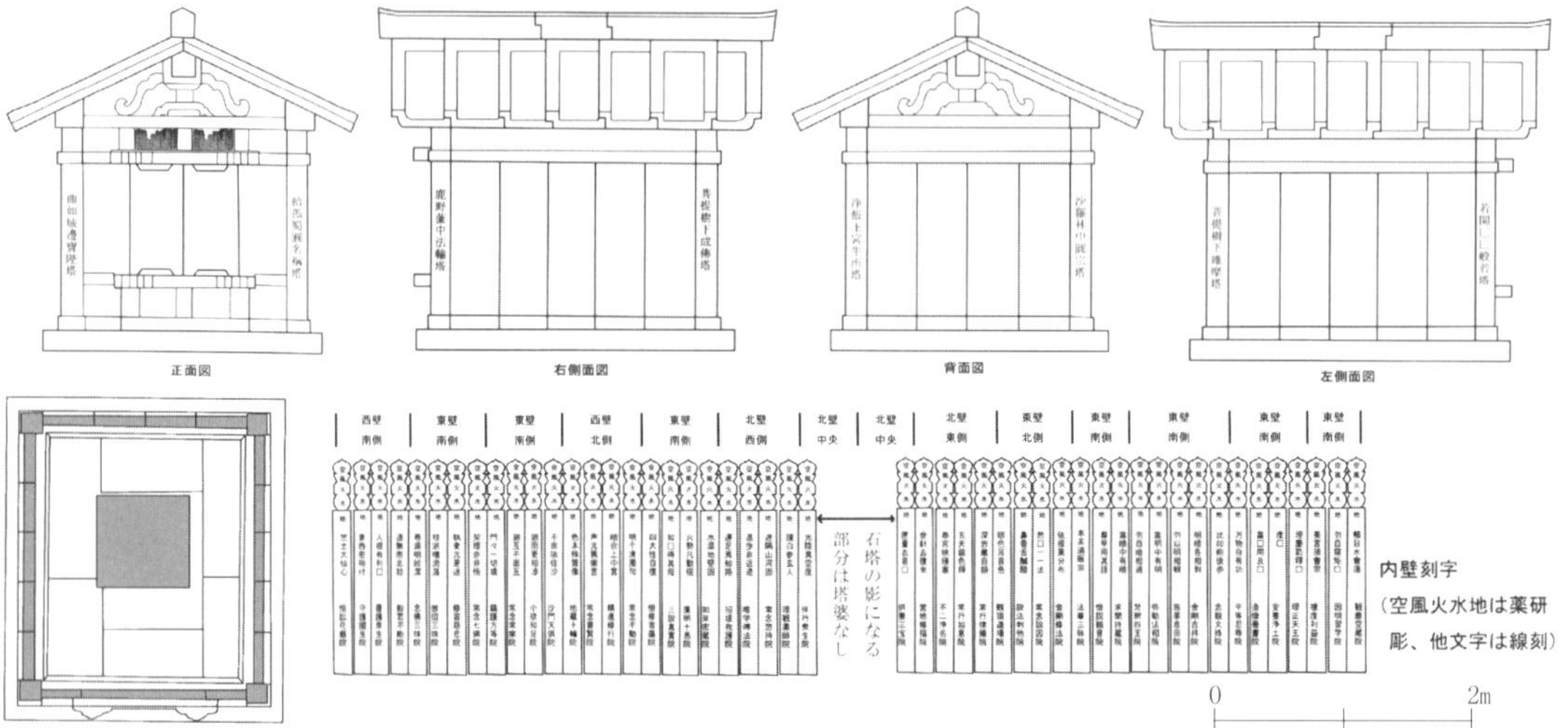

図５　石廟構造の一例（図２・表１のNo.11 松前家７世公廣、註２より転載）　（ただし内壁刻字のスケールは任意）

表１　史跡 松前藩主松前家墓所の墓標と被供養者一覧表

墓標番号	墓標型式	石材	被供養者		没年月日	備考
1	別石五輪塔	斑岩	5 世（初代藩主）	松前慶廣	1616.10.12	後世造立
2	櫛形	花崗岩	1 世（武田信廣）父	蠣崎季繁	1462.06.12	後世造立
			1 世室	繁姫	1494.09.08	
			2 世室	仙姫	1518.07.08	
			3 世室（季廣母）	泉姫	1545.09.08	
			4 世室（慶廣母）	伝姫	1601.11.22	
			5 世室（盛廣母）村上季義娘	慶姫	1590.07.26	
			7 世長男	松前右兵衛兼廣	1624.06.24	
3	笠塔婆	火山礫凝灰岩	1 世　享年 64 歳	武田信廣	1494.05.20	後世造立
			2 世	蠣崎光廣	1518.07.12	
			3 世　享年 67 歳	蠣崎義廣	1545.08.19	
			4 世　享年 89 歳	蠣崎季廣	1595.04.20	
			11 世実父	松前本廣	1720.04.23	
4	笠塔婆	斑岩	4 世長男　於秋田討敵三騎討死	蠣崎舜廣	1561.04.20	後世造立
5	笠塔婆	斑岩	4 世 10 男	蠣崎仲廣	1581.03.06	後世造立
			5 世 5 男	松前次廣	1606.03.29	
			5 世 8 男	松前満廣	1624.07.19	
6	一石五輪塔＋石廟	笏谷石	9 世室（矩廣母）蠣崎利廣娘	高姫	1665.06.11	
7	一石五輪塔＋石廟	笏谷石	10 世　享年 63 歳	松前矩廣	1720.12.21	石廟は斑岩、朱入り
8	別石五輪塔＋石廟	笏谷石	8 世室（高廣母）蠣崎友廣娘	清姫	1696.09.08	
9	別石五輪塔＋石廟	笏谷石	9 世　享年 23 歳	松前高廣	1665.07.05	朱入り
10	別石五輪塔＋石廟	笏谷石	8 世　享年 28 歳	松前氏廣	1648.08.25	
11	別石五輪塔＋石廟	笏谷石	7 世	松前公廣	1641.07.08	
12	一石五輪塔＋石廟	笏谷石	7 世後室（泰廣母）	藤姫	1657.04.13	
13	別石五輪塔	花崗岩	10 世室（子なし）唐橋侍従卿娘	華姫	1678.07.18	
14	別石五輪塔	花崗岩	10 世 2 男	松前富廣	1716.01.13	
15	別石五輪塔＋石廟	笏谷石	11 世	松前邦廣	1743.04.08	朱入り
16	一石五輪塔＋石廟	笏谷石	10 世後室　米津氏娘	安姫	1746.04.27	朱入り
17	別石五輪塔＋石廟	笏谷石	12 世室（道廣母）八条前中納言隆英卿娘	弁姫	1754.01.27	石廟は火山礫凝灰岩
18	別石五輪塔	花崗岩	9 世 2 男	松前忠廣	1700.06.21	
19	別石五輪塔	花崗岩	9 世長女	仙姫	1713.07.29	
20	笠塔婆	火山礫凝灰岩	11 世 3 男	松前廣保	1756.06.19	
21	別石五輪塔＋石廟	笏谷石	12 世　朱入り	松前資廣	1765.03.19	朱入り
22	別石五輪塔＋石廟	斑岩	13 世室（智廣母）花山院卿娘	敬姫	1776.05.15	石廟は花崗岩
23	別石五輪塔	火山礫凝灰岩	13 世 2 男	松前智廣	1776.04.03	
24	別石五輪塔	斑岩	11 世 4 男	松前喜四郎	1740.05.11	
25	別石五輪塔	花崗岩	10 世長男	松前周廣	1704.08.07	
26	別石五輪塔	花崗岩	10 世 3 男	松前方廣	1703.11.15	
27	別石五輪塔	花崗岩	17 世 2 女	於茂	1853.09.02	
28	不定形	片岩	18 世	松前徳廣	1868.11.29	
29	尖頭角柱	斑岩	7 世室（氏廣母）	大炊御門桂子	1626.08.24	後世造立
30	尖頭角柱	斑岩	10 世 2 男富廣室　　後 11 世室	高野房子	1720.07.12	後世造立
31	別石五輪塔＋石廟	粗粒凝灰岩	17 世	松前崇廣	1866.04.26	石廟は花崗岩
32	別石五輪塔＋石廟	粗粒凝灰岩	16 世	松前昌廣	1866.08.08	石廟は花崗岩
33	別石五輪塔＋石廟	粗粒凝灰岩	14 世　享年 59 歳	松前章廣	1833.07.25	石廟は花崗岩
34	別石五輪塔＋石廟	粗粒凝灰岩	13 世　享年 73 歳	松前道廣	1832.06.24	石廟は花崗岩
35	笠塔婆	花崗岩	14 世長男	松前市之助	1803.06.11	
36	不明	斑岩	不　明			
37	別石五輪塔	花崗岩	17 世長男	松前悌之丞	1851.06.11	
38	別石五輪塔＋石廟	花崗岩	6 世	松前盛廣	1608.01.21	後世造立
39	別石五輪塔＋石廟	粗粒凝灰岩	14 世 2 男　享年 22 歳	松前見廣	1827.07.30	石廟・台石は花崗岩
40	別石五輪塔＋石廟	粗粒凝灰岩	15 世	松前良廣	1839.08.24	石廟・台石は花崗岩
41	笠塔婆	花崗岩	14 世 4 男	松前重廣	1832.04.28	
42	別石五輪塔＋石廟	粗粒凝灰岩	14 世側室	秋野菅子	1808.12.11	
43	櫛形	花崗岩	12 世側室	松前文子	1801.07.25	石廟・台石は花崗岩
44	笠塔婆	斑岩	13 世 3 女	玉姫	1781.01.28	
			13 世 6 男	松前幸之助	1796.08.02	
45	笠塔婆	斑岩	9 世 3 男	松前弥六郎	1665.10.20	
			11 世 2 女		1731.04.09	
46	別石五輪塔＋石廟	笏谷石	14 世 2 男見廣側室（良廣・昌廣母）	村山左幾子	1836.07.03	石廟は花崗岩
47	一石五輪塔＋石廟	笏谷石	不　明			
48	宝塔型＋石廟	笏谷石	6 世室（公廣母）	椿姫	1636.11.25	後世造立、石廟は花崗岩
49	別石五輪塔	斑岩	不　明		1656.04.05	
50	櫛形	花崗岩	13　世　召　使		1803.06.25	

※１　トーンは石廟を有する墓
※２　No.17 弁姫の墓は、昭和 28 年修理の際、下部施設調査（土葬・石室木炭槨木棺、副葬品：銭１枚と金襴緞子）
※３　No.23 松前智廣の墓は、昭和 50 年代に存在が確認されているが、現在は所在不明

三代にわたって幼少藩主が続いたため、藩主権力が弱体化し、有力家臣が藩の実権を握っていたという事情があったものと推測される。（註5）

しかし、一六七〇年代以降、一八世紀末葉までの間、藩主松前家以外で石廟の造立がみられなくなる。これは、前代の有力家臣らが権力抗争の末、次々と変死を遂げたことで弱体化し、反対に藩主権力が回復したことが理由とみられる。また、一〇世矩廣が、有力家臣あるいは藩主一門の女を室として迎えるという慣例を破り、公卿の唐橋民部少輔在勝の女を正室とし、後室にも幕臣米津氏の女を迎えたことも、藩主と婚姻関係を結ぶことで権力を維持してきた有力家臣らの弱体化に繋がったことであろう。なお、矩廣の石廟は斑岩製であり、屋根も唐破風となるなど、ほかの石廟とは様相を異にしている。

一七六〇年代後半から一七七〇年代前半にかけては、それまで越前産笏谷石製であった石廟および墓標が、花崗岩へと変化する。一八世紀末葉以降は、藩主松前家以外でも石廟の造立が再び行なわれ、重臣層に加え、比較的下級藩士層も石廟を採用するようになったことから、一八三〇年代から一八五〇年代にかけて様々な型式の石廟が造立されている。

藩主家墓所では、一一世邦廣室高野房子（松30）を除き、七世公廣以降、一四世章廣までの歴代藩主と室の石廟が造立されているが、一五世良廣・一六世昌廣・一七世崇廣については、本人の石廟はあっても室の墓自体が無い。藩主家墓所において、藩主と室以外で石廟が造立されたのは、一四世二男であり世嗣であった見廣と、見廣の側室であり一五世良廣・一六世昌廣の母である村山左幾子のみである。見廣と村山左幾子の墓標に石廟が採用されたのは、見廣が幕府に対して世嗣として届け出られており、両名が一五世・一六世の父母であるという特殊な事情によるものであろう。（註6）

五　おわりに

松前では、一六三〇年代頃に、有力家臣らが反屋根・平入りの笏谷石製石廟を採用した。藩主権力が確立した一六四〇年代に至って藩主松前家が石廟を採用し、その型式は切妻造・妻入りであった。有力家臣らの弱体化とともに、石廟を造立するのは松前家のみとなり、一七六〇年代までは笏谷石製石廟、その後は花崗岩製石廟となった。一八世紀末葉以降、松前家以外の有力家臣、さらには下級藩士層においても再び石廟が造立されるようになった。光善寺にある冨永氏の石廟は、型式・規模ともに藩主松前家に匹敵するものであり、家臣層であってもこのような石廟を造立できたのは、松前藩が奥州梁川に移封されて以降、藩内の身分秩序に「ゆらぎ」が生じていたことの現われであると、関根達人は評している。松前藩主松前家墓所の形成には、様々な政治的要因が反映されていたといえよう。

（註1）松前町教育委員会『史跡松前藩主松前家墓所保存修理工事報告書』一九九〇
（註2）関根達人編『近世墓と人口史料による社会構造と人口変動に関する基礎的研究』二〇一〇
（註3）関根達人「石廟の成立と展開」『日本考古学』三一、二〇一一
（註4）前掲註3に同じ
（註5）前掲註3に同じ
（註6）前掲註3に同じ

東北

小島克則

一　はじめに

東北における大名墓調査の事例については、聖壽禅寺盛岡藩南部家墓所および仙台藩伊達家経ヶ峰墓所、そして本稿で述べる会津藩松平家墓所などが挙げられる。ここでは、これまでに調査が行なわれた墓所のうち、筆者が調査に関わった会津藩松平家墓所の事例について述べることとしたい。

二　会津松平家墓所の調査

（一）墓所の位置と歴史

会津藩二三万石の藩主である松平家の墓所は、福島県耶麻郡猪苗代町字見禰山の土津神社境内にある見禰山墓所と、会津若松市の中心市街地の東方約二・五キロ地点に位置する会津若松市東山町石山の院内御廟の二ヵ所に分かれて存在している。前者は初代藩主の保科正之が、後者は二代以降の歴代藩主および藩主の継室・子女が葬られている。

墓所が造られたきっかけは、まず見禰山墓所は保科正之が一六七二（寛文一二）年八月に領内を巡視した折に見禰山を葬地に定めたのが始まりである。正之は同年一二月に没し、一六七三（延宝元）年三月に神道形式で葬送されている。次に院内御廟は、正之の治世の一六五七（明暦三）年に嗣子の長門守正頼が江戸で死去した際、埋葬地として院内山が選定されたのが始まりである。

以後、代々の藩主および継室・子女の葬地となり、藩主については二代藩主保科正経が仏式のほかは、三代藩主松平正容から九代藩主松平容保に至るまで神道形式で葬られている。なお、そのほかの継室や子女については、正之の子供の正頼・正純が神道形式で埋葬されたほかは仏式で埋葬されている。

（二）墓所の概要

院内御廟は指定面積が約一五ヘクタールあり、墓域が五ヵ所に分散する形になっている。すなわち、三・五～七代および九代墓所がある入之峰、四・八代墓所がある中丸山、二代墓所、藩主の継室および子女の墓所がある中之御庭および西之御庭となっており、このほかに二代墓所南東部に拝殿が存在する。また、九代墓所西側には一〇代以降の松平家当主および家族の墓所がある。墓所に付属する関連施設としては、石敷きの参道や排水路、石橋があり、このほかに、墓所入口から西之御庭に至る間および、入之峰に至る手前には石段が設置されている。

図１　会津藩松平家墓所全体図

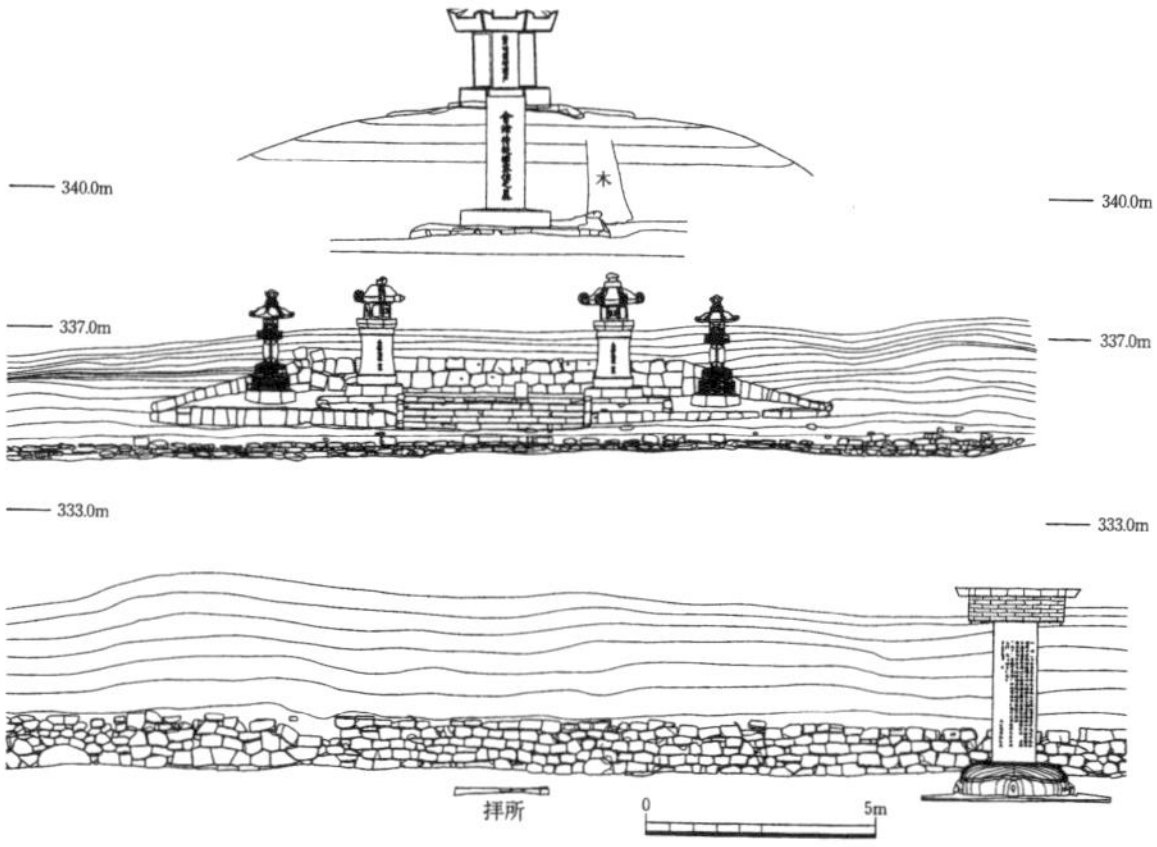

図２　６代墓所立面図

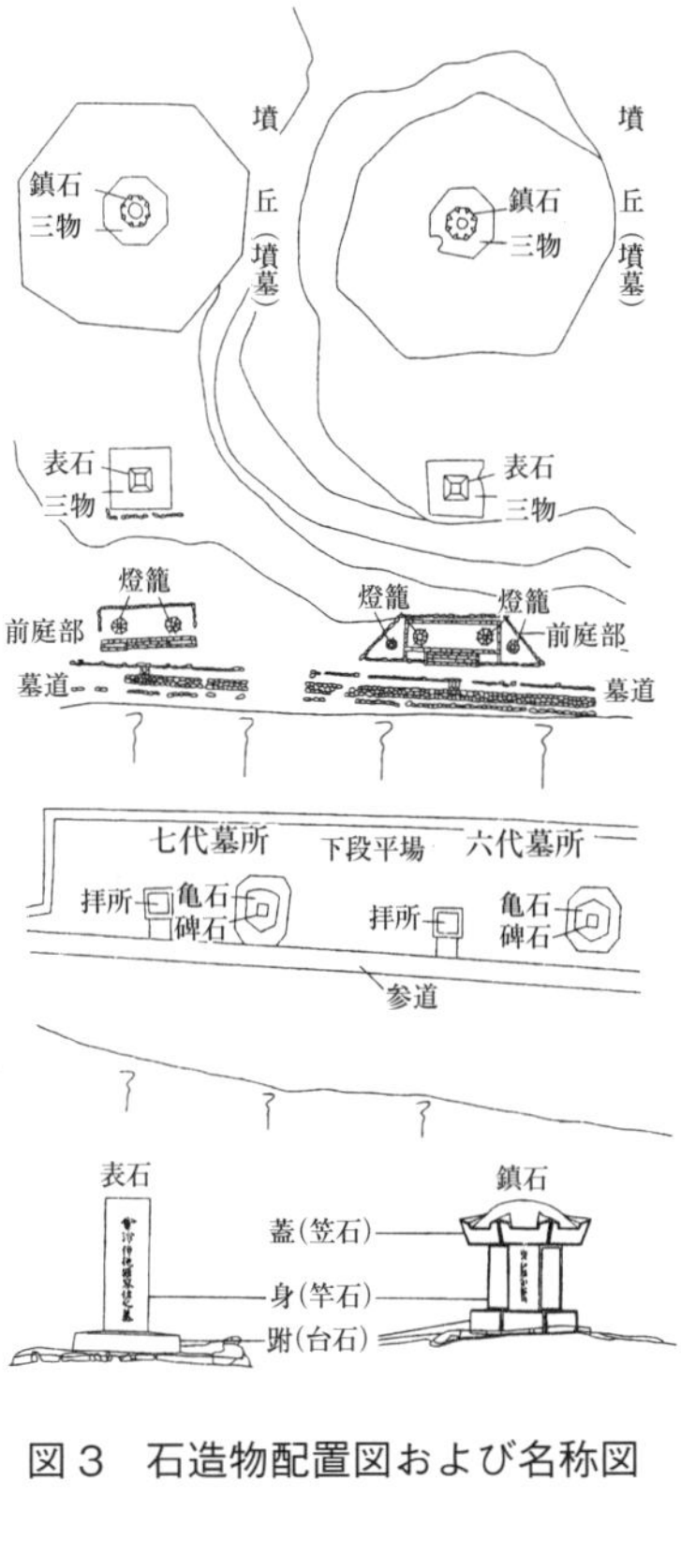

図３　石造物配置図および名称図

（三）調査に至る経緯と目的

院内御廟は、戊辰戦争後一時官有地となったが、その後松平家の所有に帰し、同家および㈶会津保松会、そして地元により維持管理がされてきた。一九八七（昭和六二）年五月には墓域全体が国史跡に指定され、二〇〇一（平成一三）年には、会津若松市が一部を除く墓域を松平家から買収した。

市では、公有化後に「会津藩主松平家墓所整備指導会議」を設置し、今後の整備や保護、維持管理の方針を検討することとした。二〇〇三年三月には「史跡会津藩主松平家墓所保存・管理・活用基本計画」を策定したが、その中では経年変化による墓所の荒廃、すなわち石垣や水路の埋没、行き場を失った雨水による参道などの破損、樹木の繁茂による石垣の孕みや崩落、苔類による碑石・表石・鎮石などの表面の剥離や浸食が報告されている。

そのため、整備に先立って各墓所の規模や関係施設の本来の構造を探るために、二〇〇三年に六・七代墓所の前庭部、表石、墳丘部、参道、水路の調査を行ない、翌年には三・五代墓所の前庭部、表石、墳丘部、中之御庭の石段の調査を行なっている。これらの調査結果を踏まえた上で、二〇〇五年三月には「史跡会津藩主松平家墓所整備実施計画書」を策定した。これに基づき、二〇〇六年度からは破損した石垣や水路、参道の修復などの整備を年次計画で進めている。

（四）調査の成果

藩主墓所の構造は、立地条件や築造年代により規模は多少異なるが、三代以降はすべて初代の形式を踏襲して築造されている。墓所は、下から順に下段平場、前庭部、表石、鎮石から構成されていて、いずれも山の南側斜面を切土して造られている。また、切土された正面は石垣で補強されており、下段平場の東

図４　会津藩松平家墓所
1：下段平場全景　2：亀趺全景　3：亀趺正面　4：前庭部全景　5：4代墓所全景　6：8代墓所全景

側および三代の前庭部は石組水路を伴っている。

まず、下段平場であるが、墓の最前部に位置しており、向かって正面中心部に拝所跡が、右手に亀趺《きふ》と呼ばれる亀の形をした台石の上に竿石を載せた碑石《いしぶみいし》が所在する。そして、竿石の四面には藩主の生誕から没年に至る間の事蹟が漢文体で刻まれていて、撰文には二代および九代以外は幕府の大学頭であった林家があたっている。

亀趺には朝鮮式と中国式があるが、頸部の形状から会津藩での形式はすべて中国式と見做される。また、亀趺の性格としては、神道碑と顕彰碑（墓石）の二種類があるが、立地場所などから見て松平家墓所は前者に該当する。

ただし、見禰山墓所の亀趺はその配置から本来の神道碑に該当するが、院内墓所の亀趺は墓前近くに位置することから、神道碑の意味を持ちつつも、墓碑としての性格が強いものと考えられる。また、亀趺はすべて墳丘側に顔を向けており、これは守護すべき重要なもの、すねわち埋葬部を向いていると考えられる。なお、碑石自体は普段は幕か板のような物で覆われており、祭礼時のみ覆いが外されたと文献にある。

次に前庭部であるが、ここには墓道および燈籠がある。ただし、立地の関係から墓道は五～七代にのみ設けられている。墓道の中心は石敷きとなっていて、ここは藩主およびその家族、神職のみが参拝のために利用したと思われる。なお、一般の士人は祭礼など特別な日に限って下段平場で参拝できたと推測される。

燈籠は、正面向かって左右に一基ずつ、計二基が供献されている。ただし、六代の場合、正室の実家である彦根藩井伊家から燈籠二基が追加で供献されているので例外的に四基となっている。また、四代だけは理由は不明であるが前庭部がなく、下段平場に燈籠が置かれている。

表石《おもていし》は前庭部の上段に位置し、台石および竿石から成る。竿石には藩主の官姓名が刻まれており、例えば五代の場合「会津中将源容頌之墓」と刻まれている。そして台石の周囲には、三物と呼ばれる黄褐色の硬く締まった粘土状の物質が方形状に貼られている。

三物とは、会津鑑によれば、三物は石灰・砂・黄土で作られ、石灰・赤土・細砂・糯粥・松脂とあり、甘酒は粥に勝れりとある。これを湯で煮立て細布で漉したものであると書かれている。

鎮石《しずめいし》は、墓所の最奥部の墳丘頂部に位置している。上段から順番に笠石、竿石、台石から成り、いずれも平面は八角形を呈している。そして、竿石の正面部には藩主の霊号が篆書体で刻まれており、例えば五代の場合、「恭定《ゆうしづ》神墳鎮石」と刻まれている。そして、表石と同様に台石の周辺には八角形状に三物が貼られている。

墳丘は、自然地形を切土した上に盛土して造られている。墳形は鎮石と同様に八角形を呈しており、墳丘裾には水抜きのための周溝が掘られていた。なお、文献によれば、さらにその周囲に長さ八尺の松細木を打ち、それらを葡萄縄で棚に結んで廻したとある。

（五）埋葬施設について

埋葬施設自体は未調査であるが、様々な文献に記載されている三～八代の事例を総合すると、施設の構築は次の手順で行なわれたと推測される。

①場所を選定し、あわせて幕府老中に神道で葬送する旨届け出る。

②墓域を切り開き墳丘を築く。この際、千本突きと呼ばれる方法を用いる。すなわち、黄土色の土を厚さ一尺に盛り、多数の人

夫が棒状の道具を用いて厚さ五寸になるまで突き固めるもので、その工程を何度も繰り返す。

③墓壙を掘削する。七代の場合、南北八間（約一六メートル）、東西五間（約一〇メートル）、深さ二丈三尺四寸（約七メートル）と記載されている。

④墓壙内に石槨を据え、石槨内に三重の棺（遺体を納めた檜白木の棺と、さらにその棺を納めた黒漆塗りの棺、さらにその棺を納めた檜白木の棺）を安置する。その際、館内の遺体が正面南を向くようにする。

⑤棺と石槨の間、そして上部と底部に練板松脂・粉松脂を詰め、厚さ一尺の二枚の蓋石をその上に被せる。蓋の隙間は漆喰で塗り固める。

⑥石槨の四方を厚さ一尺の三物で固め、周囲に関板を立て、厚さ一尺五寸の炭で固めた後千本突きにより埋め戻す。四隅には目印の木を建てる。

⑦頂部に縦八尺、横六尺三寸規模の御上屋室塔を建てる。ここまで概ね三週間程度の日数を要している。なお、初代の場合、六尺四方の祠を建て、南面に「御塋所」の三文字を記したものを掛けている。なお、左右に燈籠、旗、鉾、繖、榊、松明を並べ立てる。

⑧墓誌を墓壙内に納める。七代の場合、規模は四尺一寸（一二四センチ）、厚さ一尺二寸（三六センチ）の二枚もので、表に「会津少将源容衆墓」と刻まれる。撰文に儒者の安部井弁之助（帽山）があたっていることから考えると、ほかに何らかの文が刻まれたと考えられるが、詳細は不明である。埋葬から一～二年後に埋納が行なわれているが、その理由についても不明である。

⑨鎮石を始め、石造物が造られる。それまでは、鎮石の箇所に木製の表木が建てられており、例えば八代の場合「会津中将源容敬墓」と記された。そして、周囲には小柵を廻らしている。

なお、⑨は一度に造られたわけではなく、少なくとも数年かけて順次造られており、八代墓所のように没後一一年の歳月をかけて造られた例もある。

参考文献

会津若松市史研究会『会津藩第八代藩主松平容敬「忠恭様御年譜」会津若松市史　史料編Ⅲ』会津若松市、二〇〇一

会津若松市史研究会『会津藩第七代藩主松平容衆年譜　付文化五年会津藩蝦夷地出陣関係資料　会津若松市史　史料編Ⅳ』会津若松市、二〇〇六

会津藩家世実紀刊本編纂委員会『会津藩家世実紀』第一五巻、歴史春秋出版株式会社、一九八九

近藤真佐夫ほか『史跡　会津藩主松平家墓所』会津若松市教育委員会、二〇〇四

近藤真佐夫『史跡　会津藩主松平家墓所Ⅱ』会津若松市教育委員会、二〇〇五

斎藤美津子ほか『史跡会津藩主松平家墓所保存・管理・活用基本計画』会津若松市教育委員会、二〇〇三

斎藤美津子ほか『史跡会津藩主松平家墓所整備実施計画書』会津若松市教育委員会、二〇〇五

坂詰秀一監修『考古調査ハンドブック4　近世大名墓所要覧』ニュー・サイエンス社、二〇一〇

立正大学考古学会『立正大学考古学フォーラム　近世大名家墓所調査の現状と課題』二〇一〇

関東

高山　優

一　はじめに

本稿で筆者は、将軍墓を含む関東地方の近世大名墓のうち、本誌の性格を考慮し、埋葬施設、すなわち地下構造が比較的明らかとなっている大名墓を概観しようと思う。

関東地方には、近世日本の政治の中枢であった江戸が存在する。一〇二頁に記したように、徳川家康が芝増上寺を菩提寺とした後、参勤交代制度の確立などと相俟って各大名家は江戸に菩提寺を設けた。その数は、例えば秋元茂陽によれば一五〇か寺を超えるが、[註1]これらの菩提寺には、埋葬所がつくられず参拝所のみが設けられた例もあろうし、遺髪などの身体の一部あるいは遺品のみが埋められている例もあろう。しかしここでは、既述の方針に従って埋葬所を伴う大名墓を取り上げる。

二　将軍家墓所

将軍墓　近世武家社会の頂点に位置する将軍の墓所は、四か所に設けられた。すなわち、初代家康の終の墓所が造営された日光東照宮（以下、「東照宮」とする）、第三代家光（大猷院）の霊廟がある日光輪王寺、六名の将軍が埋葬された江戸の芝増上寺・上野寛永寺である。

周知のように、初代から第七代までの墓所造営には霊廟形式が採用された。現存する東照宮、日光輪王寺は言うに及ばず、アジア太平洋戦争で甚大な被害を蒙った芝増上寺、上野寛永寺に営まれた霊廟も規模壮大で、絢爛豪華な彩色と意匠が施された建造物群を伴っていた。例えば、東照宮、家光廟の範となったともいわれる第二代秀忠廟は、『大本山　増上寺史』によれば五、五五〇坪余（一坪三・〇三平方メートル換算で約一六、八〇〇平方メートル強）の広大な面積を有し、当時の最高のスタッフで整備されたことが知られている。[註2]この秀忠廟を含む芝増上寺徳川将軍家墓所で、一九五八～一九六〇（昭和三三～三五）年にかけて改葬に伴う発掘調査が行なわれた。「工事関係者の好意により調査に便宜が図られる」[註3]程の調査であったにもかかわらず、成果[註4]が後の近世葬墓制研究に寄与したものは大きい。以下、芝増上寺徳川将軍家の墓所を瞥見してみよう。

芝増上寺の徳川将軍家墓所は、三門・本堂を挟み南北に造営された。南廟とも称される南の霊廟は秀忠廟のみ、これに対し北廟には第六代家宣・第七代家継廟が造営され、第九代以降の将軍はいずれかの廟に相殿となった。すなわち第九代家重は第七代家継廟に、第一二代家慶・第一四代家茂は第六代家宣廟に合祀となった。

徳川将軍家墓所を俯瞰すると、全山が第二代将軍秀忠の霊廟として整備された南廟では、台地南端の最も高い位置に埋葬所（宝塔）が築造され、下段に霊牌所（霊屋）が配される。夫人崇源院の霊牌所は、一六三二（寛永九）年の秀忠廟造営時に合築となった。一方、北廟は、東側が雛壇状に切り開かれた台地上位に将軍墓および静閑院宮墓を配し、やや下がった位置に夫人墓、参拝所、霊牌所を設える空間構成となっている。

さて、発掘調査はすべての将軍墓に及び、増上寺の徳川将軍墓の様子が明らかにされた。[註5]その概要は次のようなものである。まず、地上施設から見ていこう。

地上施設は、複数段の基壇、その上の石組みの台座、ならびに台座の上に据えられた宝塔型の墓塔から成る。墓塔の材質は将軍によって異なり、秀忠墓は木製、家宣墓は銅製、家継墓以降は石製となる。

埋葬施設の基本は、石室をもつ多重構造であるが、一七世紀、一八世紀、一九世紀それぞれに造営された将軍墓間には異同が見られる。

一七世紀に造営された将軍墓は第二代秀忠墓と、将軍墓に準ずる墓に位置づけられる第六代家宣の実父、甲府宰相綱重墓の二基で、後代の墓所に比べ簡素な造りとなっており、共に多重性にやや乏しい。将軍秀忠の棺は隅丸方形の桶で、棺自体は輿に納められて石室内に安置された。西木浩一が、岡山藩主池田忠勝墓、仙台藩主伊達政宗墓の埋葬施設と共に、「戦国大名墓制の到達点として」共通する埋葬様態であると指摘した点は卓見といえる。[註6]

一八世紀代に、増上寺に埋葬された将軍は、家宣、家継、家重の三名である。三基の埋葬施設は共に、将軍墓として確立した多重構造を成す。いずれも地下に石室を組み、その上位に巨石で構成する蓋石を置く。石室内には石槨が組まれる。家宣墓では石室側壁と蓋石との間に漆喰が膠着剤として挟まれていたが、家継・家重墓では石室側壁と蓋石とは連続し、漆喰は石槨の上位に用いられる。

棺は木製の座棺で、家宣墓が一重であったのに対し、家継墓は三重、家重墓は五重となる。三基共に、木棺は銅函内に納められていた。木棺と銅函の間、あるいは銅函と石槨の間などには木炭や石灰が充填されており、後に述べる大名墓に見られる木炭槨・漆喰槨に通ずる。

一九世紀に造営された家慶・家茂墓の埋葬施設は、石室の上位に数段の石積みを有する点で、家宣・家継・家重墓と大きく異なる。ちなみに矢島恭介は家慶墓の宝塔基壇の築き方が前代に比して「一段と進歩した」形跡が見られるとしており、[註7]地下埋葬施設の堅牢さもこの矢島の指摘に重なる。家慶墓の木棺は二重、家茂墓の木棺は三重で、いずれも銅函に納められている。

将軍夫人墓　増上寺に埋葬された将軍の正室・側室は一〇名であった。うち第一四代家茂の夫人・静閑院宮が夫君と並んで葬られたほかは、将軍墓より下がった平場に埋葬された。

紙幅の関係で個々については省略に従うが、火葬された第二代秀忠夫人・崇源院を除き、原則として折々の将軍墓と同様の様式、構造をもつ。ただし規模において、将軍墓に比して小振りである。規模・構造の差は、正室墓と側室墓との間にも看取できる。

小　結　筆者は、将軍および将軍家墓は、一七一二（正徳二）年に病没した家宣墓および以降に見られる墓制の様態、石神裕之の将軍墓所奉献燈籠の分析などから、[註8]それぞれに多少の相違や個性はあるものの、第四代家綱（厳有院）・第五代綱吉（常憲院）の代を経る中で定型化したと見ている。また、家慶・家茂墓に見られる構造の変化は、将軍家を取り巻く社会的環境の一端を反映している可能性もある。

近年、上野寛永寺において歴代将軍の正室・生母・子女の墓所の発掘調査が行なわれ、多大な成果が挙げられている。[註9]本項では芝増上寺の例を取り上げたが、今後は、上野寛永寺の調査成果を含め、将軍家墓所の、近世以降の葬制墓制史における歴史的な意味合いといった事柄について考えていきたい。

三　大名家の墓所

関東地方の近世大名家墓所については、関連する文献一覧と共に、白石祐司の力作により概観することができる。[註10]

これによれば、①明治期に死去した各大名家最後の当主を除き、代々当主を同一の菩提寺に埋葬しているケースが思いのほか少ないこと、②東京（江戸）を除くと、埋葬施設を対象とする調査が行なわれた形跡をほとんど見出せないことが理解できる。②について言い換えれば、③東京（江戸）以外の地域では、大名墓が比較的よく保存されている可能性の高いことが推測できるが、人知れず改葬された大名墓も少なくないに相違ない。

越後長岡藩主牧野家墓所　越後長岡藩主牧野家墓所は、東京都港区三田に所在する周光山済海寺に造営され、初代・第三代・第五代を除く代々藩主と正室・生母などが埋葬された。[註11]

地上施設は、一段の基壇の上に二段の台座を載せ、その上に墓塔を据える。墓塔は、改葬がなされた子女合葬墓を除きすべて宝篋印塔で、すでに指摘したように、墓所造営に大名家あるいは藩の意向が反映している可能性が高いと見られる。[註12]

地下埋葬施設は、将軍墓に準ずる多重構造である。すなわち石室をもち、木炭槨・漆喰槨に包まれた二重の木棺を基本とする。甕棺墓、火葬蔵骨器が検出されているが、いずれも改葬と判断された。

ところで牧野家墓所では原則として、藩主と室とが同一墓域に並んで葬られていたが、第二号・第三号墓のように、墓塔と石室との位置がずれている例が見られたことは、代々藩主・室の埋葬位置が生前に凡そ決められていた可能性を示唆する。大名墓所造営の在り方を考える上で興味深い。

池上本門寺の近世大名家墓所　東京都大田区池上に所在する本門寺には、徳川宗家・紀伊徳川家・熊本藩主細川家ほか二四の大名家墓所が存する。その概要は本間岳人により詳しく解説されているが、[註13]本門寺の近世大名家墓所を語る上で重要なことは、墓所整備などに併せて目的的な調査を実施している点にあろう。その成果が、近世大名家墓所の研究に果たしている役割は大きい。

本門寺で地上施設・地下埋葬施設が明らかになっている大名家墓所は、米沢藩上杉家圓光院墓所・熊本藩主細川家清高院墓所・鳥取藩池田家芳心院墓所の三基で、葬法は、圓光院、芳心院が火葬、清高院が土葬であった。

被葬者はいずれも女性で、圓光院は米沢藩第四代上杉綱憲の正室、芳心院が鳥取藩初代池田光仲の正室、清高院は熊本藩第二代細川光尚の側室である。加えて、圓光院、芳心院が共に紀伊徳川家に縁の人物であること、また清高院は世継ぎの生母であることを意に留めておきたい。

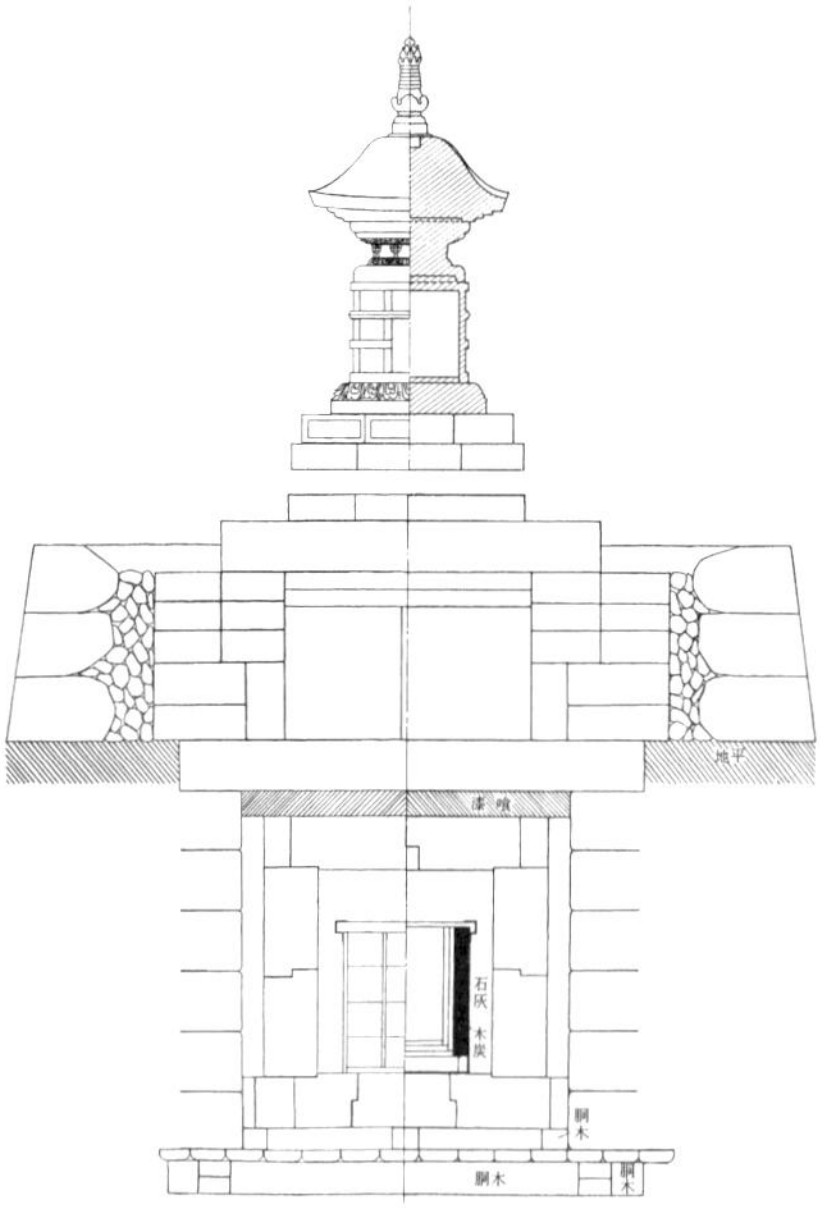

3　第７代将軍家継（有章院）墓断面図
（芝増上寺、S=1/125）

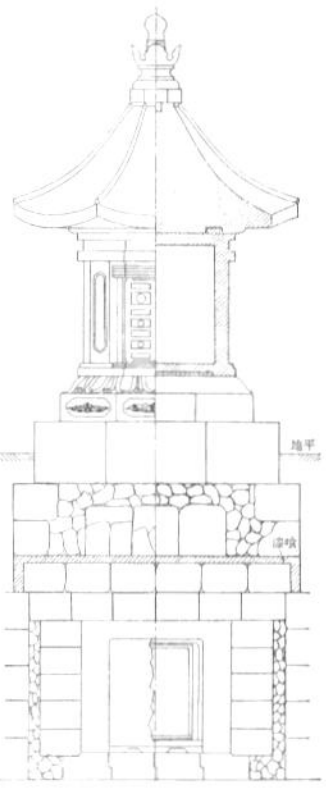

2　第６代家宣正室
天英院墓断面図
（芝増上寺、S=1/125）

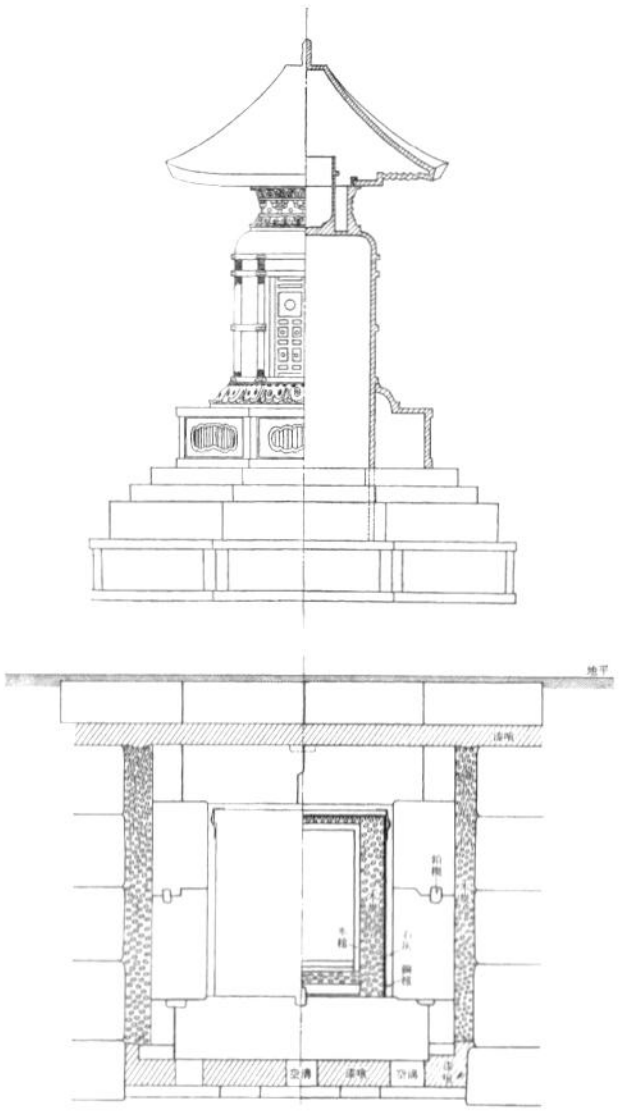

1　第６代将軍家宣（文昭院）墓断面図
（芝増上寺、S=1/125）

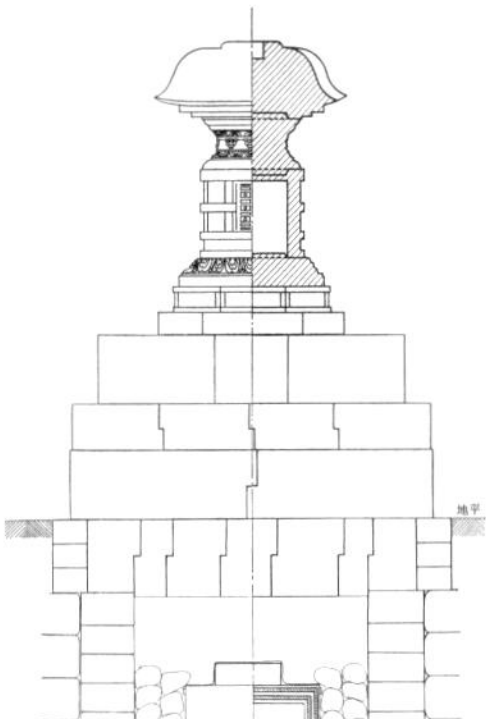

4　第 13 代家定正室
天親院墓断面図
（芝増上寺、S=1/125）

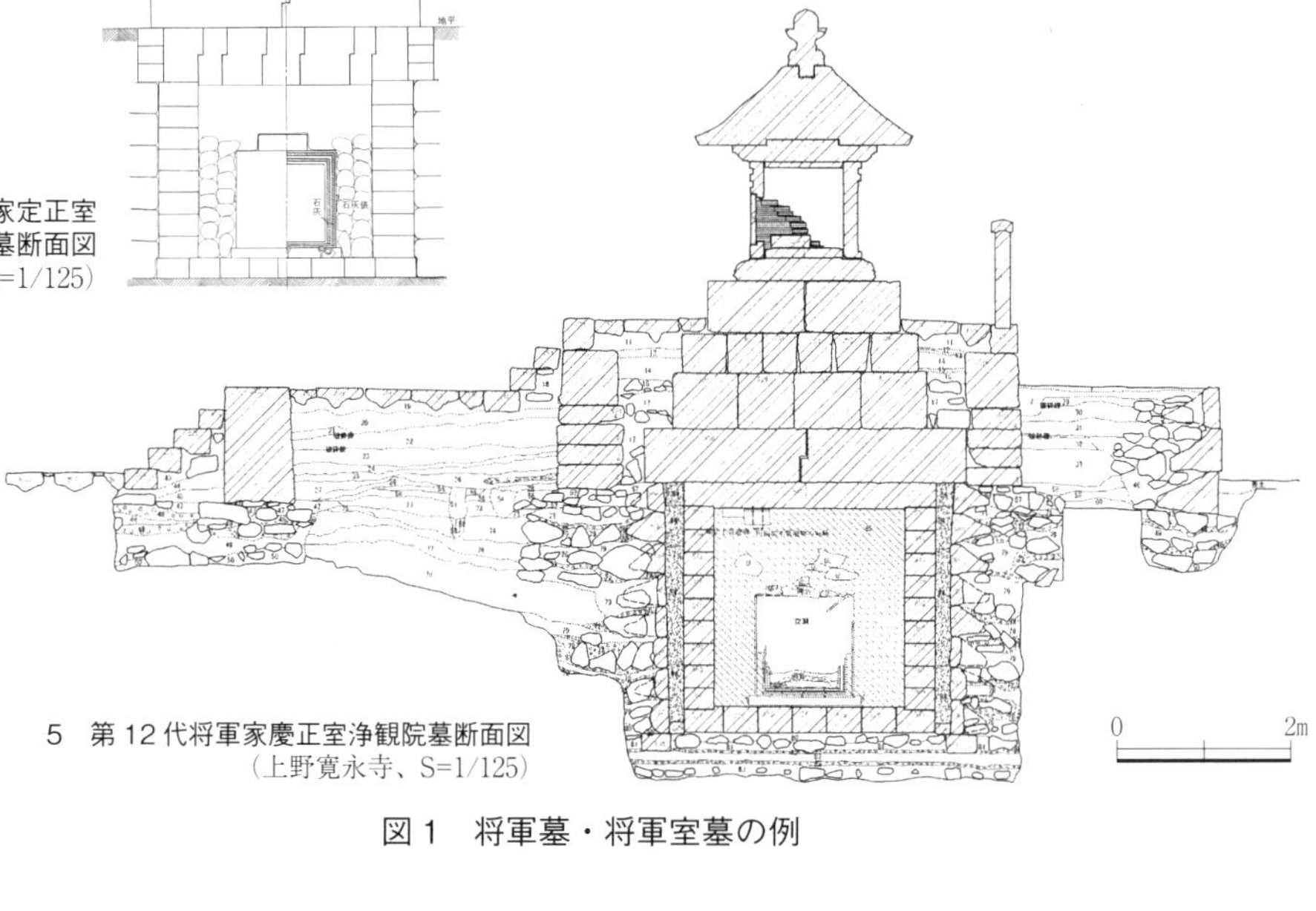

5　第 12 代将軍家慶正室浄観院墓断面図
（上野寛永寺、S=1/125）

図１　将軍墓・将軍室墓の例

紀伊徳川家第二代光貞の娘として生まれた圓光院は、一七〇五（宝永二）年に四六歳で没した。圓光院の墓所は、約四六平方メートルの面積をもつ。地上施設は、一段の基壇、その上に雛壇状に組まれた台座、[註14]ならびに台座の上に据えられた宝塔型の墓塔から成る。既述のように、圓光院は荼毘に付されている。遺骨は白磁製の蔵骨器に収められた上で石櫃に安置され、さらに石槨内に置かれた。石槨は墓塔直下、基壇内に構築されている。

紀伊徳川家初代頼宣の娘である芳心院は、一七〇八（宝永五）年に六八歳で没し、本門寺に葬られた。芳心院の墓所は五八〇平方メートルを超す面積を有している。地上施設は、方形の築地基壇の上に構築された石組みの基壇、その上位に据えられた宝塔から成るが、芳心院墓の最大の特徴は、築地基壇の四周に石組みの堀が巡らされ、広大な墓域が設定されていることにある。芳心院は徳川家康の孫に当たり、別格の扱いであったと見られる。ちなみに芳心院墓所の分析に当たった松原典明は、同墓所に霊廟的な構造を想定している。[註15]埋葬施設は、宝塔内に設けられた。宝塔反花座の中央に円形の孔を穿ち、そこに青銅製の火葬蔵骨器が安置され、反花座直上に載せられる宝塔基礎が蓋の役目を果たす。要するに、宝塔の反花座と基礎が組み合わさり石櫃となっている。芳心院墓に地下埋葬施設はない。

圓光院、芳心院はこれまでに見てきたように、共に徳川将軍家に直結する御三家の一つ、紀伊徳川家から出て、藩主正室の身で没し、荼毘に付されて埋葬された。次に述べる清高院は、藩主側室として嫡男の生母となった女性で、その出自は先の二名に比して家格は決して高くない。加えて土葬で葬られており、地下埋葬施設は牧野家墓所との類似性を認めることができるものの、地上施設などは

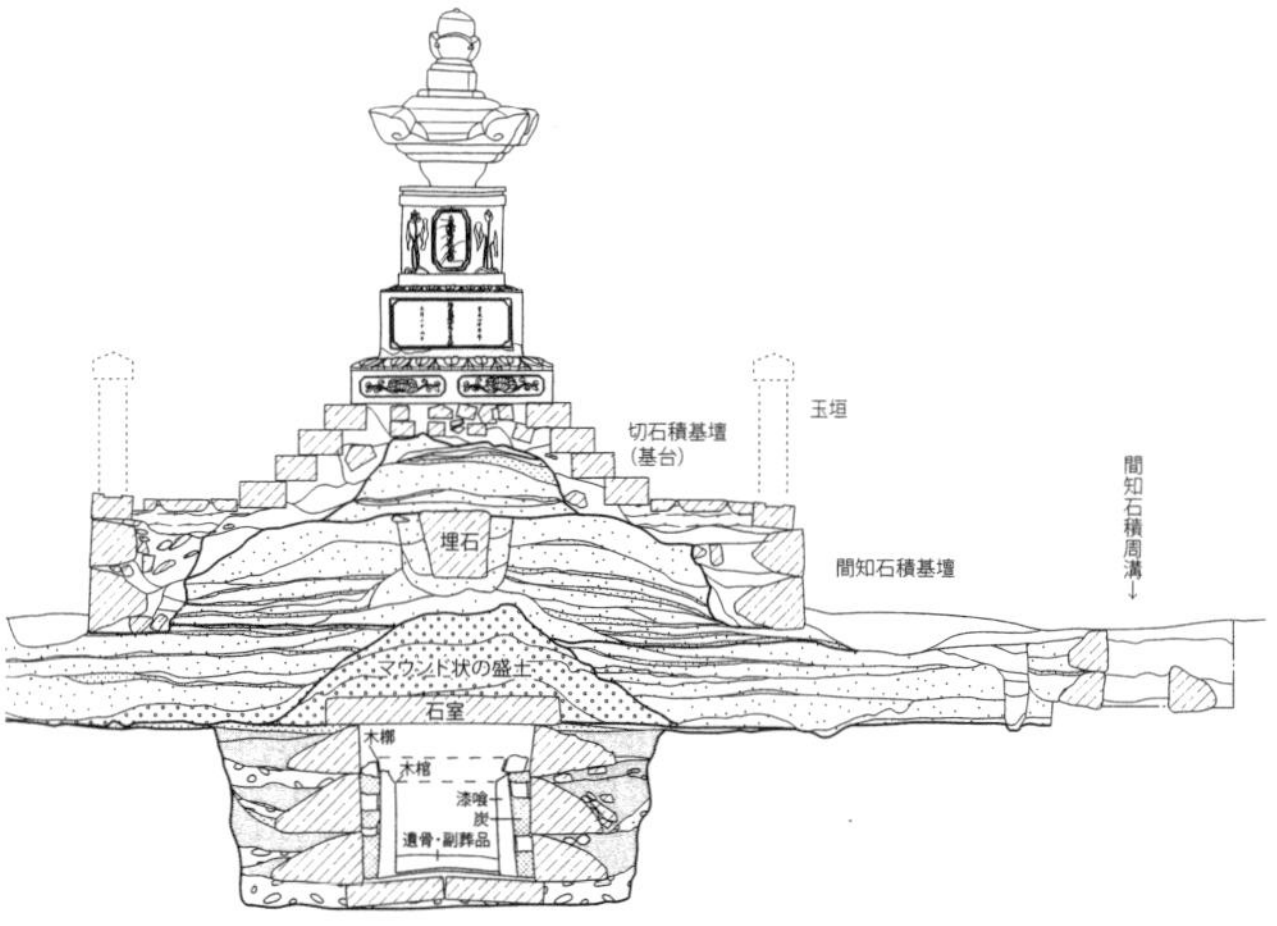

1　熊本藩第２代細川光尚側室清高院墓断面図
（池上本門寺、S=1/125）

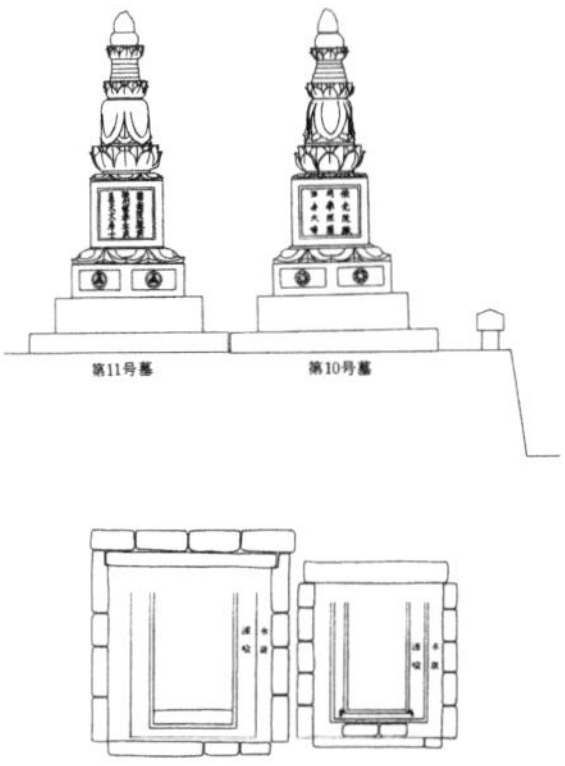

2　越後長岡藩主牧野家墓所
第８代忠寛・忠寛室墓断面図
（三田済海寺、S=1/125）

0　2m

図２　大名墓・大名室墓の霊

大名家の格式が表象されていると考えられる。

清高院墓所の平面規模は約四一平方メートルと、圓光院墓所に近いがやや狭い。地上施設は一段の基壇と、宝塔と宝篋印塔とを組み合わせたような特殊な形状を呈する墓塔から成り、四周に石組みの溝が構築されていた可能性が考えられている。埋葬施設は、牧野家墓所と類似の多重構造である。すなわち石室をもち、漆喰・木炭槨に包まれた二重の木棺で、ただし棺は上面が矩形を呈する寝棺であった。清高院は仰臥屈位で埋葬されていたが、九二歳とも九四歳ともいわれる清高院死去時の身体的状態が、こうした葬法を採用させた可能性が高い。

そのほかの近世大名家墓所　前項で概観した三田済海寺（越後長岡藩主牧野家墓所）、池上本門寺の例は、いずれも考古学的調査が行なわれた近世大名家墓所である。
『江戸大名墓総覧』ほかに見られるように、都内では近世大名墓の改葬が少なからず行なわれている。例えば、高輪東禅寺では一九九二（平成四）年に岡山藩主池田家墓所の改葬が行なわれ、寝棺に納められた第四代藩主世子吉政の屍臘化した遺体が発見されている。また同墓所の第七代室鳳台院墓では、その埋葬施設が石室をもち、木炭槨・漆喰槨に包まれた木棺であることが工事記録から知ることができる[註16]。

小　結　前項までに、埋葬施設の様子が明瞭な東京（江戸）の近世大名家墓所について見てきた。

地下埋葬施設については、火葬墓・改葬墓は兎も角も、土葬墓は概ね同様の構造を有している。すなわち石室をもつ多重構造となり、木炭・漆喰槨を伴い、木棺は二重あるいはそれ以上となることを基本とする。座棺となるか、寝棺となるかは、被葬者の身体的状況に因るところが多いと考えられるが、今後の課題であろう。牧野家の例に従えば、地下埋葬施設の規模・構造には性差あるいは身分秩序上の差が認められる。また、造営時期による相異も観察されているが、この点については調査例の増加を待って改めて考える必要がある。

地上施設にも性差や身分秩序上の差が認められるが、加えて被葬者が女性の場合は出自が多分に関わっていることに注意したい。先に掲げた芝増上寺徳川将軍家墓所に造営された、第一四代将軍家茂の正室和宮（静閑院宮）墓は、このことを如実に物語っている。池上本門寺の、紀伊徳川家を実家とする二名の藩主正室墓もまた同様の背景に基づき造営されたものといえる。

四　おわりに

関東地方では東京都以外に近世大名墓の考古学的調査が実施された例を耳にしない。このことは、東京都以外では近世大名墓が、比較的良く残されていることを示唆する。片や東京都内では、とくに旧府内に相応する都心を中心に、近年では都市再開発や土地利活用の促進などによる改葬が相次いでいると見られる。近世大名墓の保存にとって、明治維新期の混乱、あるいは関東大震災やアジア太平洋戦争時の空襲による荒廃の影響は大きい。しかし加えて、広大な墓所の維持が主として経済的な理由から困難となり、また旧大名家と菩提寺との関係が希薄になるなど、近世大名墓の改葬が盛んとなる因子は増している。つまり、造営当初の状態で保存されている近世大名墓が急速に減少していることが予測されるのである。さらに二〇一一（平成二三）年三月一一日の東日本大震災が、近世大名墓の現状保存を些かでも困難にする契機となったことは言うに及ばない。

先年筆者は、近世大名墓研究が、ひとり考古学に留まらず学際的に進められる必要があると述べた。[註17] 本稿ではこれに加えて、多くの学問分野が協働して近世大名墓の保存に創意工夫し、あるいは少なくとも改葬時の記録が適切に行なわれる仕組みを構築することが喫緊の課題であることを記し、筆を擱くこととしたい。

謝辞　本稿を草するに当たり、石神裕之氏（慶應義塾大学）、追川吉生氏（東京大学埋蔵文化財調査室）、岡崎完樹氏（東京都教育庁）、中野光将氏（品川区立品川歴史館）に御助言いただいた。記して感謝したい。

（註1）秋元茂陽『江戸大名墓総覧』金融界社、二〇〇二

（註2）『大本山増上寺史　本文編』大本山増上寺、一九九九

（註3）西木浩一「台徳院霊廟—失われた芝地域の国宝建造物」港区立港郷土資料館『港区の江戸時代Ⅱ　台徳院霊廟跡の考古学—増上寺寺域第2遺跡とその周辺—』（港区考古学ブックレット3）、港区教育委員会、二〇〇九、二一-二四頁

（註4）矢島恭介「Ⅱ　発掘の経過」鈴木　尚・矢島恭介・山辺知行編著『増上寺　徳川将軍墓とその遺品・遺体』東京大学出版会、一九六七、一四-一五頁

（註5）前掲註4文献に同じ

（註6）前掲註3文献、三三-三四頁

（註7）矢島恭介「Ⅳ　墓の制度と構造」前掲註4文献、五〇頁

（註8）石神裕之「芝増上寺徳川家霊廟の奉献石灯籠：研究可能性の整理として」港区立港郷土資料館『平成21年度港区立港郷土資料館特別展　増上寺徳川家霊廟』港区立港郷土資料館、二〇〇九、一〇四-一一一頁

（註9）例えば、今野春樹「寛永寺徳川将軍家御裏方霊屋の調査」立正大学考古学会『立正大学考古学会フォーラム　近世大名家墓所調査の現状と課題』立正大学考古学会、二〇一〇、七九-八三頁

（註10）白石祐司「資料1：近世大名墓地名表」坂詰秀一監修『考古調査ハンドブック4　近世大名墓要覧』ニュー・サイエンス社、二〇一〇、一七八-二五一頁。なお白石はこの中で、佐賀藩一〇代の墓所が賢崇寺に営まれ、葬法が神葬によるとしている（二四六-二四七頁）が、佐賀藩第一〇代藩主鍋島直正（閑叟）の墓所は、賢崇寺に接する同藩抱屋敷跡地に造営されたことを付記しておく。

（註11）明治期以降に埋葬された第一一代以降は含めない。

（註12）髙山　優「越後・長岡藩牧野家墓所」前掲註10文献、六六頁

（註13）本間岳人「池上本門寺における近世大名墓の調査」前掲註10文献、八六-一〇六頁

（註14）本間は、間知石積みの壇を「基壇」、切石積み壇を「基台」と便宜的に分けているが、ここでは一括して基壇とする。

（註15）松原典明「芳心院殿墓所の諸問題」坂詰秀一編『不變山永壽院芳心院殿妙英日春大姉墓所の調査』不變山永壽院、二〇〇九、二一〇-二一二頁

（註16）前掲註1文献、一〇-一五頁

（註17）前掲註12文献に同じ

挿図出典

図1-1〜4　鈴木　尚・矢島恭介・山辺知行編著『増上寺　徳川将軍墓とその遺品・遺体』東京大学出版会、一九六七

図1-5・図2-1　立正大学考古学会『立正大学考古学会フォーラム　近世大名家墓所調査の現状と課題』立正大学考古学会、二〇一〇

図2-2　鈴木公雄ほか『港区三田済海寺　越後長岡藩主牧野家墓所発掘調査報告書』東京都港区教育委員会、一九八六

＊いずれも原図を多少加工。

中部

溝口彰啓

一　はじめに

近世大名家の多くは江戸時代初期に拝領地である国許に墓所を築き、その後歴代藩主がその墓域に埋葬され続けることで、一定の構造様式をもった大名家墓所が形成される。中部地域では転封を繰り返す大名が多いためか、江戸に墓所を定める大名家も多く、初代の藩主墓や国元で死去した藩主が葬られた墓所は散見されるものの、国許に歴代藩主の墓所を形成する大名家はそれほど多くはない。(註1)そのような中、指定文化財として保護の対象となっている歴代の大名家墓所では、文化財としての整備や内容把握を目的とした詳細な調査も行なわれ、それに伴って失われた墓所施設の確認を目的とした発掘調査も実施されている。ここではそうした事例を中心に中部地域における大名墓の様相を概観していく。

二　各地における大名家墓所

(一) 静岡（遠江・駿河・伊豆）の大名家墓所

掛川市景江山撰要寺には横須賀藩主大須賀家および本多家の墓所が営まれており、藩主墓を含む墓塔群の調査も行なわれている。(註2)撰要寺は一五八一（天正九）年に大須賀康高によって創建された寺院で、城主の菩提寺として高い格式をもっていた。大須賀家墓所は撰要寺境内本堂脇に所在し、石柵を伴う切石積基壇によって構築される。墓所前面には石製扉が設けられ、石灯籠一対と手水鉢が置かれる。墓所には一六〇七（慶長一二）年に没した横須賀藩初代藩主大須賀忠政と、その父大須賀康高の墓塔が二基建てられる。いずれも伊豆安山岩製の装飾性に富んだ宝篋印塔で、両者の没年よりも形式的に新しいことから、のちに榊原家を継いだ忠政の子、二代藩主康次によって死後整備されたものとみられる。また、一六四五（正保二）年に三河岡崎藩から横須賀藩に転封となった本多利長は、三代前までの本多康重、康紀、忠利の墓塔を岡崎から運び、撰要寺墓地の最奥の高台に墓所を整備したとみられる。墓所は石柵を巡らせており、入口に至る石段脇には石灯籠一対と手水鉢が置かれる。墓塔はいずれも岡崎産花崗岩製の大型五輪塔である（図1）。

一六八二（天和二）年に西尾忠成が転封となって以降、以後幕末までの八代にわたって横須賀藩主であった西尾家の墓所が、掛川市平等山龍眠寺の墓地の高台に営まれている。墓所は切石積基壇に石柵を巡らせ、その前面に設けられた石段の両脇には一対の石灯籠が

図２　妙法華寺太田家墓所

図１　横須賀藩本多家墓所

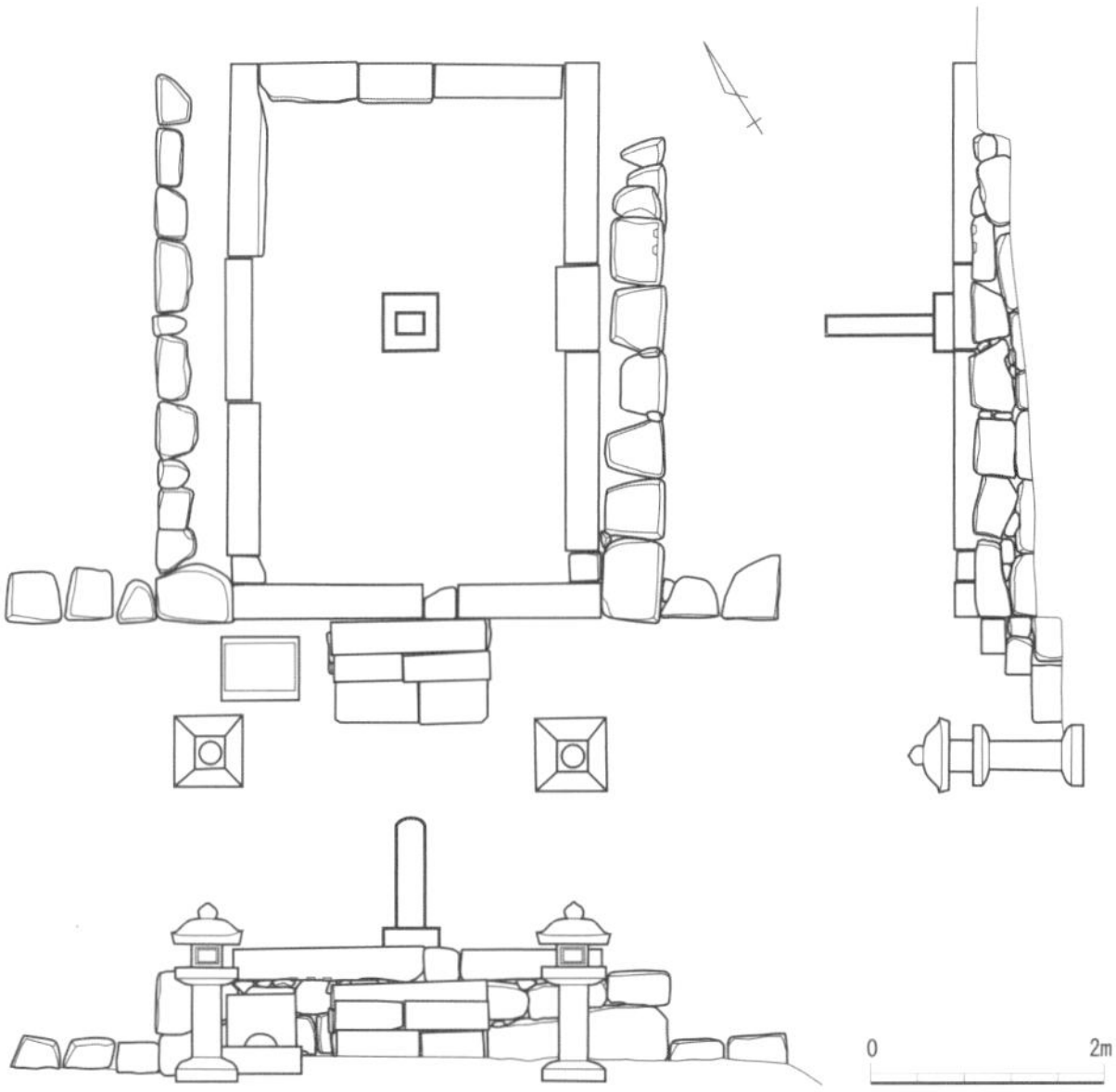

図５　岩村藩前期松平家初代家乗墓所全体図（註６）

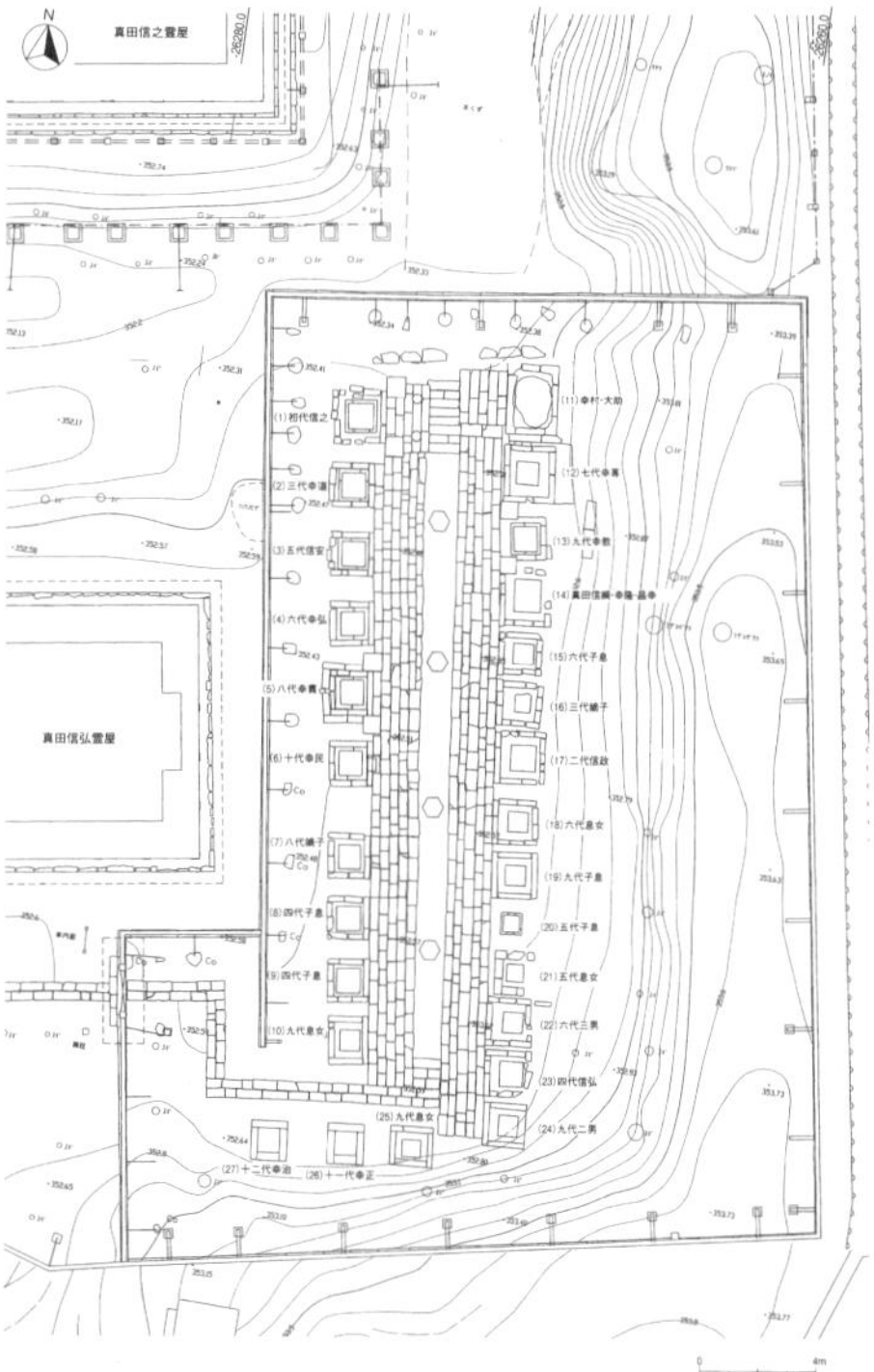

図３　松代藩真田家歴代墓所配置図（註４）

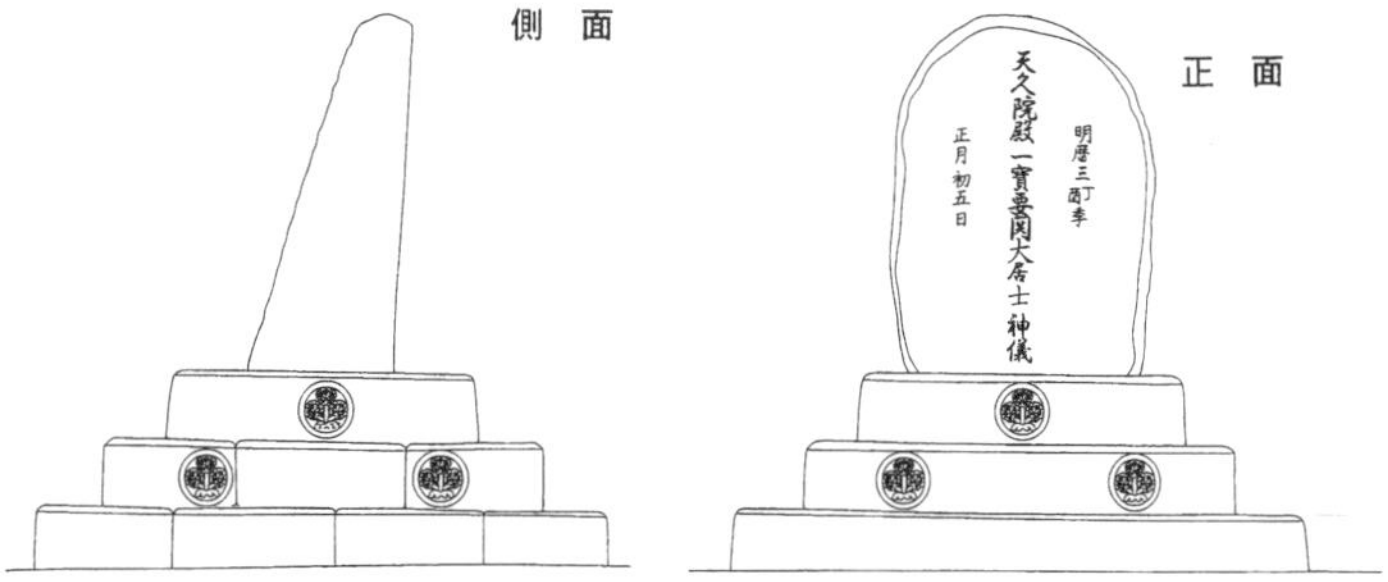

図４　高島藩諏訪家二代忠恒墓標（註５）

置かれている。基壇内は切石による石敷となっており、東側から忠成の祖父忠永、忠成の父忠照、初代忠成から七代忠受までの墓塔九基が建ち並ぶ。墓塔は繰形座と長大な基礎の上に乗せられた唐破風付笠塔婆で統一されているが、石材は忠需・忠善塔が凝灰岩、忠利塔が砂岩、それ以外は伊豆安山岩製となっている。(註3) 墓塔の配置や形状から横須賀藩初代忠成の死後、二代忠尚が最初に墓所整備を行ない、その後歴代藩主墓が次々に建てられていったものと思われる。

浜松藩・田中藩・掛川藩などの藩主であった太田家は、檀越として深い関わりのあった三島市玉沢の妙法華寺を菩提寺とし、歴代墓所を造営している(図2)。石柵で囲まれた切石敷の墓所内には、一六八〇(延宝八)年に没した浜松藩主太田資宗以降、二代資次、田中藩初代資直、二代資晴(棚倉、館林藩主)、掛川藩初代資俊(館林藩主)から六代資功までの墓塔一九基が室や子の墓塔などとともに建てられている。墓塔はすべて伊豆安山岩製の笠塔婆で、それぞれ石灯籠一対、石製の水盤と花瓶が付属する。石塔は整然と並んでいるものの、必ずしも代を重ねる形で並んでいるのではなく、空いている場所に随時建てられたか、まとめて整備されたものと考えられる。また、掛川藩七代資美の墓塔のみは、資宗の父重正、徳川家康の側室で資正の妹英勝院(お梶の方)などの墓塔とともに、隣接する別区画の墓所に建てられている。

(二) 長野(信濃)

松代藩真田家歴代墓所の所在する長野市真田山長国寺は、一六二二(元和八)年に真田家が松代に転封となって以来菩提寺となっており、墓所は国史跡に指定されている。墓所は長国寺境内地東側奥に営まれ、初代信之、二代信政、三代幸道の霊屋が西向きに並び、その両脇に四代信弘、三代幸道母松寿院の霊屋が建てられていた。初代信之、四代信弘の霊屋は現存し、二代信政霊屋は正林寺本堂、三代幸道霊屋は長国寺開山堂として移築されている。初代信之の霊屋は一六六〇(万治三)年に建立された梁間四間、桁行三間の入母屋造りで、国重要文化財に指定されている。それぞれの霊屋は堀と塀によって区画され、正面には門が構えられていた。現状が失われている二代信政、三代幸道霊屋跡についても発掘調査により、その形状が確認されている。四代信弘霊屋の東側奥には土塀を巡らせた歴代墓所があり、内部には初代信之以下一二代幸治までの藩主および子女などの墓塔二七基が建てられ、室の墓塔は建てられていない(図3)。藩主をはじめとする墓塔の大半は宝篋印塔で、修理の痕跡はないため、原位置を保っているものとみられる。これら墓域の形成は絵図や発掘調査成果の検討などから、三代幸道の代に造られた初代信之と二代信政霊屋の墓域を拡大する形でなされていったことが想定されている。歴代墓所についての詳細な変遷は課題とされているが、七代幸専や八代幸貫の代に藩祖をはじめとした歴代藩主の祭祀に尽力したことが知られ、代を重ねつつ墓所の整備が進められたことが窺える。(註4)

高島藩諏訪家墓所は、二代藩主忠恒の代となる一六四九(慶安二)年に菩提寺として創建された諏訪市臨江山温泉寺に営まれる。墓所は境内東側の狭隘な谷を切り開いて大きく二段に造成され、上段には藩主墓標、下段には室、子女の墓標や供養塔が建てられている。藩主墓は二代忠恒から八代忠恕までの七基の墓標があり、忠恒の墓標(図4)を中心に左右に並べられている。忠恒墓標のみは霊屋が建てられていたが、痛みが激しいため現在は解体され仮の覆屋が設置される。墓標は三段からなる基台上に建てられる。頂部が丸く、正面のみが平坦となる特異な形状をしており、藩主墓標はすべての形式を継承している。二代忠恒、三代忠晴墓標が花崗岩、その他は安山岩とみられる石材が使用される。発掘調査により、それぞれの墓標には石敷による参道が設けられていたことが明らかとなり、上下段に立ち並ぶ石灯籠はその両脇に建てられていたと考えられる。これらは各藩主に仕えた家臣によって各々奉納されたものである。(註5)

(三) 岐阜（美濃）

岩村藩大給松平家（前期）、丹羽家は岩村に入封すると、それぞれ菩提寺を岩村城下町北東の乗政寺山に移転させ、あわせて墓所を定めた。丹羽家移封ののち、岩村には分家筋の大給松平氏（後期）が入封し、菩提寺乗政寺を移すが、墓所は造営されていない。乗政寺山の中腹には前期松平家初代家乗墓所（図5）、北側頂上付近に丹羽家の墓所が造営される。一六一四（慶長一九）年に没した松平家乗の墓所は石垣基壇上に単独で建てられた霊屋形式であったが、上屋が朽ちたため除却され、代わりに櫛形墓塔が建てられている。墓塔の銘文には、後期松平家初代藩主乗紀によって改修されたことが記されている。また墓所前面には石灯籠一対と手水鉢が置かれているが、銘文から前期松平家子孫の松平忠尚、分家筋の旗本松平乗宗によって、のちに寄進されたことがわかる。丹羽家墓所は一六四六（正保三）年に没した初代氏信以降、二代氏定、氏信母が霊屋形式、一六七四（延宝二）年に没した三代氏純以降、四代氏明、氏信三男の氏春墓所は板碑形墓塔形式となっている。前者が南向に並び、後者が北西側上段に造営され、周囲には室や子女の墓塔が散在する。氏信、氏定、氏信母の霊屋はいずれも切石積基壇上に建てられたが、上屋が朽ちたために櫛形墓塔に改修されている。墓塔に記された銘文から、改修は五代氏音の養子越後高柳藩主薫氏の命で一七二六（享保一一）年に実施されたことが判明する。氏純、氏明、氏春の墓所は一～三段の石垣によって墓域が区画され、石灯籠、手水鉢を伴い、氏明墓所はさらに六地蔵を配置している。三代氏純以降の板碑形墓塔はいずれも花崗岩を使用した西三河形式に分類され、藩主を含む一族、家臣までの墓塔に統一的に使用されるが、規模や装飾によって階層的な差異が認められる。(註6)

図6　苗木藩遠山家墓所

苗木藩遠山家は一六一四（慶長一九）年に初代友政が苗木城山麓に菩提寺雲林寺を創建して墓所を定め、転封もなかったため、一二代友禄まで江戸期を通じて歴代墓所を造営している（図6）。雲林寺は明治になって廃寺となるが、山腹を平坦に切り開き、周囲を石垣で区画した墓域を造り出した墓所が残り、周囲には多数の家臣墓も建てられる。初代友政から六代友将、八代友明までは笠塔婆、七代友央、九代友清から一二代友禄までは方柱碑形の墓塔となる。いずれの墓塔も花崗岩製で、切石積による基壇の上に建てられている。笠塔婆墓塔の藩主墓には室の墓が隣接するが、藩主墓塔の笠には唐破風がつくのに対し、室の墓塔はなく、一回り小型となる。四代友春、五代友由、六代友将墓塔の銘文には百遠忌に一一代友寿が造立したことが記されており、後代に墓塔が整備されていることが窺われる。ほかの墓塔についても、方柱形となる九代友清から一二代友禄までの墓塔が一九二〇（大正九）年に建立されていることからもわかるように、同様に追善供養が行なわれた後代の建立となる。

その他の事例として、戦災によって原型の多くは失われているが、大垣市円通寺には大垣藩戸田家墓所には基壇上に五輪塔を建てた歴代墓があり、また海津市行基寺の高須藩松平家墓所には板碑形墓塔による歴代藩主墓が残っている。

三　中部地域の大名墓所の様相

以上の事例にある大名家墓所においては、江戸時代前期に造営された松代藩真田家・高島藩諏訪家・岩村藩丹羽家墓所でみられるように、当初は霊屋形式の墓所を造営するが、一七世紀後半になると霊屋を造営することはなくなり、基壇あるいは基台上に墓塔が建立されるようになることがわかる。松原典明がすでに指摘しているように(註7)、霊屋が省略される段階で、基壇を重視し墓塔を据える形式の墓所が創出され、以後盛行する状況が中部地域の事例からも認められるのである。

墓塔については、板碑形、笠塔婆形、五輪塔形、宝篋印塔形など、各大名家によって様々な形態を採用している。その場合でも墓所初代の形状は継承されながら建立されることが多く、造立年代が降るごとに形式的な変化がみられる。墓塔の造立は必ずしも没後すぐに建てられるのではなく、苗木藩遠山家墓所でみたように、先祖供養の一貫としてまとめて整備される場合もある。また藩主と室、一族が同一墓所に建てられる場合、墓塔には規模や装飾によって格差をつける場合も多い。墓塔にみえる形式的な変遷や差異を観察し、銘文や記録との照合が重要になると考えられる。

国許において営まれる歴代墓所の形態も様々である。とくに転封により領国が移る大名家については、横須賀藩主本多家のように墓塔を旧領から運搬して祀る家があり、岩村藩主松平家および丹羽家のように墓所をそのまま置き、他家の領国となっていても子孫らによって祭祀あるいは整備が行なわれる家もある。また、浜松・田中・掛川藩主太田家は領国から離れた地に歴代墓所を造営している。こうした相違は藩の財政規模や墓所が所在する他家領国あるいは寺院との関係性によって多様であるとみられ、墓所そのもののあり方とともに、各大名家のおかれた状況、背景についても検討が必要であろう。

（註1）坂詰秀一監修『近世大名墓所要覧』ニュー・サイエンス社、一九八七
（註2）大須賀町教育委員会『撰要寺墓塔群』一九八一
（註3）袋井市歴史文化館『袋井市にゆかりのある武将の墓』二〇一二
（註4）長野市教育委員会『史跡松代藩主真田家墓所―史跡松代藩主真田家墓所整備事業に伴う埋蔵文化財発掘調査報告書』二〇一一
（註5）諏訪市教育委員会『高島藩主廟所―長野県諏訪市高島藩主廟所第一次発掘調査報告書―』二〇一三
（註6）恵那市教育委員会『岩村城基礎調査報告書2』二〇一三
（註7）松原典明「近世大名墓所の構造様式」『近世大名葬制の考古学的研究』雄山閣、二〇一二

東海

駒田利治

一　三重県の大名墓

三重県は、伊勢・伊賀・志摩および紀伊からなり、紀伊および南伊勢は紀州和歌山藩が新宮城主・松阪城代をおいて領知し、中伊勢と伊賀は外様大名の重臣である藤堂家、北伊勢には譜代大名松平家の桑名藩が領国支配し、これら雄藩の間には、四日市天領をはじめ長島・菰野・神戸・亀山・久居などの大名家が配置される。志摩は、鳥羽藩の九鬼～稲垣家が領知する。

これらの墓所・菩提寺のあり方は様々であるが、歴代藩主が領知した菰野藩土方家、津藩藤堂家では、江戸と国元にそれぞれ菩提寺を設ける。大名家の多くは、江戸に菩提寺を設ける一方、桑名藩主松平（久松）家のように転封先の伊予にも菩提寺を設けることも多い。また、江戸の菩提寺は、松平（奥平）家が天眼寺、松平（大給）家が天徳寺とするように、それぞれの家の菩提寺が設けられていた。また、亀山・鳥羽藩主であった板倉家のように、故地の三河国長円寺（西尾市）を菩提寺とする大名もある。

桑名藩の霊廟　桑名藩主松平（久松）家は、三代藩主定勝が浄土宗照源寺を菩提寺と定め、当地に葬られた。[註1]歴代藩主および一族の墓所が「藩祖松平家霊廟」として県史跡に指定されている。ただ、六代は家臣の意向により、城下の日蓮宗円妙寺を墓所とした。[註2]霊廟は、本堂背後の丘陵地に東面して営まれ（図1）、藩主と夫人らは石柵で囲まれ、石扉を付け、中央に墓標を建立する。墓標は、唐破風付の宝塔が主体をなすが、位牌型の方柱状となるものも多く、五代藩主と両脇の殉職者二名は、宝篋印塔となる。

津藩の菩提寺　津藩は、安濃郡津城（津市）を居城とした外様の大藩であり、一六〇八（慶長一三）年藤堂高虎が伊予国今治から転封し、一二代が明治まで藩主を務めた。初代・二・八・一〇代は江

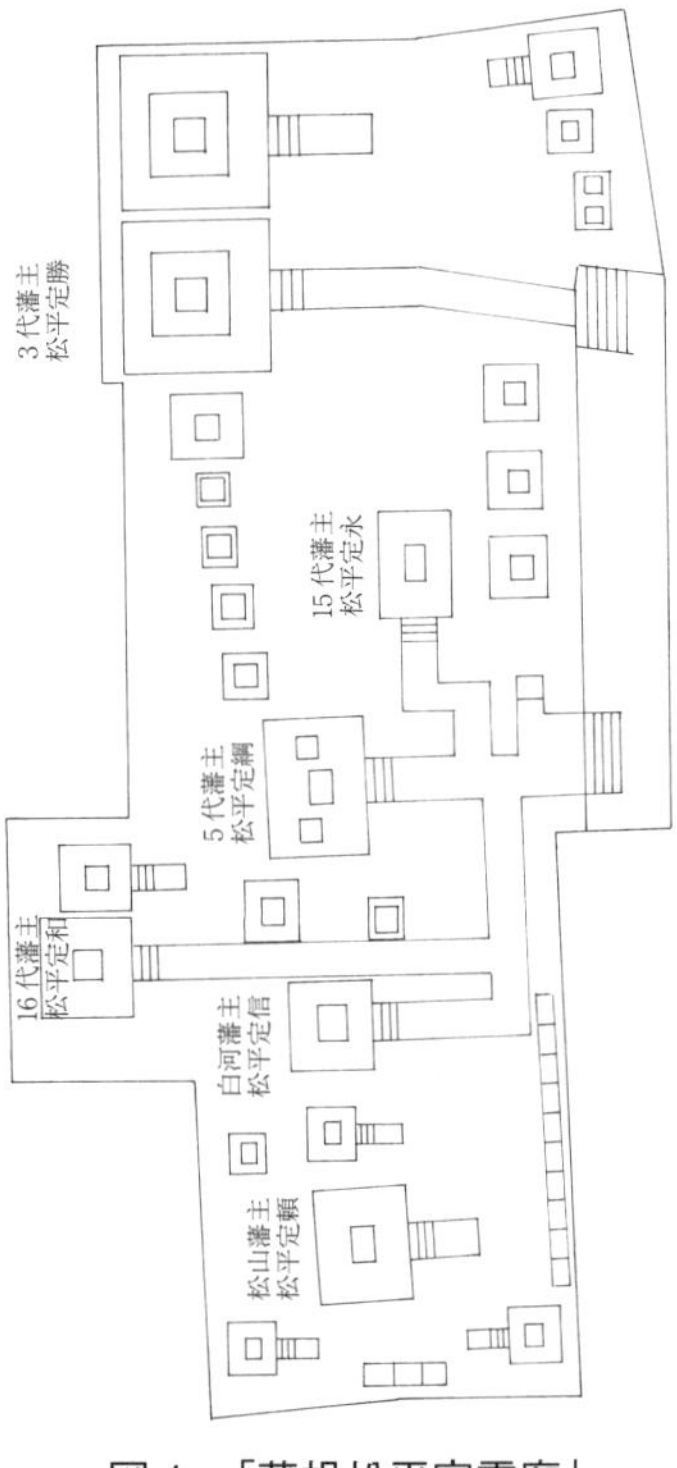

図１　「藩祖松平家霊廟」

図２　史跡　津藩主・久居藩主歴代墓苑

戸の東叡山寒松院、四・五・六・七・九代は城下の寒松院（津市・市史跡）を本墓とし、一一・一二代は東京染井墓所に葬られる。江戸と国元の墓標は異なり、江戸では宝篋印塔、国元では五輪塔が主体となる。[註3]多くは仏葬であるが、一二代は一八八九（明治二二）年に没し、神葬で葬られる。しかし、三代高久は、遺命により伊賀国長田に御霊屋を設け、常住寺を菩提寺とする。高久の葬法は、歴代藩主のなかでも異色であり、その葬法については、文献史料との比較研究を行なった松原典明による考察「近世武家社会における葬制」がある。[註4]

藤堂高久の墓制　高久の遺骸は、江戸から国元へ陸路と船で運ばれ、位牌所でもある法華宗上行寺に一旦収められ、その間に埋葬地である琰王寺（常住寺）裏山葬地において清浄な地が選択され、銅葺きと瓦葺きの仮霊屋が造られた。仮霊屋の中心には土壙が掘られその中心に柩が収められた。土壙上部の設えは塚状に盛土され、その上に四尺四方の台石を据え泉州青石による碑が建立された。長田山御廟（県史跡）は、一対の献燈籠に挟まれた参道が西に延び霊屋に至る。手前に遥拝所があり、碑下部は三物で固められたような墳丘が確認できる。墳丘中心部には方形趺が据えられ、その上に円首の墓碑が据えてある。また、同墳丘上右側には方形柱の碑が据えられる。

高久の葬送については、『高久公易簀録草稿』[註5]が遺され、撰地・幎目・陳襲衣・握手・沐浴・治棺・七星板の諸事が執り行なわれ、圓明院阿闍梨によって「地祭り」が挙行され、次いで祠后土・誌石・埋納・成墳・建碑が行なわれ、孔子が造った墳の故事に従った高さと同じ四尺にしたと記している。碑の形態は、円首であり藤原惺窩、堀杏庵など近世初期の儒者の墓碑の形態に類似している。高久の葬送に関与したと推察される朱雀頼母忠国は、「成墳」「墓碑」についての林羅山の『林左門墓誌銘』に従い、槨の設計および仕様・指図は『喪禮備要』を参考とした可能性があると松原は指摘する。

戒名については、院号が下賜された形となり「了義院實観高顯権大僧都」とされ、初代・二代との関係を重視して日光門跡の血脈としている。また、僧侶は直接遺骸を埋葬することには関与せず、「地祭り」の名称を用い、僧侶が導師となり幕府や菩提寺との関係を重視した仏事が執行されるという儒仏が融合した葬制が行なわれ、祖先祭祀の思想を重視した儒教が受容され、『家禮』に依拠し遺骸を丁寧に埋葬する葬送が行なわれた。

藤堂家重臣の墓　一方、藤堂家重臣墓の発掘調査例があり、藩主との比較のため紹介しておきたい。藤堂元甫墓所は、藤堂家一門として一七四五～五七（延享二～宝暦七）年の間、伊賀上野城代職看抱にあり、藤堂采女を名のった。[註6]一七六二（宝暦一二）年に没し、采女家代々の墓所がある西蓮寺に葬られるが、城代職看抱という職のためか、歴代城代家老家とは離れている。墓石は、頭部が弧状と切妻状の中間形を呈し、前面中央に稜をもつ圭頭の駒形となる。墓碑は、高さ一六五センチ、幅六五センチ、奥行三六センチである。
埋葬施設は、馬蹄形の石室を有し、内部に木製の座棺を納めていた。石室は、内法が幅一〇六センチ、奥行一四四センチ、高さ一一八センチである。石室の石材は、近くの山で産出する長田石（花崗岩）の割石を馬蹄形に三～四段積上げている。正面の南は長方形の切石三段で閉じていた。底には二枚の細長い切石が置かれ、棺台と考えられる（図3）。

座棺は、三枚の木材で、直径五〇センチと推定される。遺骸は、墓碑の向きと同様に南を向いて埋葬されていた。副葬品（着葬品）

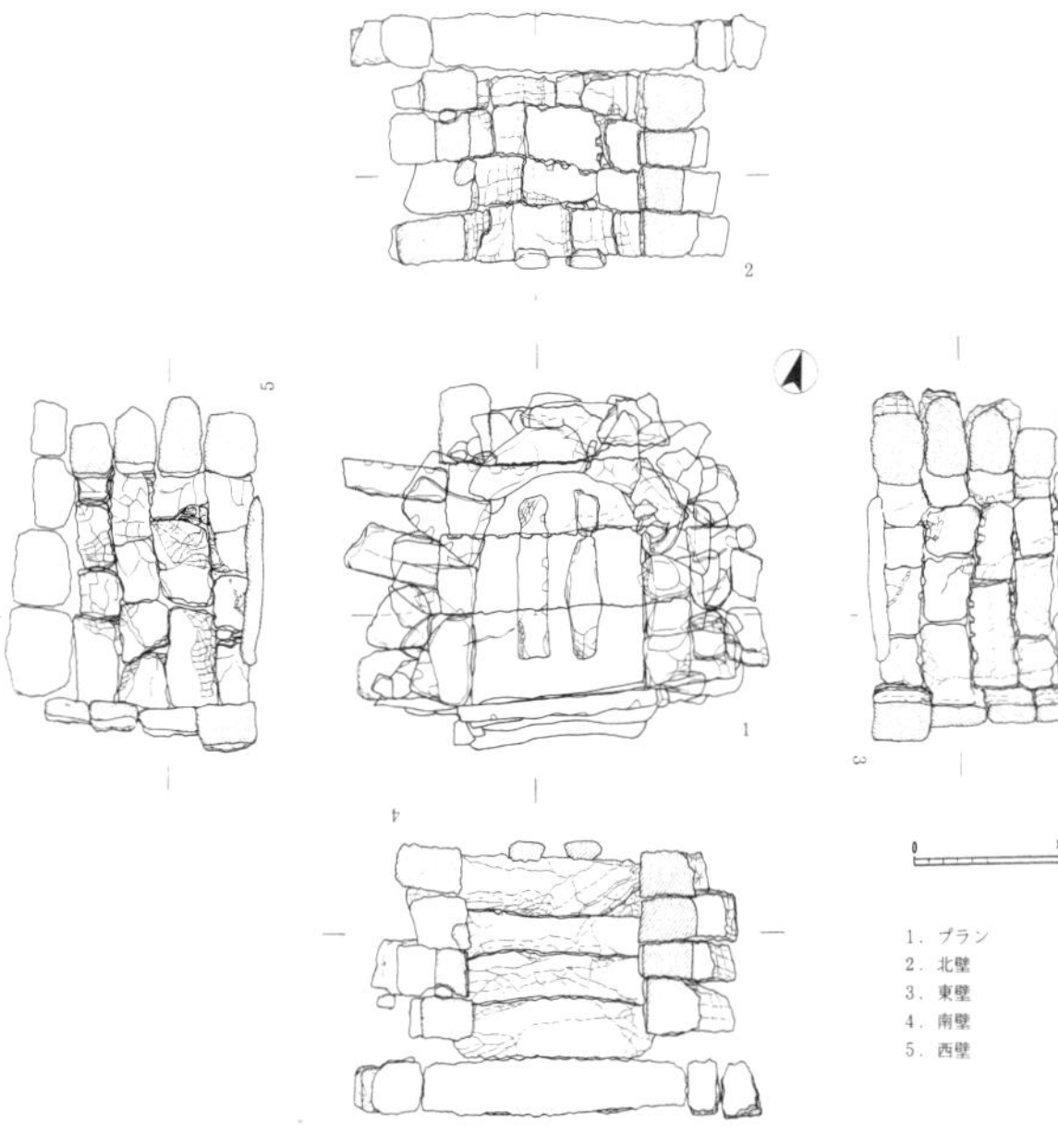

図3　藤堂元甫石室実測図（註7）

は、すべて棺内に置かれていた。数珠、銅銭（寛永通宝六枚）、鏡（蓬莱鏡「天下一佐渡守」銘）、脇差、中差、墨・硯・墨箱、伊万里焼小碗、薬袋・銅製の玉・軟膏入れ・丸薬および墨書「南無阿弥陀仏」の樹葉がある。（註7）

二　愛知県の大名墓

尾張徳川家の墓所　愛知県は、徳川家発祥の地であり、尾張に御三家の尾張徳川家、三河には大小の大名が配置された。尾張は、一六〇七（慶長一二）年家康の九男義直が初代藩主となり、以後一六代が名古屋城を拠点に領した。義直は、遺命により定光寺（瀬戸市）に葬られるが、二代以後は城下の建中寺（名古屋市）を菩提寺とした。ただ、幕末期の一四～一六代は、東京に葬られた。義直は、一六五〇（慶安三）年に没し、定光寺に霊廟「源敬公廟」（国重文）が造営された。（註8）儒葬で葬られた墳墓は、直径八・五メートル、

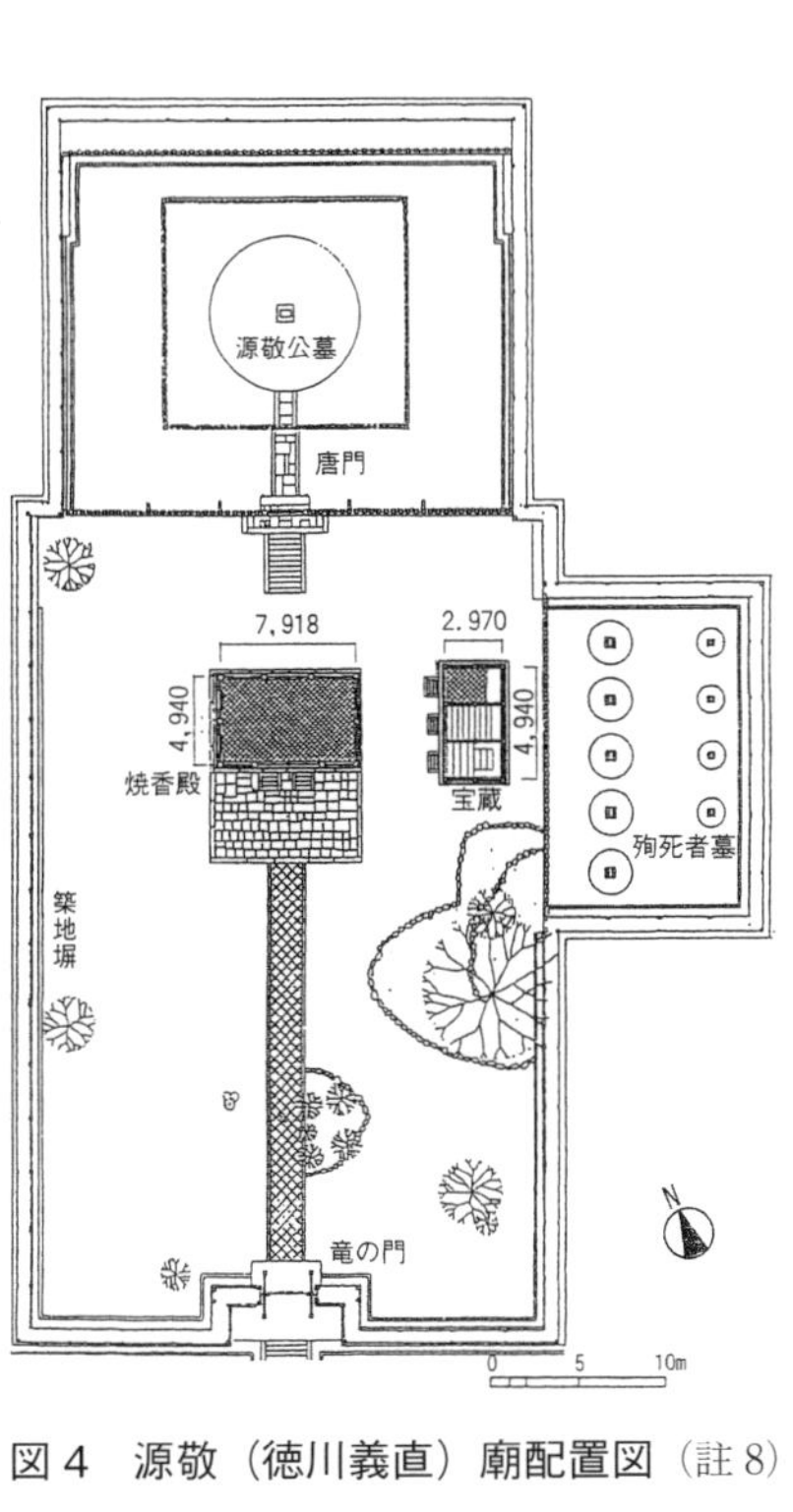

図4　源敬（徳川義直）廟配置図（註8）

高さ二・九メートルの塚状で、その頂上には台石の上に高さ三・三メートルの孤頭板碑形の石造墓標を立てる[註9]（図4・5）。

二代藩主光友は、一六五一（慶安四）年に建中寺を尾張徳川家の菩提寺とし、一六九八（元禄一一）年に光友生母の霊屋が造営され、以後四棟の霊廟が建造された。戦後の区画整理事業などにより二代の墓所と霊廟を残すのみとなった。名古屋市教育委員会が旧境内域で発掘調査を実施しており、一一代藩主徳川斉温は、石槨を設け、その内側を石槨で囲み、さらに内側には三重の内木槨を設けていることなどが明らかになった（図6）。

三河の大名は、すべて譜代大名であり、松平（松井・大給）家の天徳院、本多・三浦・土井家の誓願寺など家ごとに江戸に菩提寺を設ける。一方、松平（大河内）家の平林寺（埼玉県）、松平（深溝）の本光寺（幸田町）、三宅家の霊巌寺（田原町）、大岡家の浄見寺（神奈川県）など故地に菩提寺をもつ大名も目立つ。

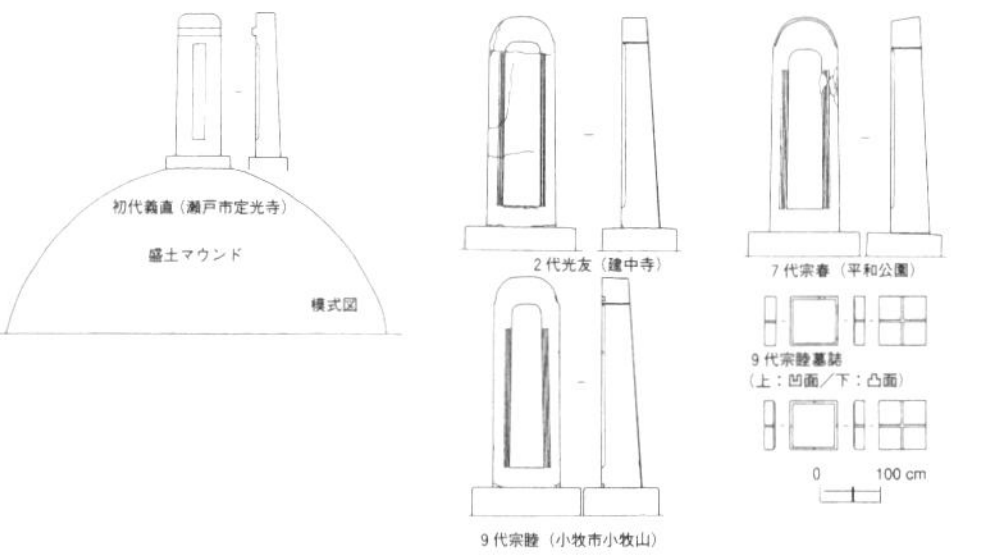

図5　尾張藩主徳川家墓標（註9野澤2010）

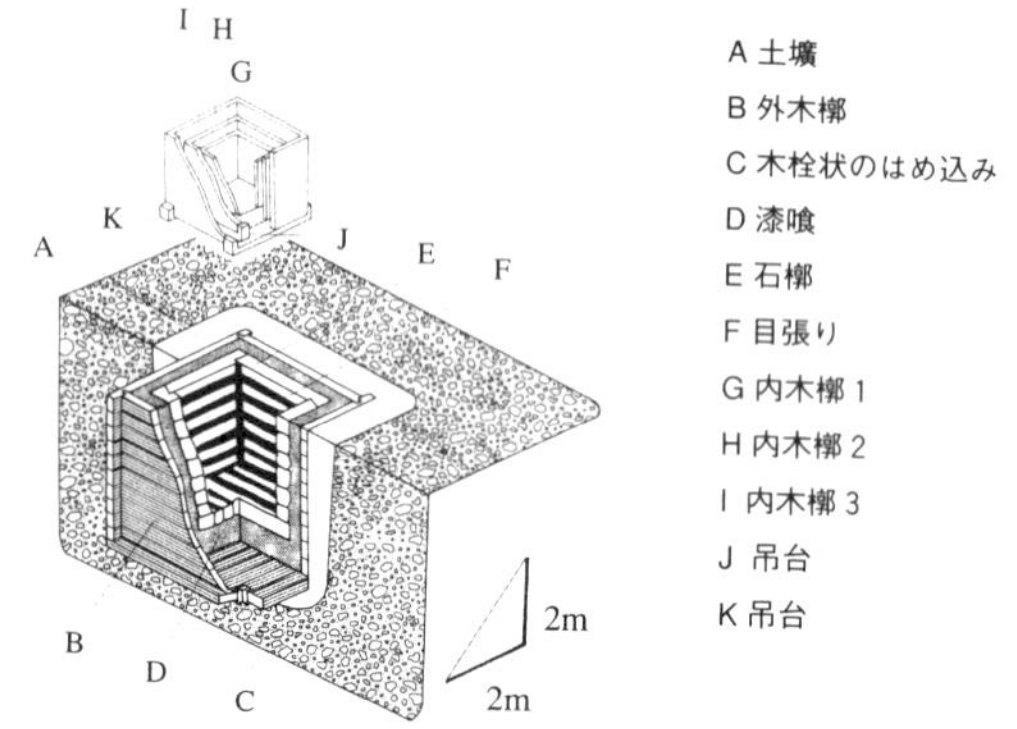

図6　尾張藩主徳川斉温の下部構造（木村有作「尾張徳川家墓所の地下構造」『考古学に学ぶⅡ』2003より）

松平忠雄の埋葬施設

深溝《ふこうず》藩は、戦国時代に松平氏（深溝）が支配していたが、家康の関東転封に伴い関東に移ったが、一六〇一（慶長六）年に松平忠利は下野国小川見から旧本領深溝を望み、一万石で立藩した。一六四九（慶安二）年に高祖忠定以来有縁の本光寺を宗族の葬地として再興し[註10]、追善と一門の繁栄を祈念して亀趺碑を建立する。本光寺の廟所は、東西二ヵ所に分かれ、西廟所は本堂の前に初代から四代までの石塔、五代を祀る肖影堂、六代藩主の子息の石祠、一一代および彼らに近習の墓標も設けられる。東廟所は、本堂東の山腹にあり、六〜一〇代および一二〜一九代の石祠、六代忠房正室の石祠も祀られている。

二〇〇八（平成二〇）年夏、三河地方を襲った集中豪雨により、東廟所にある七代忠雄の石祠が著しく傾き、倒壊する恐れが生じたため、本光寺は二〇〇九年に発掘調査を実施した[註11]。調査の結果、石祠の屋根は一石で造られ、棟と端棟瓦は上から載せる形式に仕上げ、別造りとする。屋根と塔の中心である厨子の間から木製の棟札を確認し、棟上（元文元年十丙辰十一月六日）、棟梁、奉行が墨書されていた。

石祠の中には位牌を納めた木製神璽が安置されていた。埋葬主体は、粘性のある砂質粘土層を掘り込み、小石を混入させた粘質砂層、漆喰と木炭層で土壙全体を覆う。その下に片岩製の墓誌を置き、一辺一・五メートルの方形の石室を設ける（図7・8）。柩は木製の六角形をなし、忠雄は柩の中央部で北向きに胡座の状態で納棺されていた。柩内部の副葬品は、遺骸を中心に左右に振り分けて納められる。遺骸右側に脇差二振、脇腹部に小判四三枚・一分金

図７　松平忠雄　石槨内出土状態（本光寺）

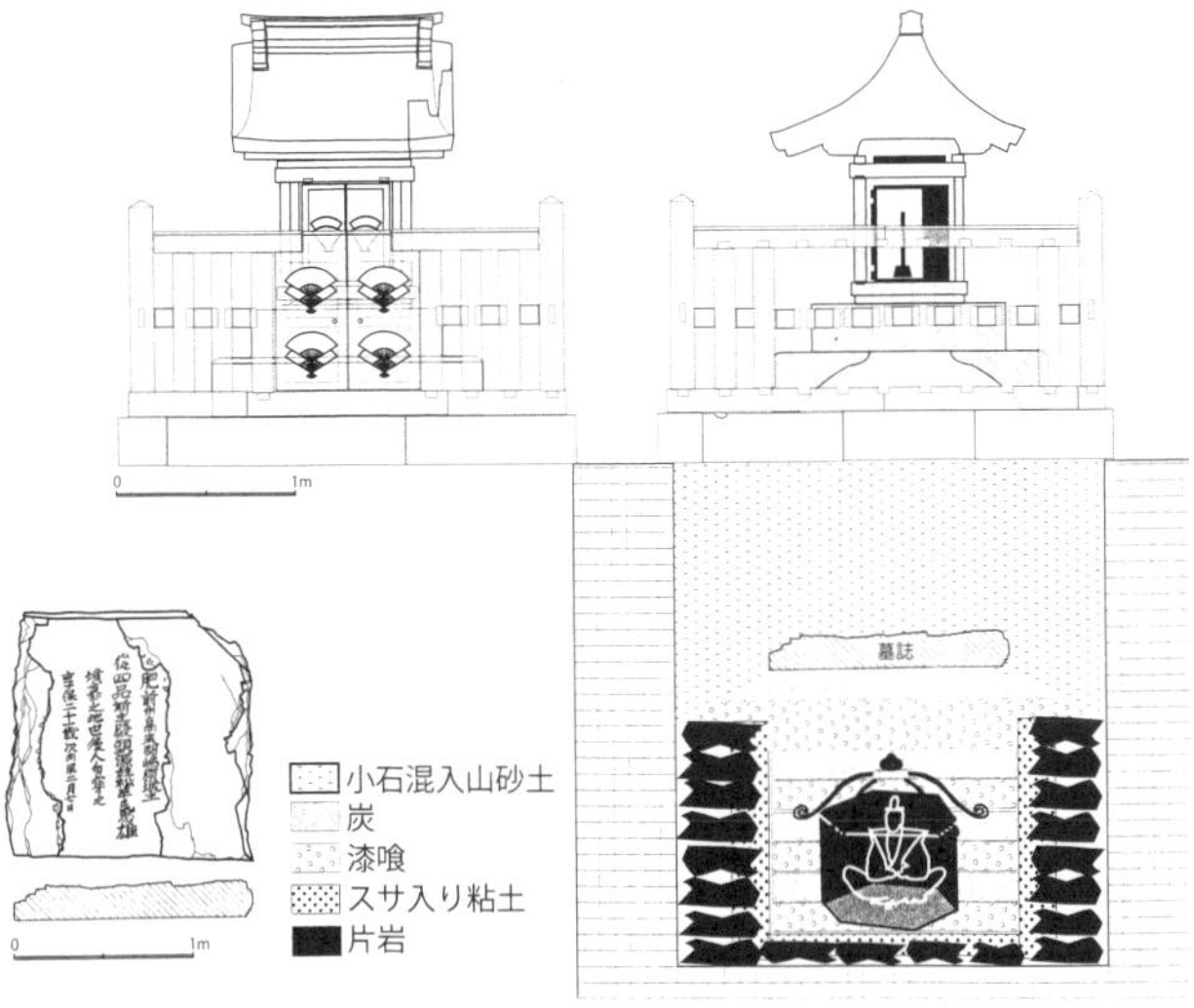

図８　深溝松平忠雄埋葬主体部構造（註11）

判一一七枚、その下に眼鏡を納める。また、右足下には柩壁に立てかけるように重扇家紋入漆柄鏡入れ、左側に飾り太刀一振、腰部分には石帯一式が納められ、胡座した中心部分には金属製高台付鋺が納められていた。

　柩外と石室の間にも、故人が生前愛用していたと思われる調度品が多く副葬され、大名の暮らしの一端を忍ばせる。このほかに石室南東の隅には脇差一振、飾太刀一振が置かれており、尾張徳川初代の葬送に石槨の隅に刀箱を納める記載と共通する。

（註1）藩主は、一六〇〇（慶長五）年の関ヶ原の戦い以降を初代とする。藩主の菩提所は、『藩史大辞典』第四巻（雄山閣、一九八九）による。

（註2）桑名市教育委員会『桑名市史　補遺』桑名市教育委員会、一九六〇

（註3）秋元茂陽『江戸大名墓総覧』金融界社、一九九八

（註4）松原典明『近世大名葬制の考古学的研究』雄山閣、二〇一二

（註5）森井　薫・天田禮子『伊賀郷土史研究』一〇、伊賀郷土史研究会、一九八七

（註6）藤堂元甫は、伊賀・伊勢・志摩の地誌である『三国地志』の編集者としても知られている。

（註7）上野市教育委員会『西蓮寺墓所発掘調査報告』上野市教育委員会、一九九三

（註8）愛知県県史編さん委員会『愛知県史　文化財1建造物・史跡』愛知県、二〇〇六

（註9）野澤則幸「尾張藩主徳川家墓所」『考古学ジャーナル』五九五、ニュー・サイエンス社、二〇一〇、木村有作「尾張藩御廟所遺跡（2次）」『埋蔵文化財調査報告書四三』名古屋市教育委員会、二〇〇二

（註10）瑞雲山本光寺は、六代忠房が、一六六九（寛文九）年に肥前国島原城主に転封され、本光寺九世仙巌舜鶴和尚により開山された島原市の本光寺の二ヵ所がある。

（註11）瑞雲山本光寺『深溝松平家墓所と瑞雲寺本光寺』本光寺霊宝会、二〇一〇

大名墓を歩く 1

増上寺

高山　優

三縁山広度院増上寺は初め光明寺といい、真言宗寺院として江戸麹町の貝塚（現東京都千代田区）に創建された。一三八五（元中二）年西誉上人が聖冏上人に帰依して浄土宗に改宗、一三九三（明徳四）年には増上寺に名を改めた。その後、徳川家康が時の住持源誉存応と師檀関係を結び、徳川将軍家の菩提所となったことが機となり発展、江戸城の拡幅や市街地の整備が進む中、一五九八（慶長三）年現在地（現東京都港区芝公園）に移建された。

一六二六（寛永三）年江戸幕府第二代将軍徳川秀忠の室が死去すると遺体は荼毘に付され、増上寺に葬られた。増上寺に初めて埋葬された徳川将軍家一族の成人である。その六年後、第二代将軍秀忠（台徳院）の死去に接した第三代家光と時の幕府は、幕閣の最有力者土井利勝を総奉行に任じ、当時の最高の技術スタッフを投入して、増上寺本堂南側の、五、五五〇坪余の広大な地に墓所（霊廟）を造営した。江戸で最初の将軍墓である。

次いで、一七一二（正徳二）年に第六代家宣（文昭院）の、さらに一七一六（正徳六）年に第七代家継（有章院）の霊廟が造営されたが、第八代吉宗によって霊廟の新造が禁止されると、第九代家重（惇信院）は有章院廟に、第一二代家慶（慎徳院）・第一四代家茂（昭徳院）は文昭院廟に、それぞれ相殿となった。江戸時代、増上寺に葬られた徳川将軍家の関係者は、六名の将軍のほか、正室・側室など三八名であった。

一九五八（昭和三三）年から一九六〇（昭和三五）年にかけて、増上寺徳川将軍家墓所の発掘調査が行なわれた。その成果は『増上寺　徳川将軍墓とその遺品・遺体』（東京大学出版会、一九六七）によって知ることができる。今、その個々を取り上げることは紙幅の都合上できないが、例えば秀忠墓が、板石を組み合わせただけの石室内に桶形木棺を収めた輿を安置する、前代の遺制を継承した、どちらかと言えば簡素な構造であるのに対し、家宣・家継墓は、堅牢な石室内に石槨・銅函・木棺から成る埋葬施設を収めるという、武家の棟梁としての威厳が表象された構造となっていたことが明らかにされるなど、近世の葬・墓制を綴る上で欠くことのできない情報を提供している。

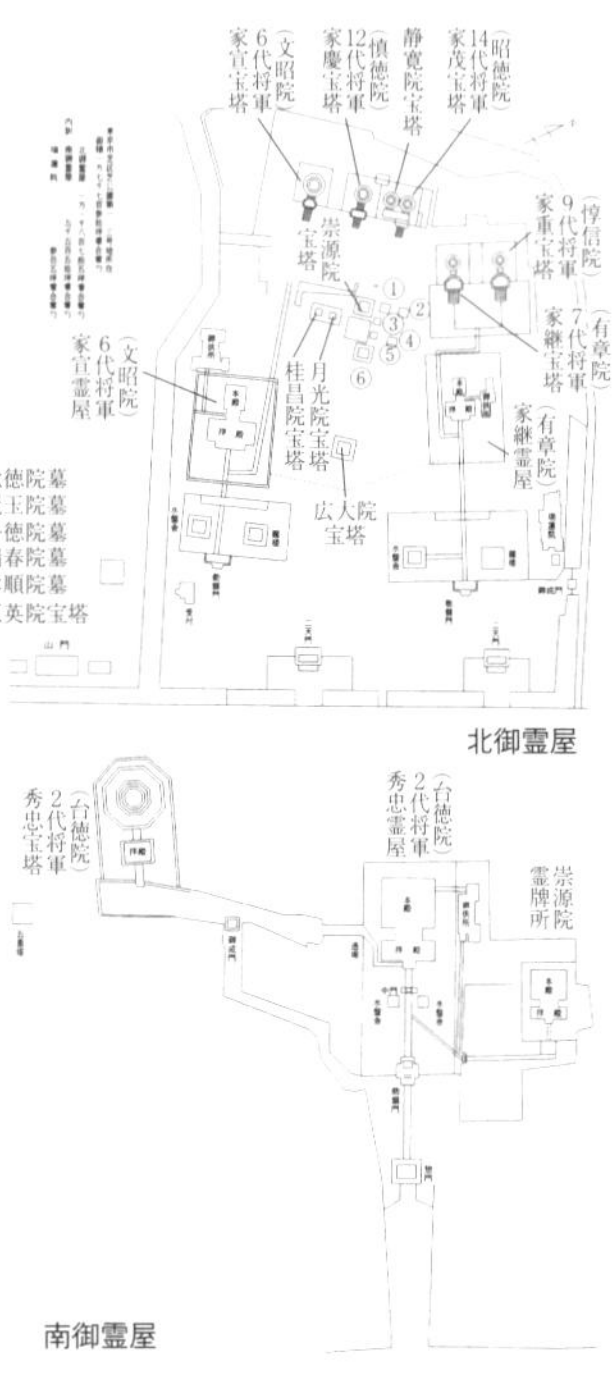

図1　1942（昭和17）年の徳川将軍家墓所（『大本山　増上寺史』より）

大名墓を歩く❷

御三卿の墓所―寛永寺凌雲院―

今野春樹

八代将軍吉宗と九代将軍家重から分かれた田安・一橋・清水家は、将軍家継嗣が途絶えた場合に代わって将軍を出す家として御三卿と称され、将軍家の家族として扱われた。そのため墓所も、寛永寺子院の凌雲院と北側に隣接する場所に営まれた。凌雲院は、学頭として輪王寺宮への学問進講に携わった山内子院でも格式の高い寺院であった。昭和初期から三〇年代までにすべての墓所が谷中霊園内の各家墓所に改葬移築されている。凌雲院の位置は明治初期に作成された絵図に敷地規模や御三卿墓所・位牌堂などが詳しく描かれており、現存する道路や清水堂の位置などから復元ができる（図1）。それによると凌雲院は、現在の東京文化会館・国立西洋美術館・国立科学博物館一帯に存在したことがわかる。

境内北部には一橋家と田安家の位牌所が並び、その南には一一代将軍家斉生母の慈徳院墓、寛量院墓（四代清水齊明）などの清水家墓所が並ぶ。慈徳院と清水家墓所は埋葬施設が一九九四（平成六）年に発掘調査されている。国立西洋美術館と東京文化会館間の通路部分には「西丸方々」墓所があり、その南には田安家墓所が造営されている。境内南半分には上野駅公園口に面して、清水家墓所、「西丸方々」墓所、一橋家墓所が造られ、西側には「西丸方々」と清水家位牌所が並び、その南には大名堀田家の墓所が存在した。一橋家の内、最樹院墓は凌雲院や開山堂の北側に独立して墓所があり、一九五六（昭和三一）年に改葬移築され、跡地には寛永寺子院が移転している（図2）。

このように凌雲院旧跡を偲ぶものは現地に残されていないが、寛永寺寺務所には凌雲院で使用された彩色杉戸が転用されている。

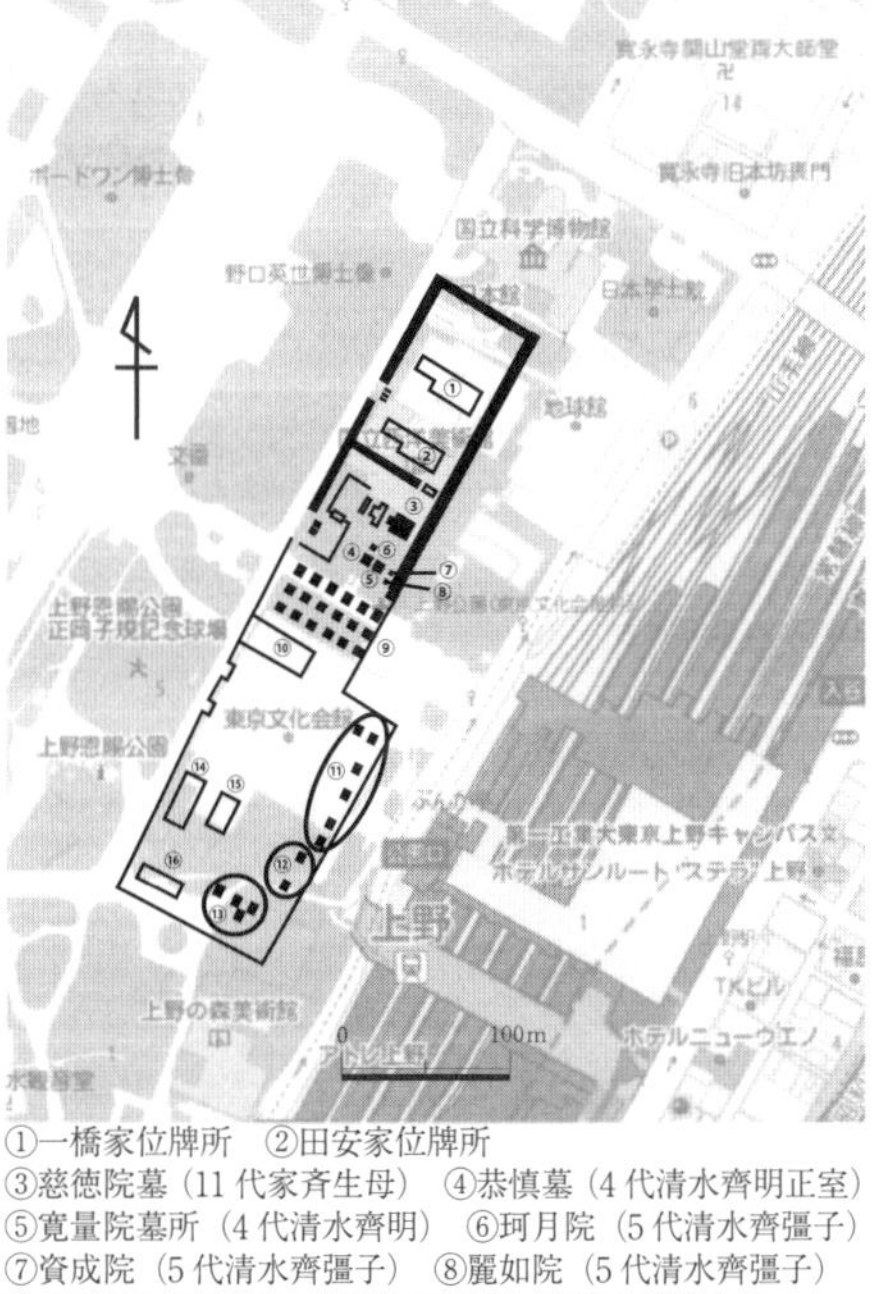

①一橋家位牌所　②田安家位牌所
③慈徳院墓（11代家斉生母）　④恭慎墓（4代清水齊明正室）
⑤寛量院墓所（4代清水齊明）　⑥珂月院（5代清水齊彊子）
⑦資成院（5代清水齊彊子）　⑧麗如院（5代清水齊彊子）
⑨「西丸方々」墓所　⑩田安家墓所　⑪清水家墓所
⑫「西丸方々」墓所　⑬一橋家墓所　⑭「西丸方々」位牌所
⑮清水家位牌所　⑯堀田家墓所

図1　復元した凌雲院（幕末期）墓所

①浄円院墓（8代吉宗生母）
②香琳院墓（12代家慶生母）
③蓮光院墓（徳川家基生母）
④至心院墓（10代家治生母）
⑤最樹院墓
（2代一橋治濟・11代家斉生父）
⑥最樹院墓　拝殿
⑦最樹院墓　霊牌殿
⑧最樹院墓　供所
⑨最樹院墓　勅額門
⑩開山堂

図2　復元した最樹院（一橋2代治済）墓所（幕末期）

大名墓を歩く3

彦根藩主井伊家墓所 豪徳寺

国指定史跡

寺田良喜

墓所の構造　豪徳寺井伊家墓所は、東京都世田谷区豪徳寺二丁目に所在する。墓所には二代直孝をはじめとして、一三代直弼ほか六人の藩主の墓所に加えて、正室・継室、側室、家臣ら三〇〇基を超える墓石が配置された、東京都内でも最大規模（約三、六八〇平方メートル）の大名墓所である。主要な墓は、墓石が唐破風笠付の位牌型で造られている。墓塔は笠付位牌形で、唐破風屋根を特徴とし、墓塔は基壇、台石、反花座、蓮座、塔身、笠、宝珠から構成されている。

調査の概要　本調査は宗教法人豪徳寺によって二〇〇九（平成二一）年九月〜二〇一〇（平成二二）年八月にかけて行なわれたもので、対象となった墓石は宗勧院（一三代井伊直弼）墓、貞鏡院（直弼正室）墓および親光院（一一代直中正室）墓の三基である。

このうち、親光院墓は石室をもつ構造で、間知石積の側壁によって矩形に石室を構築し、切石によって天井部を閉塞、その上に四本の蝋燭石を立てて墓塔を支えている。また、葬儀記録のとおり石室内は棺（未確認）の周囲に木炭を充填し、天井石を載せる際に漆喰を塗り込め、密閉している。貞鏡院墓もまた江戸大名墓に多くみられる同構造であるが、宗観院墓については石室などの地下構造を確認できなかった。

なお、調査は墓石構築にかかる地業と基礎構造の確認にとどめた。

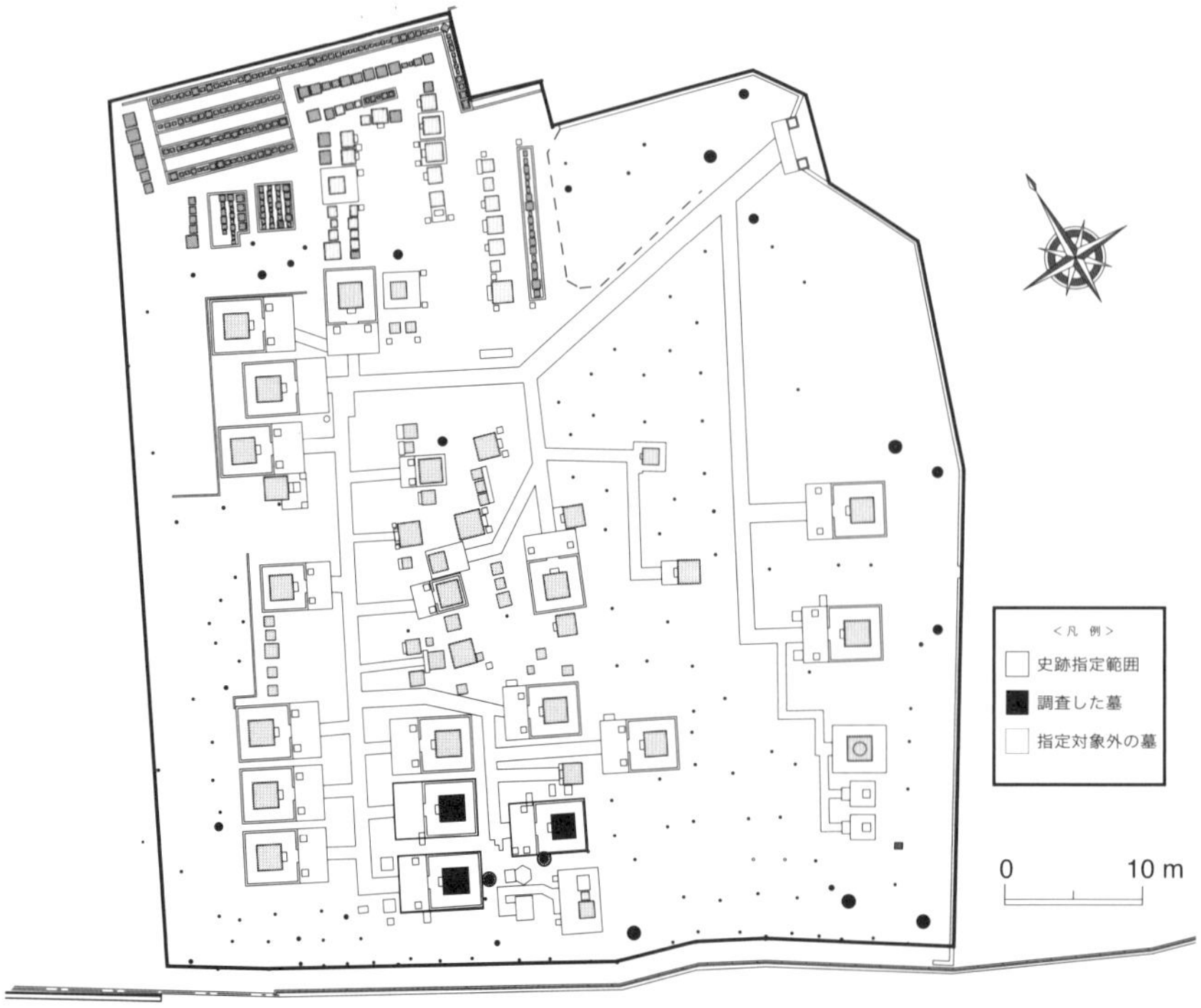

図1　井伊家墓所全体図

大名墓を歩く4

久喜藩主・長瀞藩主米津家墓所

東京都指定史跡

増井有真

米津《よねきつ》家墓所は、小規模ながら大名家の墓としての風格を備えた東京都内多摩地域に残る唯一の大名家墓所である。

米津家は三河出身の徳川譜代の家臣で、初代田政《たまさ》は徳川家康の関東入国とともに武蔵・下総・上総に五千石の知行地を与えられ、一六〇四（慶長九）年から江戸町奉行を勤めた。二代田盛《たもり》は大番頭を経て一六六六（寛文六）年に大坂城番となり、摂津・河内に一万石を加増されて一万五千石を領する大名となる。三代政武の代に久喜（現在の埼玉県久喜市）に陣屋を構え武蔵久喜藩が成立し、七代通政のときに所領を移されて長瀞藩主（現在の山形県東根市）となり、幕末に至るまで幕府に仕えた。

米津家の菩提寺である圓通山米津寺《べいしんじ》は、二代田盛が開基となり、僧大愚を開山として、一六五九（万治二）年に所領地であった多摩郡前沢村（現在の東久留米市）に建立された臨済宗妙心寺派の寺院である。境内北西に位置する墓所には、向かって右から二代田盛（一六八四（天和四）年）、四代政矩《まさのり》（一七〇三（元禄一六）年）、六代政崇《まさたか》（一七八四（天明四）年）、八代政懿《まさよし》（一八五三（嘉永六）年）の各墓標が東を向いて南北に並び、墓前には奉献された石燈籠が配置されている。墓域の右手には初代田政の正室松樹院（一六七一（寛文一一）年）の宝篋印塔など、類縁者の供養塔があり、墓域の入口左手には「米津寺殿　尊前」と記された天和四年銘の手水鉢がある。

藩主の墓標形態は、大名墓としては稀有な笠付六角塔身型で統一され、塔身正側面には臨済宗の重要典籍「碧巌録《へきがんろく》」からの引用が刻されている。六角形の基礎から笠上部の宝珠までの高さは約一・七メートルである。基壇は二段の石段が前面につく石組方形であるが、二代から八代へと下るにつれて高さが徐々に低くなっており、これは先代を顕彰する意味を持つものと考えられる。石材は安山岩を主体とし、八代政懿の基壇部分のみ凝灰岩を用いている。

図１　米津家墓所全景（北東から）

米津家の初代をはじめ奇数代の藩主は深川本誓寺を墓所としていたが、戦災などによって墓標は現存していない。また米津寺も一八八九（明治二二）年に本堂・庫裡が焼失し、江戸時代の様子を知る手掛かりは少ないが、わずかに焼け残り、復興のために売却された楼門が現在も国分寺（国分寺市）の山門としてその面影を伝えている。

〈正右側面〉湘之南潭之北
天和四甲子年
〈正　面〉米津寺殿前羽州太守心田玄秀大居士
正月二十五日
〈正左側面〉中有黄金充一国
〈裏　面〉従五位下米津出羽守藤原朝臣田盛公

図２　二代田盛塔身銘文

大名墓を歩く5

西条藩主松平家墓所

岡本桂典

西条藩は伊予（愛媛県）東部に置かれた小藩で、初期の領域は新居《にい》郡の大部分と宇摩《うま》郡、周布《しゅうふ》郡の一部からなる。藩域は一七〇四（宝永元）年に若干の変動があった。西条藩は、伊予河野氏の庶流とされる美濃国の一柳直盛《ひとつやなぎなおもり》が一六三六（寛永一三）年に伊勢国から伊予西条に転封、赴任途中大坂で病死、直重《なおしげ》（長男）が直盛の遺領のうちの三万石を継いだことにより成立した。直重の子三代直興《なおおき》の時、一六六五（寛文五）年叙封となり幕府領となった。その後、一六七〇（寛文一〇）年に紀伊和歌山藩主の徳川頼宣《よりのぶ》の次男松平頼純《よりずみ》（家康孫）が西条三万石に封せられた。以後、一〇代にわたり松平家の藩政が続き、藩主は定府であった。

さて、初代頼純の母瑤林院《ようりんいん》は加z藤清正の娘で、縁により日蓮宗に帰依、信仰に厚くその仏縁は歴代に及ぶ。かかる状況から、西条松平家の藩主の墓所は、山梨県身延山久遠寺や東京都大田区池上の長栄山本門寺などに営まれた。

一二八二（弘安五）年一〇月一三日に日蓮が入滅した地である池上本門寺に造営された供養塔を含む大名家墓所は、二四家八五基を数える。主要な家には、徳川宗家、紀州徳川家、鳥取藩池田家、熊本藩細川家、西条藩松平家、忍藩阿部家、播磨三日月藩森家がある。墓所は五重塔周辺、宝塔周辺、霊宝殿西に造営されている。五重塔北は内膳山と呼称され、周辺には徳川吉宗の関係者の葬地が展開し、その北に伊予西条藩松平家の葬地がみられる。初代頼純、三代頼渡《よりただ》・四代頼邑《よりむら》の墓塔は身延山久遠寺に営まれている。二代頼致《よりよし》・五代頼淳《よりあつ》は、和歌山県海南市下津町長保寺に営まれ、六〜一〇代の頼謙《よりかた》・頼看《よりみ》・頼啓《よりゆき》・頼学《よりさと》・頼英《よりひで》の笠付き方柱形を主体とする墓塔は池上本門寺にある。そこに、法華経信仰の紐帯をみることができる。

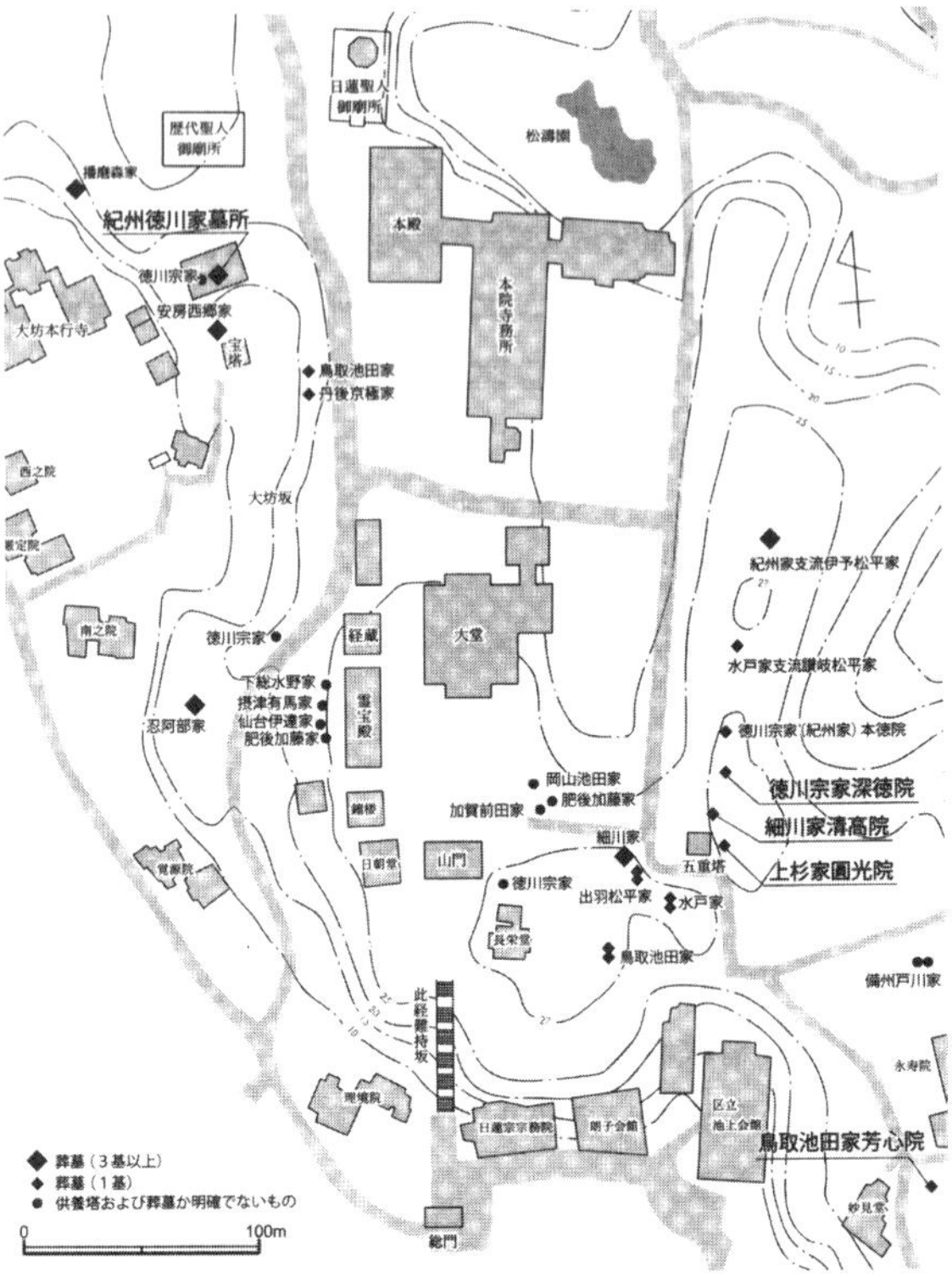

図1　池上本門寺主要大名墓の分布（本間岳人「池上本門寺における大名家墓所の調査」『近世大名家墓所調査の現状と課題』2010より）

大名墓を歩く6

水戸藩主徳川家墓所

国指定史跡

関口慶久

水戸徳川家墓所（国指定史跡名称／茨城県常陸太田市所在）は、阿武隈高地から続く二つの峰一帯（瑞龍山）に立地する。二峰がすべて墓所として営まれた、日本最大級の儒式大名墓群である。

墓所の成立と展開　本墓所の成立は、一六六一（寛文元）年、初代徳川頼房の遺体を二代光圀が瑞龍山に葬ったことに始まる。光圀はかねてから儒葬を志向し、葬儀に際して、朱熹が著した葬祭儀礼書『家礼』や、一六五六（明暦二）年に林鵞峰が母を儒葬した記録書『泣血餘滴』を範として催行した。（註1）以後、歴代藩主は儒葬を旨とし、瑞龍山に水戸徳川宗家、守山・府中・宍戸の三支藩の歴代藩主と一族を葬り、一大儒葬墓所が展開したのである。

墓所の概要　大名墓は通常、一つの墓域に歴代の墓が立ち並ぶのに対し、本墓所では宗家一代毎に墓域を築き、各墓域には藩主・正室のみを葬る。棺上には封と呼ばれる漆喰で固めた盛土を造り、藩主が台形（馬鬣封）、正室が円錐形（馬蹄封）を呈する。封の前に櫛形の竿石の亀趺が建つ。藩主碑文は「故＋官位＋諡名＋之墓」が基本形で、側・裏面に墓誌を刻む。（註2）墓標の総数は一一八基を数える。

葬制上の意義　本墓所は、大名が歴代墓所として儒葬を導入した最初の事例である。儒葬は仏葬を旨とする幕府に憚る風潮があったが、御三家水戸徳川家の儒葬採用は、その後の儒葬受容に相応の影響を及ぼしたもの思われる。また、本墓所の墳墓造営や葬送儀礼はほかの大名墓に比べ変化が少なく、儒礼の伝統を継承する意図が明白である。その基層には、藩の一大事業『大日本史』編纂を通じて育まれた、神儒を尊ぶ水戸藩の儒学思想があるものと考えられる。近世における儒教受容の過程を示す好例といえよう。

（註1）吾妻重二「水戸徳川家と儒教儀礼」『東洋の思想と宗教』二五、早稲田大学東洋哲学会、二〇〇八

（註2）常陸太田市教育委員会『水戸徳川家墓所』二〇〇七

（註3）財団法人水府明徳会『史跡水戸徳川家墓所保存管理計画書』二〇一〇、公益財団法人徳川ミュージアム『国指定史跡水戸徳川家墓所保存整備事業報告書Ⅰ』二〇一三

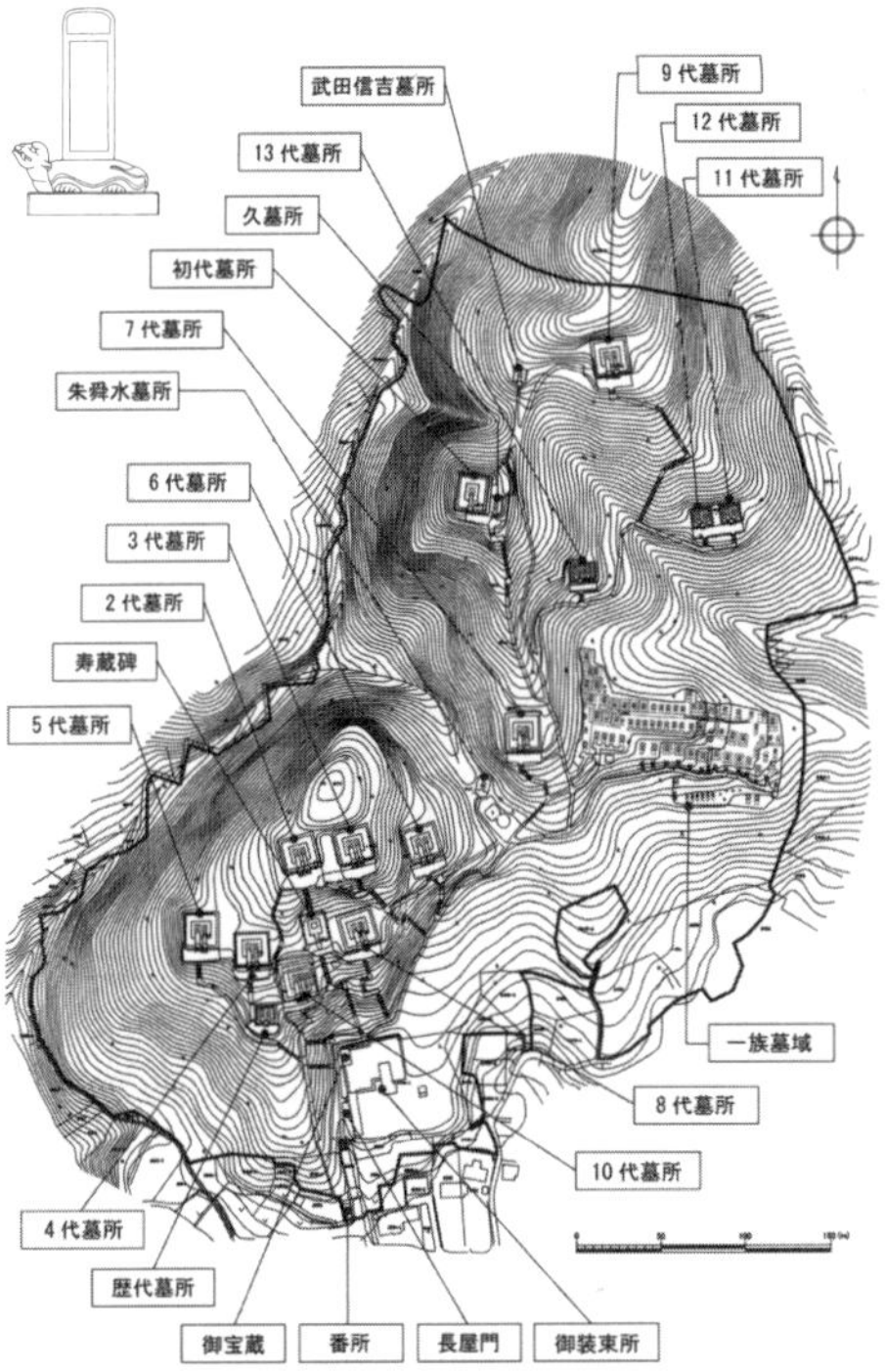

図1　水戸藩主徳川家墓所全体図と亀趺（註3より）

第三章　西日本の大名墓

近畿

狭川真一

一　はじめに

近畿地方における大名墓で主体部の発掘調査が行なわれた事例は少なく、羽柴秀勝墓の調査[註1]が知られる程度である。ただ、国指定史跡を受けているものは滋賀県京極家墓所、同県彦根藩主井伊家墓所、和歌山県新宮藩主水野家墓所、同県和歌山藩主徳川家墓所の四例があり、発掘調査を経ずとも状態の良い遺跡が残っていたことがわかる。

本稿では、近畿の大名墓を網羅的に解説するのは難しいので、墓群の構成要素に着目していくつかの視点にわけ、その代表的な墓を紹介することで責を果たしたい。

二　近世に成立した墓

（一）配置の計画性が乏しいもの

整然と墓を配置する、並べるというような計画性が乏しいものをまとめたが、広い視点で一定のエリアを墓域と定め、適所を選びながら墓を造営したという程度の計画性は認められる事例を抽出した。

和歌山藩主徳川家墓所[註2]　和歌山県海南市下津町長保寺境内の東側山林内に点在する。藩主としては初代から一四代まで（五代・一三代は将軍になったため江戸に造営）と、それに加えて夫人や子息女の墓がいくつか造られている。

墓は境内の東南にある紀州藩霊殿から石段を上って御廟門をくぐり、さらに石段を上った正面に初代墓が、以後北西側へ順次四代墓まで作られ、六代墓以降は東南から北西方向へ順に適所を選択しながら造営されたようである。ただ、最後の一四代藩主は初代に附属するかのように造営されているが、これは明治に入って亡くなったため、簡易な造墓になったと思われる。

墓の構造は類似しており、初代墓を例にとると、丘陵斜面を掘削して平地を作り、三面は石垣で整備してコ字形の丘陵に囲まれたような姿に造る。その平地の中央奥まったところに低い方形壇を設けて四方を石柵で囲み、その内側は石敷とし、中央に墓石を建てる。石柵は正面が開放され、石門・石扉が作られる。さらにこれらの前面を石柵で閉塞し、その前に広がる前庭部と区分する。前庭部には左右に石燈籠、中央に石畳の参道があり、その正面には廟門、石畳部分には遙拝所があった。廟門の前は石段となっていて、前庭部を含めた墓所部分は墓道よりかなり高い位置に構築されている。廟門と遙拝所はすべて移築または撤去されて現存しない。なお、雨水の侵入を防ぐため、丘陵部分には排水溝が設置されている。この形式が当該墓所の基本パターンであるが、一人用と二人用があるほか、個々に若干の変動はある。

墓石の形式は、無縫塔、尖頭方柱碑、塔身八角形（屋根は方形）の宝塔、笠塔婆などであるが、笠塔婆は藩主墓に採用されていない。

彦根藩主井伊家墓所（註3） 滋賀県彦根市清涼寺背後の丘陵に点在する。その配置は藩主の墓を前面に置き、その背後を中心に夫人や子息女の墓がある。当初は主要な墓に霊屋があったことを古絵図が教えてくれるが、今は無い。墓の配置をみると、身分によって墓域の区別はなされているが、造墓は年代順ではなく、方向は概ね近似するが、墓の一辺を揃えるなどの造作は行なわれていない。これは造墓当初の配置が生きていることを物語ると言えよう。

なお、墓石は藩主と一部の家族が無縫塔を採用するが、ほかの多くは櫛型の墓碑とする。また、江戸・豪徳寺に所在する井伊家墓所の墓石はほぼすべてが笠塔婆であり、両者に共通性はみられない。

膳所藩主本多家墓所（註4） 本多家の菩提寺縁心寺は、滋賀県大津市に所在し、本堂の横に初代藩主戸田一西の墓が土塀に囲まれて存在する。本多家の墓は、本堂の背後に三代藩主以降のものが並ぶ。墓は当初、霊屋が作られていたが大正期に移築したといい、現在は石柵に囲まれた中に五輪塔を中心に据えるだけの姿である。各墓は墓道に沿って造営されるが、藩主の代ごとには並んでおらず、造墓の度に適所を選択したようである。そのため、墓正面の一辺を揃えるような造作は行なわれておらず、多少の出入りがある。この一群の北側で、途中に家臣の墓を挟んで一一代以降の墓が造営される。

（二）計画的に配置したと思われるもの

岸和田藩主岡部家墓所（註5） 大阪府岸和田市の泉光寺に所在する。本堂の横に小さな廟門があり、石畳の参道を通ると奥に墓地が整然と並んでいる。墓の配置は計画性の強いもので、正面奥右側から順に初代墓～四代墓、向かって左奥側から五代墓～八代墓、その対面奥側から順に九代墓～一三代墓（一二代は別墓地）とコ字形に配置されている。個々の墓は方形で低い石垣を持つ基壇上に石柵を設け、正面中央を開口し、そこに石扉を設ける。基壇内は石敷とし、中央に反花座に乗る五輪塔を置いている。五代墓を除いて墓の基壇正面は筋が通っており、強い計画性がうかがえる。五代墓は近年ここへ移築したものだが、設計当初からこの位置と定められていたと考えられている。どの段階でこの配置が決定されたのか不明だが、四代墓に近接して家臣団の墓域が広がっており、これとの関係を踏まえると、三代から四代墓の造営あたりで、現在見る配置に設計した可能性もある。早い段階から計画的に造墓された一例として掲げた。ただし、現在見る墓道の整備はきわめて新しい時期のものと考えられている。

三　中世から継続する墓

京極家墓所（註6） 滋賀県米原市清滝寺徳源院の本堂背後にある。周囲を土塀に囲まれた一角があり、下段に近世の霊屋や石塔が並び、上段に中世の宝篋印塔が並んでいる。上段の石塔群は銘文から一二九五（永仁三）年まで遡り、形式的にも妥当なものであるが、配置は二次的なものであり、近在にあったものを集めて供養したも

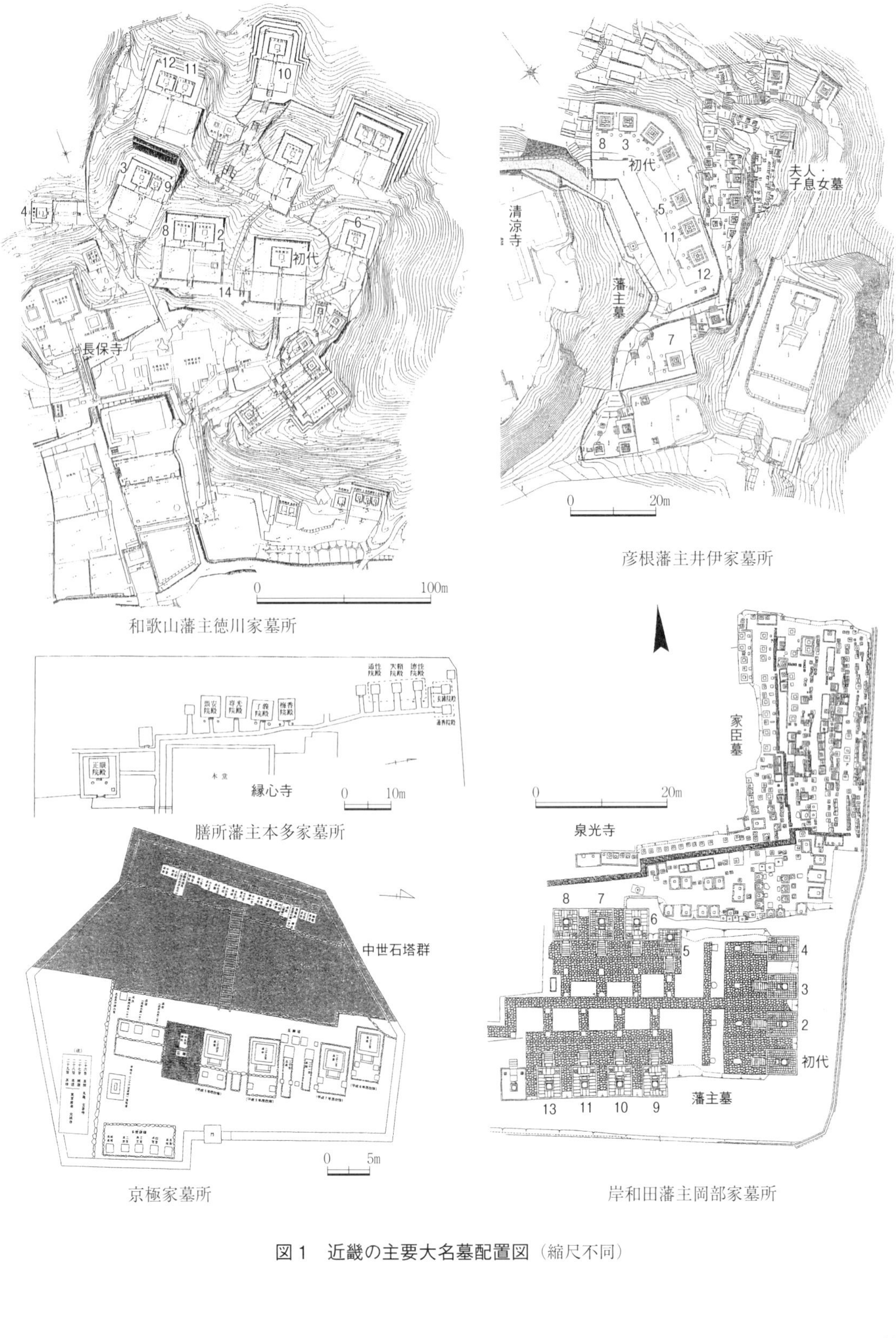

和歌山藩主徳川家墓所

彦根藩主井伊家墓所

膳所藩主本多家墓所

京極家墓所

岸和田藩主岡部家墓所

図１　近畿の主要大名墓配置図（縮尺不同）

のとみられる。下段は、五棟の霊屋が南北にならび、すべて東を正面とするが、方位は微妙に振れており、正面の柱筋なども通っていない。このため藩主が亡くなるごとに選地して造立したものとみられる。また、霊屋の間には石塔だけの藩主墓もあり、南端には子息墓、その対面には多度津藩主の一から五世の石塔を建てる。霊屋のうち、一九世のものは笏谷石製の石廟、ほかは木造の建物で、いずれも内部に宝篋印塔を納めて祀っている。

京極家は中世からこの地を納める武士であったが、一六三八（寛永一五）年に徳川家光の命で播州龍野へ移り、一六五八（万治元）年に讃岐国丸亀藩へ転封された。一六七二（寛文一二）年二二世高豊は、この清滝が先祖以来の墳墓の地であることから、所領の一部を返上して、清滝村と大野木の土地を得、寺と墓所の再興を果たした。中世の石塔移築もこの時の可能性が高い。

藩主は遠隔地にいながらも、一族の故地を取り戻し、墓地として再整備し、中世からの継続性を強調しつつ、新しい供養の場を完成させたのである。

柳生家墓所　奈良市柳生町の芳徳寺にある。墓は本堂の背後、少し離れたところに低い土塀で囲まれた一角がある。墓石は笠塔婆が多いが、亀趺碑や徳利形をした特殊なものもある。

この墓所には一七世紀代にみられる舟形五輪塔があるほか、一六世紀に遡る小型の組合式五輪塔が多数残されることから、明らかに中世後期から継続している墓であることを示している。記録では柳生地内の別の場所にあったものを移築したとされるが、藩主だけでなく、先祖の墓も移築したものと思われる。国替の無かった藩主ならではの墓所である。

京極家と柳生家、事情や規模は異なるが中世から続く墓地を整備して藩主墓を構築した点は意義深い。いずれも領地との縁を重視し、その継続性を強調するものと理解できよう。

四　納骨霊場・高野山奥之院

高野山奥之院には一一〇の藩主が供養塔を建てている。そのなかで発掘調査がなされ、報告書が刊行されているのは旧弘前藩主津軽家の一例のみである。(註7) その成果をみるとほとんどが石塔のみの造立だが、そのうちの一基の台座内から甕に入った遺髪が検出されている。また塔群の背後からも甕に入った遺髪が見つかっていて、この墓地が遺骸の埋葬地ではなく、供養の場であったという性格をよく示している。土葬が主流の大名墓では分骨が難しいので、遺髪の埋納という姿は自然である。なお、この墓地は参道からかなり奥に入った斜面地を平坦に均して平場を作り、そこに石塔を並べたもので、特別な囲繞施設は見当たらない。

しかし、高野山奥之院における一般的な大名墓のスタイルは、石塔（一基単独の場合と複数の石塔を並べる場合がある）の周囲を石柵（玉垣）で囲い、正面のみ開放する。石門を造るものは少なく、開放部分の前面に鳥居を建てている。献灯は柵内または柵外、あるいは両方に石燈籠を配置する。石塔は五輪塔が最も多く、おそらく八割以上ではないかと思われる。五輪塔の形状は各部で大小の違いを見せるが、地域的な差異ではなく、年代的あるいは石工集団の相違程度の差ではないかと思われる。例えば福岡県にある久留米藩主有馬家墓所の五輪塔は、地元の凝灰岩製で火輪と空風輪に地域的特徴のあるものだが、高野山には運ばれていない。高野山で使われてい

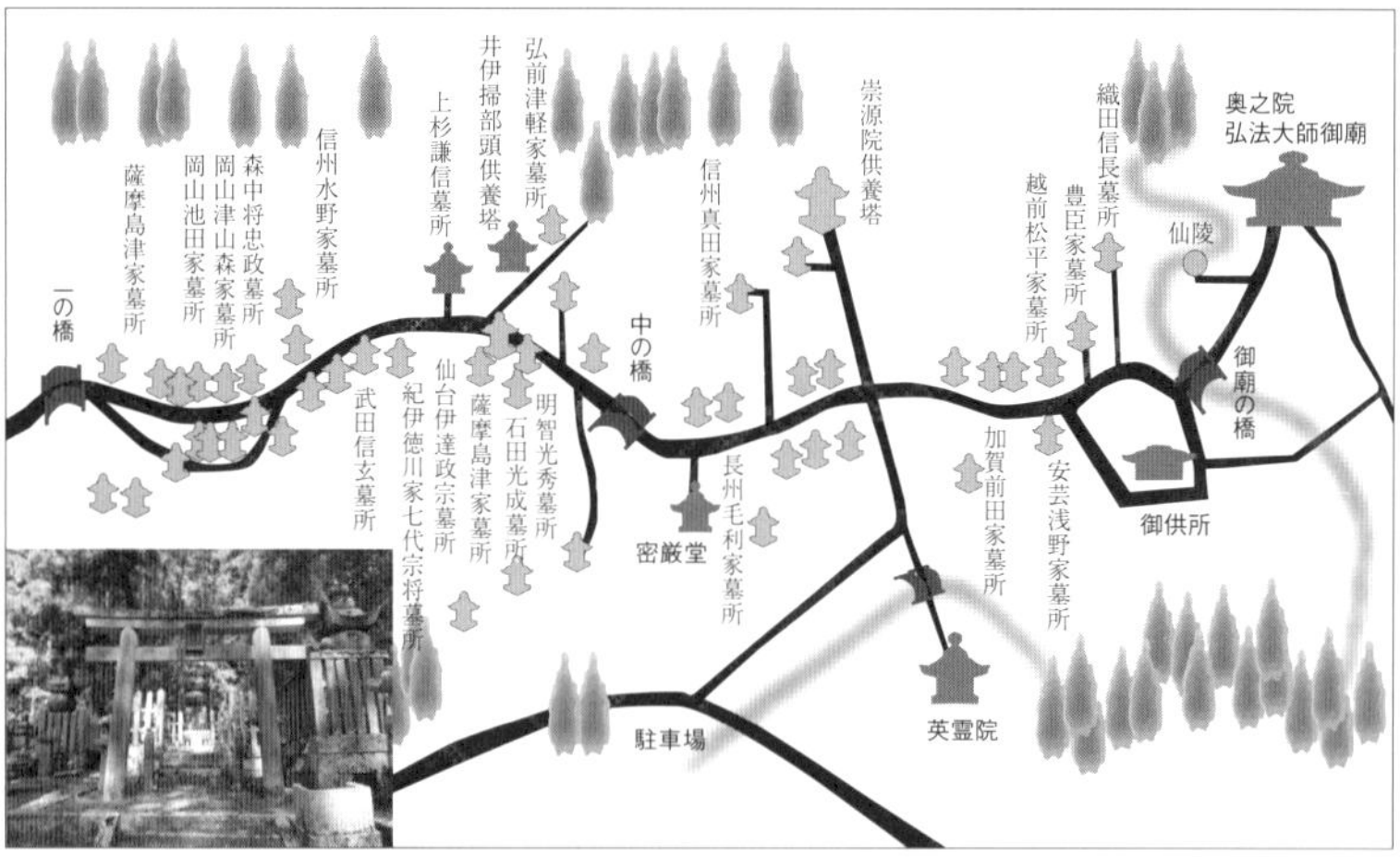

図２　高野山奥之院略地図と信州水野家墓所（左下）

る石材は多くが花崗岩で、一部砂岩製が混じる程度であり、おそらく地元からの注文に応じて高野山に関係する石工が製作したものと思われる。

ほかには霊屋型式のものがあり、木造では井伊掃部頭や上杉謙信のものなどがある。石造では越前松平家石廟が著名で、越前笏谷石製の二棟があり、徳川家康の息子秀康とその生母のものである。なお、秀康夫人の墓は京都市本満寺にあるが、簡素ながらも笏谷石製の廟である。

なお、徳川家康と秀忠を祀る霊屋は奥之院ではなく、伽藍の背後にある。

五　まとめ

いくつかの視点で近畿の大名墓を概観した。この区分は近畿のみで把握されるものではなく、各地でも認められることだと思うが、やはり特徴的なのは高野山奥之院である。弘法大師入定の地として平安時代後期から信仰を集め、鎌倉時代から戦国時代には庶民層に及ぶ納骨霊場として繁栄した。その下地の上に近世の大名たちがこぞって供養塔を建設し、それが現在の奥之院の風景となった。諸事情で江戸や国元に分かれて埋葬された藩主や一族の人々も、ふたたび高野山で集うことができたのではなかろうか。

本稿を草するにあたり、藤井直正、虎間英喜、松原典明、今野春樹、池田一城、柏田由香、矢倉嘉人、下高大輔の各氏には資料提供、現地案内などいろいろとお世話になりました。感謝申し上げます。

（註1）伊藤　潔『伝羽柴秀勝墓学術調査報告書』滋賀県長浜市教育委員会、二〇〇四

（註2）仲野　浩・伊東太作ほか『史跡・和歌山藩主徳川家墓所　保存管理計画書』下津町、一九九七

（註3）谷口　徹ほか『国指定史跡　清涼寺「彦根藩主井伊家墓所」調査報告書』彦根市教育委員会、二〇〇九

（註4）藤井直正「大名家墓所の一例―近江膳所藩主本多家の墓所―」『大手前女子大学論集』二一、大手前女子大学、一九八七

（註5）虎間英喜「泉光寺の測量調査」『平成24年度発掘調査概要』岸和田市文化財調査概要三九、岸和田市教育委員会、二〇一三

（註6）山口建治『清滝寺徳源院京極家墓所木造霊屋保存修理工事報告書』霊通山清滝寺徳源院、一九九六

（註7）岡本桂典ほか『旧弘前藩主津軽家墓所石塔修復調査報告』遍照尊院、一九八八

本稿は科学研究費基盤（B）「日本中世の葬送墓制に関する発展的研究」（研究代表者　狭川真一／課題番号二一三二〇一五二）の成果の一部を含んでいる。

北陸

栗山雅夫

一　はじめに

本稿で取り上げる北陸の近世大名墓は、古代以来歴史地理的な結び付きが強い若狭、越前、加賀、能登、越中、越後を対象とする。現在の福井、石川、富山、新潟の四県にまたがるこの地域は、北陸道沿線の越の国を中心としており、その範囲は日本海に沿って約四五〇キロもの距離に達する。

表1　北陸の近世大名家（註1より引用、一部改変）

越後国（新潟県）	
村上藩	村上家
	堀家
	本多家
	松平（結城）家
	榊原家
	本多家
	松平（大河内）家
	間部家
	内藤家
黒川藩	松平（柳沢）家
	柳沢家
三日市藩	松平（柳沢）家
	柳沢家
新発田藩	溝口家
沢海藩	溝口家
村松藩	堀家
与板藩	牧野家
	井伊家
長岡藩	牧野家
椎谷藩	堀家
高田藩	酒井家
	松平家
	稲葉家
	戸田家
	松平（久松）家
	榊原家
糸魚川藩	稲葉家
	有馬家
	本多家
	松平（越前）家

越中国（富山県）	
富山藩	前田家

加賀国（石川県・富山県）	
加賀藩	前田家
大聖寺藩	前田家

越前国（福井県・岐阜県）	
勝山藩	松平（越前）家
	小笠原家
大野藩	松平（越前）家
	土井家
丸岡藩	本多家
	有馬家
鯖江藩	間部家
敦賀藩	酒井家
福井藩	結城家
	松平（越前）家

若狭国（福井県）	
小浜藩	丹羽家
	浅野家
	木下家
	京極家
	酒井家
高浜藩	溝口家
	堀尾家
	山内家
	浅野家
	木下家

北陸地域には表1にあげたように、越後に一一藩三〇家、越中に一藩一家、加賀に二藩二家、越前に六藩一〇家、若狭に二藩一〇家の藩および藩主家が存在している。これらの各藩主墓の造営地には、国元に所在するもの、江戸に所在するもの、移封先に所在するもの、あるいは藩主家の出自の地に所在するものがある。

その傾向と各地の有り様をみると、越後では江戸に墓所を有する例が多く見られる一方で、越中・加賀では国元に置かれ、また越前・若狭ではこれらが混在する様相を示している。このような近世大名墓所の地域性は、次節で述べるように、中世から近世にかけて北陸の領主層が置かれた歴史的背景の影響を色濃く受けた結果であると考えている。

また、藩の規模や家格によっては、本墓だけでなく供養塔や石廟などによる拝墓、改葬墓が営まれる事例もみられ、多様性を持つ近世大名墓所を知る上で北陸は好適な地域といえる。

二　近世大名出現の概観

戦国時代を迎える頃になると、北陸では多くの国人領主が出現した。しかしながら、東西、あるいは関東方面から進撃してくる戦国大名の狭間にあっては、一国を平定する勢力に成長することが難しい場所でもあった。加えて、越前吉崎御坊を中心とする浄土真宗勢力は、一五世紀後半の加賀一向一揆や越中一向一揆にみられるように守護や国人領主勢力と対等に渡り合う程に勢力を強めており、他地域とは少々事情の異なる地域であった。

こうした中、越後国の守護代を務めた長尾家は、長尾景虎（上杉謙信）が越後一国を平定し、越中、加賀、能登へ勢力を拡大した。また、越前国守護代の朝倉家も、一五世紀末までに一国を治める戦国大名に成長している。

ところが、一六世紀後半になると織田信長が北陸に進攻を開始し、朝倉家が滅ぼされたのを皮切りとして天正年間以降、越前、加賀、能登、越中の国人領主層や浄土真宗勢力、上杉勢は、信長麾下の柴田勝家と与力の前田利家・佐々成政・不破光治らによって勢力を削がれていった。ところが、時をおかずして本能寺の変で信長が倒れ、羽柴秀吉が柴田勝家を制して後継となり、越中を平定したばかりの佐々成政も国替えされた。その結果、加賀・越中に前田家、越後に上杉家が北陸の要として配置されることとなる。この頃が北陸における近世大名出現の第一の画期となる。

第二の画期は、関ヶ原の合戦から豊臣家の滅亡にかけての時期、慶長から元和年間にあたる。上杉家を越後から出羽米沢へと移封する一方で、越前福井藩に松平家を配置したことがこの時期を象徴的に示す。徳川家によって親豊臣派が排され、小規模ながらも多くの親藩・譜代の藩が外様の大藩である前田家を包囲するように配置された時期である。なお、加賀藩前田家でも、三代前田利常が他藩と比べて相対的に大きくなりすぎた知行地を分散するかのように、一六三九（寛永一六）年に大聖寺藩、富山藩を支藩として分藩している。

このように北陸地域においては、在地領主から近世大名となった家はみられず、織豊大名を出自とする前田家と徳川家に近しい大名家が移封されて近世大名となり、墓所を営む事例が主体となる。

三　近世大名墓所の調査事例

近年、全国各地で近世大名墓所の調査が実施されており、[註1]それらのうちのいくつかは、国や地方自治体の文化財指定を受けて保護の対象となっている。

現在二〇件を数える国指定史跡の近世大名墓所のうち、最も新しいものは、二〇〇九（平成二一）年に指定を受けた石川県金沢市と富山県高岡市に所在する加賀藩主前田家墓所である。史跡指定に先立つ調査では、近世大名墓所では事例が少ない発掘調査を含む総合的な調査が、県境をまたいだ自治体間の協力のもとで一体的に行なわれた。

これ以外に、発掘調査を伴う大名墓所の調査事例として挙げることができるのは、越後沢海藩溝口家墓所である。一九九四（平成六）年に横越町教育委員会が二代政勝墓の発掘を行ない、骨壺に埋納された火葬骨、土師器皿、銅銭のほか、釘を伴う木棺の一部が検出されている。

また、特殊な事例であるが、一九九〇（平成二）年には、加賀藩前田家三代の前田利常を荼毘に伏した灰塚が、石川県埋蔵文化財センターによって発掘されている。調査の結果、外周に堀、内側に土塁を巡らした一辺三〇メートルの方形区画を持ち、中央に一・五メートル以上の高さを持つ塚であることが判明している。[註2]また、金沢市の経王寺遺跡では利常の生母、千世の灰塚も一九九八（平成

一〇）年同センターによって発掘され、荼毘に関連する遺構と塚を区画する溝が検出されている。（註3）

近世大名墓所は今も御当主が管理し、崇敬の対象となっていることが少なくない。このため文献資料や測量などの調査を自治体史編纂のタイミングで行ない、県史や市史に掲載する事例がある。ここでは福井藩主松平家墓所を紹介しておきたい。

福井市の指定史跡である大安寺は、大安禅寺とも呼ばれる福井藩主の菩提寺であり、一九八七（昭和六二）年に測量調査が福井市史編纂室によって行なわれている。「千畳敷」と呼ばれる約七八〇平方メートルの廟所には歴代藩主や室、殉死者の石塔が整然と並べられ、その敷石や柵などには地元で切り出される笏谷石を全面的に用いており注目される。

さらに、富山藩主前田家墓所の調査事例も紹介しておきたい。富山城の北西にある「長岡御廟所」には、加賀藩三代前田利常の次男利次を藩祖とする歴代藩主墓が営まれている。墓所は一一基の藩主墓とそれを取り巻くように室と子息子女の墓標が置かれている。墓域は、藩主墓所、参道部、墓守寺である真国寺境内地から成り、一・二ヘクタールの面積となる。測量調査に基づいて加賀藩主前田家墓所との関係性を指摘し、文献資料からは埋葬施設の構造も明らかにしているほか、築造過程の復元的研究や寄進灯籠の調査など意欲的な取り組みがなされている。（註4）

四　近世大名墓所の国指定史跡指定を巡る動向

二〇〇九年、加賀藩主前田家墓所が国史跡指定となったのは前述したが、指定を受けるにあたり五年余りの調査が実施され、様々な成果が挙がっている。紙幅の都合もありその全貌を紹介することはできないが、調査から史跡指定に至る一連の動きが、当地の大名墓所調査にもたらした影響に触れておきたい。調査成果が公表され、研究の深化や近世大名墓の周知化が図られたことで、住民の関心も大名墓所に向くようになり、結果として別の大名墓所調査を誘因したり、あるいは関連する遺跡の調査成果に結びつく事例がみられるようになることがある。それらは必ずしも発掘調査を伴うわけではないが、考古学的な手法を駆使して進められる場合も多く、成果が有機的に結びついていく今日的な近世大名墓所調査事例として普遍的な意味を持つのではないかと考えている。

まず、その契機となる加賀藩主前田家墓所の概要を紹介し、関連する事項を記す。

（一）加賀藩主前田家墓所

野田山前田家墓所（註5）　石川県金沢市の東南部に、標高一七五・四メートルの野田山と呼ばれる丘陵がある。金沢城のほぼ南、約三・五キロに位置するこの丘陵の北東斜面一帯に、藩政期以来現在に至るまで様々な階層の人々の墓が営まれてきた野田山墓地がある。

五万基以上とも言われる墓地の最高所には前田家墓所があり、藩祖前田利家を中心に歴代藩主・夫人・子女ら八〇基を越える墓が造営されている。約八万六千平方メートルの敷地に広がる墓域は、その立地状況から七つのグループに区分することができる。また、個々の墳墓の形態や構造を比較検討すると、Ⅰ～Ⅲの三時期で変遷をとらえることが可能である。

墳墓の基本形態は、土を方形に積み上げる「方墳」形態で、周囲に溝を巡らすものが多い。各時代を通じて大型のものは藩主墓であり、時期が下ると正室や子女の墳墓との差別化が明瞭になる。また、三段築造の藩主墓は一辺一六メートル前後の規模であるが、初代利家墓は一辺二〇メートルと最大規模を有しており、藩祖を頂点とする造営意図が読み取れる。

江戸時代から現代まで約四〇〇年以上にわたって継続して墓が営まれており、変遷過程を良好に留めている墓所である。

前田利長墓所[註6]　富山県高岡市の前田利長墓所は、加賀藩前田家二代利長の個人墓所である。高岡と利長の縁は深く、一五八五（天正一三）年に越中三郡を拝領した際の居城は二上山に立地する守山城であり、隠居後、一六〇九（慶長一四）年に二上山を間近に望む地に高岡城を築いて城下町を開いた。そして、一六一四（慶長一九）年高岡城で五三年の生涯を閉じ、荼毘に付され埋葬された。

現在の利長墓所は、利常が利長三十三回忌の一六四六（正保三）年に造営したもので、外堀と内堀の二重の堀で正方形に区画された墓域面積は、約三万三千平方メートル（一万坪）で大名個人墓としては異例の規模を誇る。しかし、石燈籠配置や土塁、墳墓の形態には正方形区画の造墓原理が働いており、該期の前田家墓所の平面プランを踏襲している。また、墳墓の内部構造は、歴代藩主墓と同じ方形の土盛り整形で、利家墓を上回らない寸法で築く点も歴代藩主墓と共通しており、大名家の造墓原理の存在を知ることができる。

（二）加賀藩支藩（富山藩・大聖寺藩）墓所

一六三九（寛永一六）年三代利常は、次男利次に富山藩、三男利治に大聖寺藩を分藩するが、両方の歴代藩主墓は富山県富山市、石川県加賀市に現存している。このうち、富山藩歴代藩主墓は長岡御廟所にあり、前述した基礎調査が実施されるとともに、加賀藩主前田家墓所の調査成果をもとに比較検討と考察がされている。

一方、大聖寺藩の歴代藩主墓は菩提寺の実性院に営まれており、

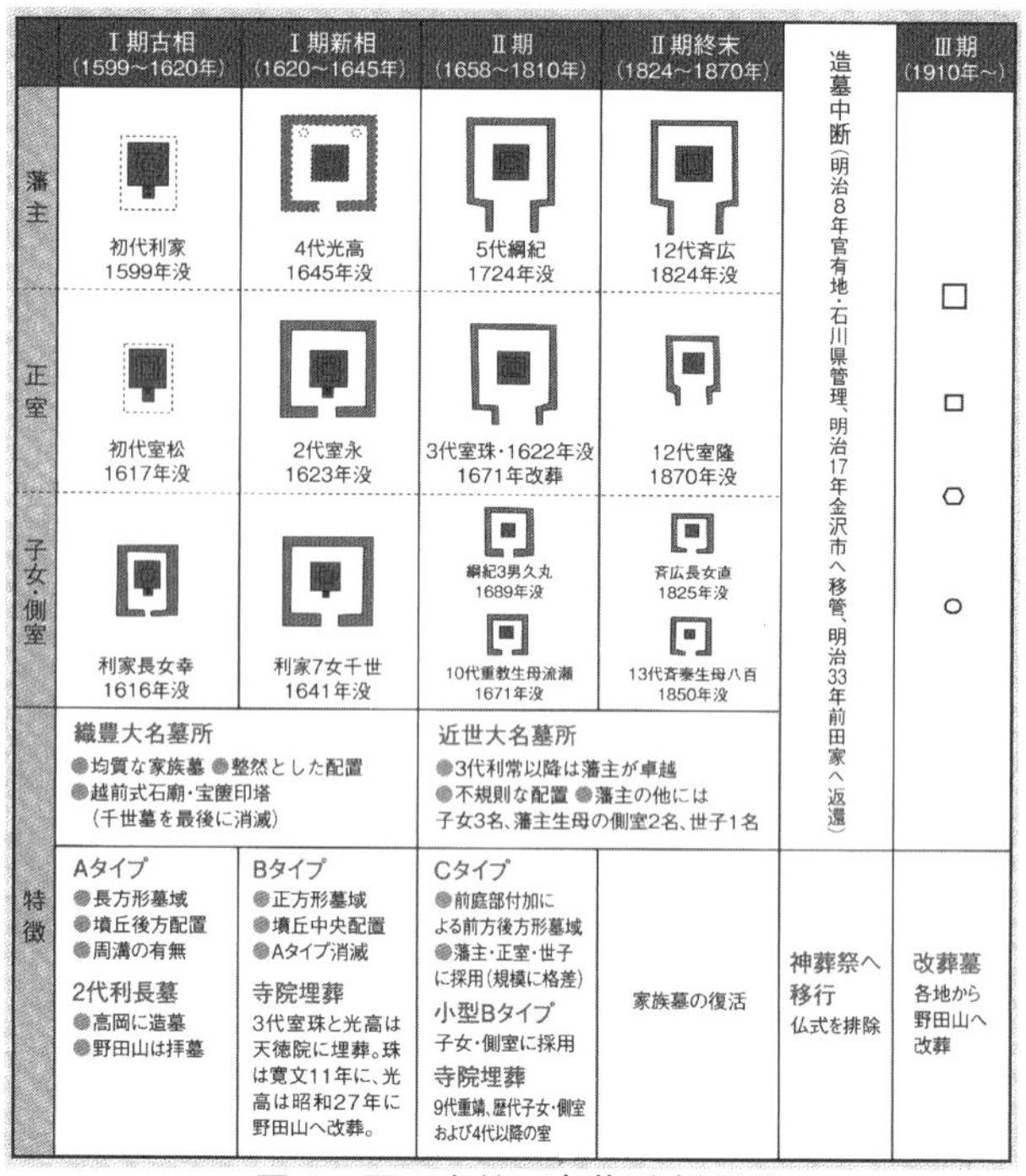

図１　野田山前田家墓所変遷図

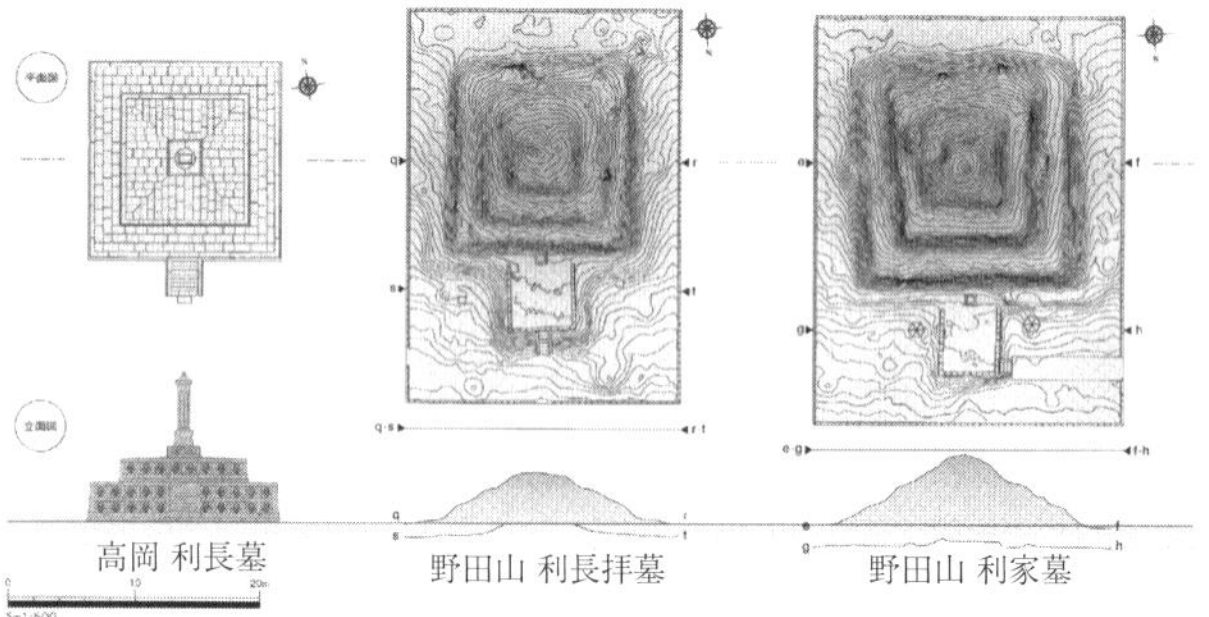

図２　加賀藩主前田利家墓・利長墓比較図

藩祖から一四代までの藩主および妻子と殉死者の墓域とこれに近接する家老二家の歴代墓が現存する。加賀藩主墓所との比較検討は今後の課題であるが、二〇一〇（平成二二）年には、これらを一括し大聖寺藩前田家廟所として加賀市の史跡に指定されている。

このように、支藩の墓所で基礎調査や文化財指定が相次いで行なわれ、加賀藩文化圏内における近世大名墓所を一体的に捉える動きがみられるようになったことは特筆される。

（三）加賀藩関連墓所

加賀藩には、「年寄衆八家」（「加賀八家」）と称される家老格の重臣家がある。本多家・長家・横山家・前田土佐守家・前田家（長種系）奥村家（宗家）・奥村家（支家）・村井家がそれであり、一万石以上の大名に匹敵する禄高を有している。このうち六家の歴代墓所が野田山の藩主墓に近接して営まれている。金沢市は、前田家墓所の史跡指定に続いて二〇〇八～二〇一一（平成二〇～二三）年にかけて加賀八家墓所の詳細調査を実施し、報告書にまとめられている。（註7）

この調査によって、藩主墓所の造営に始まり重臣、平士、陪臣を経て町人層、そして現代の市民墓地へと拡散する野田山墓地の特性が明らかとなり、近世城下町における墓所の変遷を辿る重要な成果となっている。

さらに二〇一〇（平成二二）年には、三代利常の正室珠の菩提寺天徳院の背後にあった、天徳院前田家墓所旧地で小学校改築に伴う発掘調査が行なわれた。その結果、野田山に改葬される前の四代光高墓を区画する堀が検出され、レーダー探査や絵図との照合から、高岡の利長墓と平面形態や基本構造、寸法が類似するとともに、藩主墓の造墓原理の存在も強く示唆される成果が得られている。（註8）造営主が共に三代利常であり、造営年も一年違いの近接した時期の所産であり、平地における該期の前田家墓所のモデルであることが明らかとなった事例として重要である。

五　まとめにかえて

北陸地域の近世大名墓を取り上げるつもりが、最終的には加賀藩関係墓所に紙面を割くことになってしまった。しかしながら、近世大名墓所の調査成果が、縦にも横にも繋がっていく魅力を持つことを本稿から感じ取って頂けたなら目的は達したと思いたい。さらなる各地の調査成果の積み重ねを期待する。

（註1）坂詰秀一監修『近世大名墓所要覧』ニュー・サイエンス社、二〇一〇
（註2）本田秀生『前田利常公灰塚』石川県立埋蔵文化財センター、一九九三
（註3）垣内光次郎ほか『金沢市経王寺遺跡』（財）石川県埋蔵文化財センター、二〇〇二
（註4）古川知明ほか「富山藩主前田家墓所長岡御廟所基礎調査報告」『富山市考古資料館紀要』二九、富山市考古資料館、二〇一〇
（註5）出越茂和ほか『野田山加賀藩主前田家墓所調査報告書』金沢市、二〇〇八
（註6）栗山雅夫ほか『高岡市前田利長墓所調査報告』高岡市教育委員会、二〇〇八
（註7）出越茂和ほか『野田山・加賀八家墓所調査報告書』金沢市、二〇一二
（註8）谷口明伸ほか『石川県金沢市　小立野四丁目遺跡』金沢市、二〇一三

中国

大野哲二

一　はじめに

中国地方には四一ヵ所の大名家墓所が存在する。(註1)本来であれば、これら中国地方の大名家墓所すべてを網羅した形で大名墓を紹介をすべきであるが、紙数の制約のため、ここでは、代表的な大名家墓所の概略を紹介することとする。

二　中国地方の主な大名墓

(一) 鳥取藩主池田家墓所

鳥取藩主池田家墓所（鳥取市国府町）は、一六九三（元禄六）年、鳥取藩三二万石池田家の初代藩主である池田光仲の葬地として定められたことからはじまる。墓所は歴代藩主をはじめとする池田家一族の墓域であるA・B区、初代藩主の籠臣が葬られているC区、池田家の菩提寺である興禅寺（黄檗宗）住職らの墓が築かれてるD区という四つのエリアから構成され(註2)（図2）、江戸時代は敷地内に建てられた興禅寺の末寺である清源寺が墓所の管理を行なってきた（一八六九年廃寺）。また、現在は失われているが、幕末期に描かれたと考えられる「奥谷御廟所図」（図1）や古写真により、本来は基壇を塀で囲み、墓全面には廟所（拝殿）、参道と廟所を結ぶ石畳上には瓦葺の回廊が築かれていたことがわかる。

現在、池田家一族の墓域であるA・B区には、歴代藩主をはじめ、分知家「東館」・「西館」当主および藩主正室、子女など七八基の墓石がみられるが、江戸時代に墓所内に墓が築かれたのは、藩主のほか分知家当主および鳥取で逝去した子女などで、藩主夫人や江戸で亡くなった子女などは江戸（多くは池田家菩提寺である牛島弘福寺）に葬られた。江戸で逝去して鳥取に帰葬されるのは藩主のみ(註3)で、分知家当主が江戸で亡くなった場合には、牛島弘福寺に葬られ、池田家墓所には遺髪が収められた墓碑が立てられた。よって現在墓所内にみられる藩主正室・子女墓などの多くは、一九二三（大正一二）年の関東大震災後に弘福寺から改葬されたものや、明治維新以後鳥取市内各所の寺に葬られていた藩主側室などの墓が移されてきたものである。

池田家墓所は、現在財団法人鳥取藩主池田家墓所保存会(註4)により修理および整備が行なわれており、その過程で様々な角度から調査が実施されてきている。(註5)

修理に先立つ基礎調査として、墓所内の墓石を分類し、主な墓石

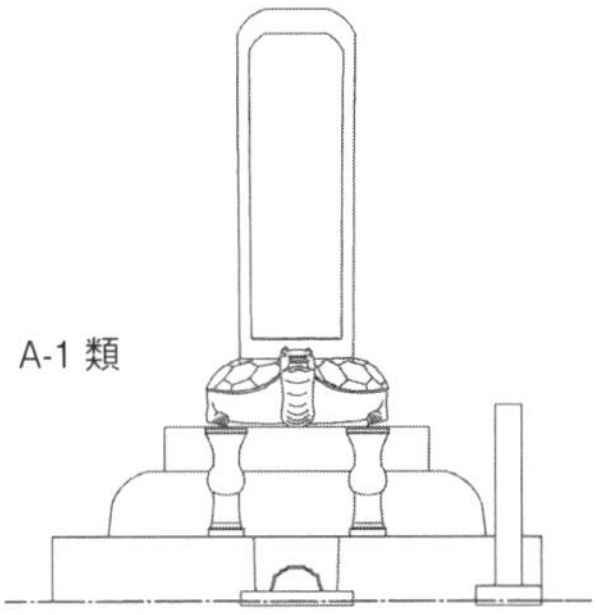

図３　鳥取藩初代光仲墓

図１　奥谷御廟所図（部分）（鳥取県立博物館蔵）

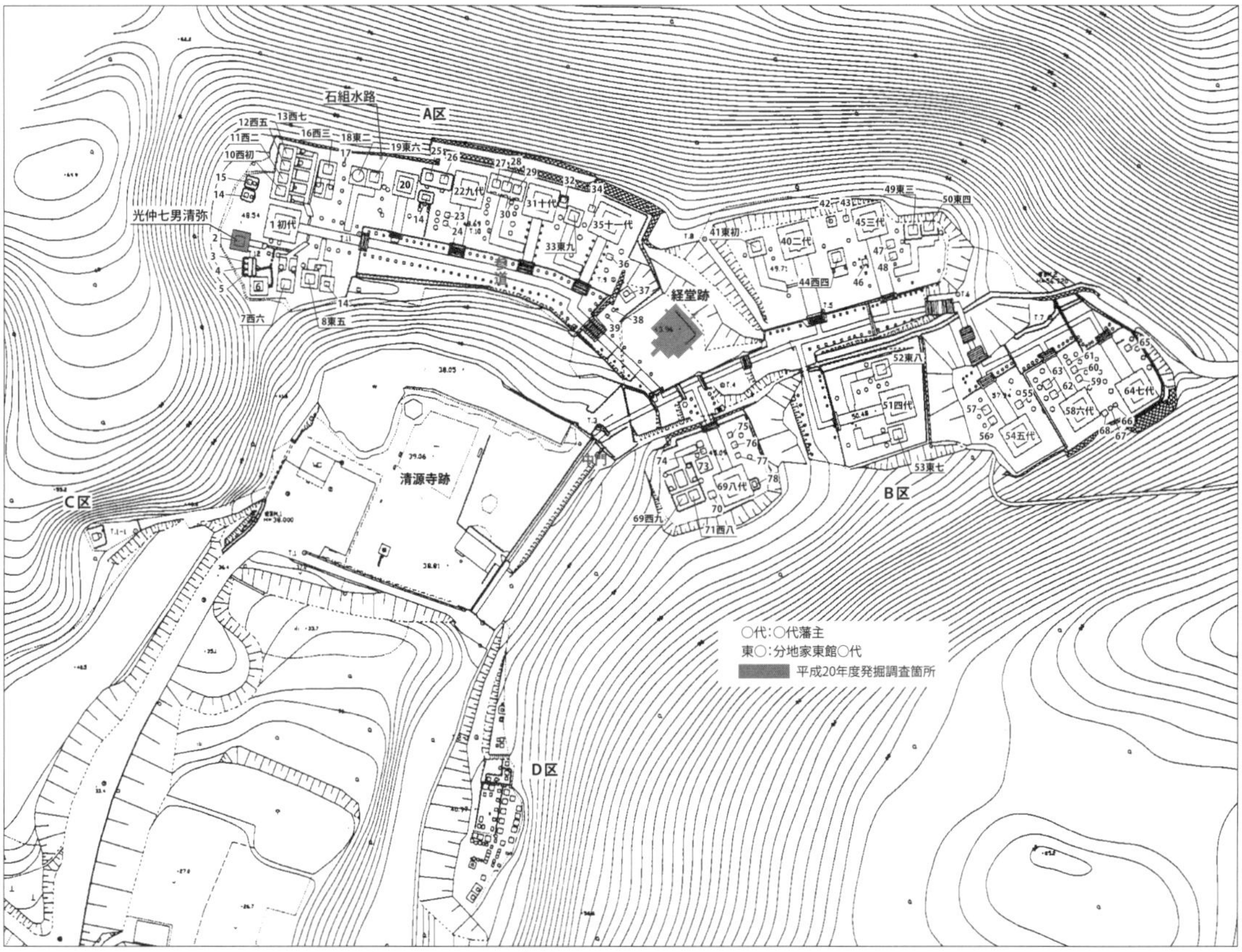

図２　鳥取藩主池田家墓所全体図（註２より、転載一部改変）

について測量を行なっている。墓所内の墓石は、一一分類され、うちA・1類（図3）は、亀趺の上に墓碑がのるもので、歴代藩主および藩主となることなく亡くなった嫡男に採用されており、ほかの墓碑と一線を画す造りとなっている。ほかの墓碑も、分知家当主、子女など身分ごとに格差を見出すことができる。また、墓所内に並べられている二六七基の石燈籠についても、修理にあたって検討が加えられており、(註6)献灯者・被献灯者によって燈籠の型式および並べられる位置についてルールが存在し、その変遷によって四期に分けられている。その変遷のなかで最も大きな変化が認められた三代藩主吉泰墓（一七三九（元文四）年没）造営時に、池田家墓所内全体に及ぶ墓制の整備が行なわれた可能性がある。また修理の必要に応じて墓所内の発掘調査も実施しており、二〇〇八（平成二〇）年度には台石が陥没していた初代七男清弥墓、規模の不明であった経堂跡、および石組水路について調査している。(註7)

図4　松江藩松平家初代直政墓（筆者撮影）

（二）松江藩主松平家墓所(註8)

松江藩主松平家墓所（松江市外中原町）は、松平家菩提寺月照寺（浄土宗）に所在する。墓所内には、初代直政から九代齊貴にいたる歴代藩主が葬られている。

藩主墓の墓石は五輪塔型で、うち初代（図4）、五～七代、九代が変形五輪塔型となっており、それぞれ木造の廟門、手水鉢、家臣により献燈された石燈籠などの付随施設もよく残る。現在は、藩主墓に夫人が合葬され、子供の合葬墓なども墓所内にみられるが、これは大正期に東京と松江に散在していた墓所を整備統合した後の姿であり、このとき廟門も柿葺や檜皮葺であったものを、銅板葺に改修している。

四代吉透墓（一七〇五（宝永二）年没）以降は月照院のほか江戸の天徳寺にも築かれ、天徳寺を本墓、月照院を支墓としたという。現在は大正期の整備で、ほとんどの墓が月照寺墓所に統合されている。

（三）岡山藩主池田家墓所(註9)

岡山藩主池田家墓所は、清泰院（臨済宗、岡山市南区浦安本町）、和意谷墓所（備前市吉永町和意谷）、正覚谷墓所（岡山市中区丸山）の三ヵ所ある。

清泰院墓所　池田忠継・忠雄の墓がある。忠雄の子が鳥取藩初代藩主光仲で、光仲の代に当時鳥取藩主であった一族の池田光政との国替えが行なわれた。元は岡山城下小橋町にあったが、区画整理のため昭和になって現在地に移転されている。移転時には発掘調査が実施されており、数少ない地下構造を知ることのできる大名墓である。図5は忠継墓で、木造の廟の基壇に下に素掘り円形の墓壙が穿たれ、直径〇・六五メートルの円筒形の座棺の底敷から、人骨・歯牙片のほか、床几の金具、銅銭二〇数枚が出土している。同じく発

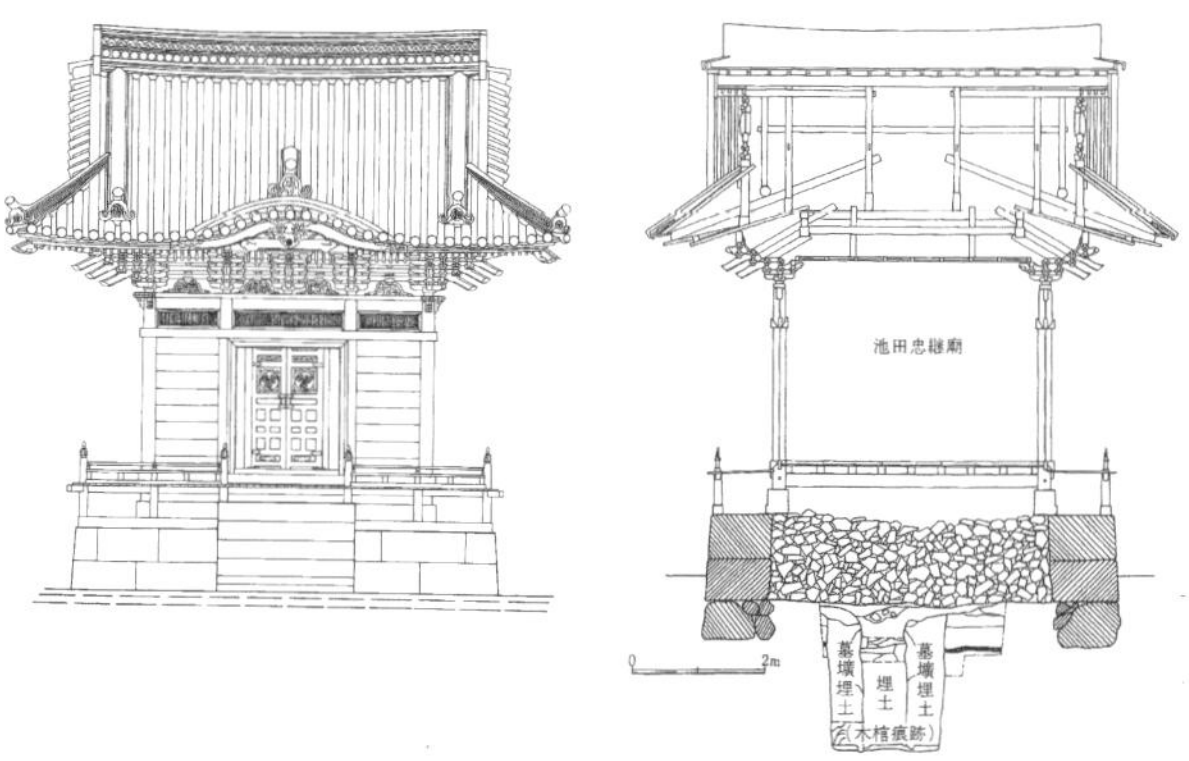

図５　池田忠継墓（註11文献）

図６　正覚谷墓所　５代池田治政墓（筆者撮影）

図７　萩藩主毛利家墓所（東光寺）（筆者撮影）

掘調査された忠雄墓[註10]は、大型の無縫塔で、主体部は切石積の石室が構築され、石室内部から人骨や白天目茶碗とともに、駕籠の一部と考えられる金具が出土しており、駕籠形の棺が想定されている。

和意谷墓所　初代藩主光政が、祖父輝政、父利隆の墓が所在した京都妙心寺護国院の焼失を受け、両墓を改葬したことを契機とし、光政自身の墓もここに築かれた。墓域は広大で、輝政墓のある一の御山をはじめとして六の御山までを墓地本体とし、麓の茶屋など周辺施設を含む。最大の特徴は儒教式の墓所であることであり、直径数メートルの墳丘が築かれ、墓碑・墓誌石柱・玉垣を伴い、輝政の墓碑は亀趺に乗っている。

正覚谷墓所　岡山池田家菩提寺の曹源寺（臨済宗）に所在する。この墓所は三代藩主綱政が寿陵として自身の墓の造営を行なったことを契機とし、綱政（一七一四〔正徳四〕年没）以後江戸時代のうちに逝去した六代の藩主墓が当地に築かれていくこととなる。藩主墓は基本的に夫婦一対で築かれ、碑形の墓石に玉垣・瓦葺の門が付随する（図６）。墓は石垣上に築かれており、石垣全面には家臣より献灯された石燈籠が並ぶ。

（四）津和野藩主亀井家墓所[註12]

津和野藩主亀井家墓所（津和野町覚皇山）は、亀井家の菩提寺である永明寺（曹洞宗）に隣接した乙雄山山中に所在する。

墓所内には、藩祖茲矩[註13]をはじめ、初代藩主政矩から現代に至る歴代亀井家当主および夫人、亀井家一族の墓碑七一基が立ち並ぶ。

墓所の成立時期は判然としないが、残された絵図の検討などにより、少なくとも元禄期（一六八八〜一七〇三）には成立していたものと推定され、二〇〇九（平成二一）年度に実施された発掘調査では、墓所を造成した施工跡が確認されている。

墓所内の墓碑型式としては、笠角型・駒形角型・自然石型・櫛形角型など多様であり、うち藩主のものとしては、藩祖茲矩は自然石型、初代政矩は板碑型、二・五・七〜一〇代は櫛形角型、三・四・六代は笠角型となっている。墓所内には、一六二六（大正一五）年に江戸の菩提寺である青松寺より移転された墓碑も含まれるため、より慎重な検討が必要であるが、全体としては櫛形角型→笠角型の流れが想定される。[註14]

幕末から明治期に製作されたと考えられる「家記稿本」の「菩提院・墳墓之部」[註15]墳墓便覧を見る限り、少なくとも藩主および夫人については、江戸で逝去した場合、江戸の菩提寺である芝青松寺に埋葬し、津和野の乙雄山にも墓碑を建て、逆に津和野で逝去した場合には逝去地の墓所である乙雄山を葬地とし、青松寺にも墓碑を建立したようである。

（五）萩藩主毛利家墓所[註16]

萩藩毛利家の歴代当主が葬られた墓所は、萩市の旧天樹院墓所（萩市堀内）、大照院墓所（萩市椿）、東光寺墓所（萩市椿東）と、山口市の香山墓所（山口市香山町）の四ヵ所の墓所で構成される。

旧天樹院墓所　毛利輝元の隠居所であり、輝元の遺言により一六二七（寛永四）年建立された天樹院（臨済宗）内に築かれていた墓所で、現在輝元とその夫人および殉死者一名の三基の五輪塔型の墓と石燈籠などがのこる。

大照院（臨済宗）　輝元の子である初代藩主秀就が葬られていた歓喜院を、二代藩主綱広が一六五四（承応三）年に改修し寺名を改めたもので、隣接する墓所内には初代秀就に加え二代藩主以降一二代藩主斉広までの偶数代の藩主および藩主夫人と、一族および殉死者らの墓五二基、六〇五基に及ぶ石燈籠などがのこる。

墓碑はほぼ五輪塔型、藩主および夫人墓が同型同大の大型のもので、墓所内他墓と一線を画している。

東光寺（黄檗宗）　三代藩主吉就が一六九〇（元禄三）年に創建した寺院で、三代藩主以降、一一代藩主斉元までの偶数代藩主が葬られ、現在藩主墓のほか藩主夫人、一族などの墓四〇基と、家臣により献灯された石燈籠約六〇〇基などがのこる。

墓碑は近代以降に移されてきたものなどを除き唐破風の笠付位牌型で、大照院墓所と同じく藩主墓と夫人墓が並んで築かれている。また、藩主墓碑に向かって右前の参道脇には、墓碑銘を刻んだ亀趺碑が立てられている（図7）。

香山墓地　藩政期最後の藩主である一三代藩主敬親およびその夫人を中心とした墓所で、明治期以降の当主が葬られている。幕末期に敬親が政庁を萩から山口に移すとともに成立した。墓は埋葬施設のある封土（土饅頭）の前面に墓碑をたてた神道形式のものである。

三　おわりに

以上、中国地方に所在する五つの藩の大名家墓所を紹介した。このようにみてくると、墓碑の型式、藩主の埋葬地、藩主一族墓の取り扱いなど、藩ごとに異なり、まさに「どれ一つとして同じものが見られない点」(註17)が最大の特徴であるかのようである。

このような大名家墓所の多様なあり方はなぜ生じたか、筆者はこの問いに関する明確な答えを持ち合わせていないが、藩（藩主）の幕府に対する姿勢、歴代藩主の思想や人間関係、藩（家）と菩提寺との関係から墓所（葬儀）の果たした社会的役割、入手できる石材など、さまざまな要素が作用した結果ではないかと想像している。

今後は、これらの想定を念頭に入れつつ、大名家墓所にみられる属性をひとつひとつ解きほぐしていく作業が必要であり、これらの作業を着実に進めていくことが地方に住む研究者の責務ではないかと考えている。

（註1）白石祐司編「近世大名家墓所地名表」坂詰秀一監修『考古学調査ハンドブック4　近世大名家墓所要覧』ニュー・サイエンス社、二〇一〇

（註2）財団法人鳥取藩主池田家墓所保存会『国史跡鳥取藩主池田家墓所保存整備計画』二〇〇四

（註3）歴代藩主中、八代藩主斉稷のみ遺言により江戸の牛島弘福寺に葬られ、鳥取の墓所には遺髪が収められた。

（註4）二〇一二（平成二四）年度より、公益財団法人史跡鳥取藩主池田家墓所保存会。

（註5）大野哲二「鳥取藩主池田家墓所の調査と整備」大名墓研究会ほか『第三回大名墓研究会　大名墓を読み解く』二〇一一

（註6）大野哲二・中原　斉「鳥取藩主池田家墓所の調査」立正大学考古学会『立正大学考古学フォーラム　近世大名墓調査の現状と課題』二〇一〇

（註7）前掲註5に同じ

（註8）松江市教育委員会『史跡松江藩主松平家墓所保存管理計画書』二〇〇〇

（註9）乗岡　実「岡山藩主池田家墓所」大名墓研究会ほか編『第三回大名墓研究会　大名墓を読み解く』二〇一一

（註10）鈴木義昌ほか『池田忠雄墓所調査報告書』岡山市教育委員会、一九六四

（註11）岡山市教育委員会『岡山市の近世寺社建築』一九九六

（註12）津和野町教育委員会『津和野藩主亀井家墓所』二〇一一

（註13）鹿野城主であった藩祖の亀井茲矩は、鳥取県鹿野町にも墓所が築かれており、実際にはこちらに埋葬されたものと考えられる。

（註14）白石太一郎「近世大名家墓所の中での亀井家墓所」前掲書註12

（註15）前掲註12に同じ

（註16）百田昌夫「萩藩主毛利家墓所」『図説　日本の史跡』八、同朋舎、一九九一

（註17）白石太一郎「近世大名墓所と古墳」『考古学からみた倭国』青木書店、二〇〇九

四国

三宅良明

大名家墓所に関する調査研究は、藩の葬送儀礼・祭祀や墓所の造営に至る経緯等、文献資料(史料)に残る記録や、あるいは現地に見られる墓石その他関連石造物の形式的分類などに基づいて、これまでにも行なわれてきたことは言うまでもない。しかし、それに加えて近年では、国の史跡指定を受ける大名家墓所の増加(二〇一二〈平成二四〉年二月現在で大名家墓所の単独指定一九件、うち九件が一九九五〈平成七〉年度以降の指定)と、その保存整備等に伴う発掘調査件数の増加によって、より考古学的な面からの調査や研究が、一層注目されるようになってきた。

そこで、こうした近年の動向もかんがみ、本項では、最初に徳島県以外の三県における主要な大名家墓所について簡単に述べた後、現在徳島市が保存整備を進めている「史跡徳島藩主蜂須賀家墓所(万年山墓所)」の発掘調査の成果の概要を、調査担当者の私から少し紹介したいと思う。

一 香川県(讃岐国)

讃岐の高松(松平家)、丸亀(山崎家・京極家)、多度津(京極家)の三藩が、国許に造営した墓所のなかで最も代表的と言えるのは、高松藩主松平家の墓所であろう。高松藩主松平家墓所は、菩提寺である浄土宗法然寺(高松市仏生山)と真言宗霊芝寺(さぬき市末)の二ヵ所に所在する。

仏生山法然寺は、初代藩主頼重の仏教思想が色濃く表現された寺院で、「参道区域」「般若台区域」「三仏道区域」「本堂区域」に分けられる境内の中でも山頂部の般若台区域は、浄土宗を宗旨とする高松藩松平家の浄土信仰(極楽浄土)を表現した最も中心的かつ重要な役割を果たす場所であり、松平家墓所はこの般若台に造営されている。石垣(石積み塀)で囲われた墓域内には、二代・九代・一〇代を除く歴代藩主とその妻子ら一族の墓合計二〇二基が、法然上人の石塔を取り巻くように立ち並んでいる。墓石の多くは無縫塔形であり、石積み基壇上に置かれ玉垣で囲われている。

霊芝寺墓所では、二代藩主頼常と九代藩主頼恕がいずれも儒式によって埋葬されており、小さな位牌形の墓塔の後方には、儒式(儒葬)墓の特徴のひとつである円墳状の低い盛土(封土)が築かれている。頼常、頼恕ともに水戸家出身(頼常は水戸藩主徳川光圀の実子)であり、儒学を重んじた水戸家の影響が窺える。なお二代、九代の墓所の少し手前の参道脇には御位牌所がある。

丸亀藩京極家とその分家筋である多度津藩京極家の国許墓所は、いずれも玄要寺（丸亀市南条町）にある。丸亀藩京極家の歴代藩主の多くは滋賀県清滝寺に埋葬されており、玄要寺に眠るのは六代藩主のみである。また多度津藩京極家も同墓所に墓があるのは二代・五代藩主で、ほかの藩主墓は江戸・光林寺にある。

玄要寺墓所の丸亀藩六代藩主墓は儒式墓で、狭い玉垣で囲まれた中に小さな円墳状の封土と墓塔がある。また多度津藩二代・五代藩主墓は、笠付位牌形の墓塔を小規模な玉垣が囲っている。

二　愛媛県（伊予国）

東予・中予・南予の呼称で地域区分がなされる愛媛県は、江戸時代には松山藩・大洲藩・宇和島藩・今治藩・西条藩・伊予吉田藩・伊予小松藩・新谷藩のいわゆる「伊予八藩」が存在していた（支藩などを除く）。

松山藩の久松松平家では初代藩主定行の墓所が唯一、松山市祝谷の天台宗常信寺にある（二代藩主以降の墓は江戸・済海寺）。定行の墓所には四国の大名墓では珍しい霊廟が残っている。この霊廟は、入母屋造・本瓦葺・唐破風向拝・出組三手先の建物で、拝殿も併設されており、江戸時代を代表する霊廟建築として愛媛県の有形文化財に指定されている。なお定行の霊廟に隣接して、藩主ではないが弟定政の霊廟も残っている。

大洲藩加藤家の墓所は、大洲市内の臨済宗富士山如法寺と龍護山曹渓院（いずれも加藤家の菩提寺）に所在する。如法寺には二～五代・七代・九代・一二代藩主墓がある。曹渓院には初代・六代の霊を祀るが、藩祖光泰を祀る祖廟的性格が強く、光泰の廟所を中心に八代・一〇代・一一代・一三代藩主の墓所（廟所や墓石）が展開している。墓石は五輪塔形が中心である。江戸時代にはすべての藩主墓に覆屋（御霊屋）が設けられていたとされるが、現存するのはその一部のみである。二代・三代藩主の墓所には亀趺碑（頌徳碑）が建立されている。

宇和島藩伊達家の墓所は、宇和島市内の等覚寺と大隆寺（いずれも臨済宗の菩提寺）にある。等覚寺墓所は本堂を中心に西墓所と東墓所に分かれ、初代藩主秀宗とその殉死者の墓（いずれも五輪塔形）や二～四代・六代・八代藩主墓、伊達政宗供養塔などがある。二代・三代藩主墓にはかつて覆屋があった。大隆寺墓所には、五代藩主村候夫妻（五輪塔形）と七代藩主宗紀夫妻（笠付位牌形）の墓、九代藩主宗徳の墓がある。なお等覚寺と、大隆寺両墓所は「宇和島藩主伊達家墓所」として宇和島市指定文化財（史跡）である。

今治藩主久松松平家の墓所は今治市古国分の山上に所在し、燈籠が並ぶ参道の先に瓦葺土塀に囲まれた初代・三代・四代藩主の墓がある。墓塔はいずれも宝篋印塔形（変則形）で、初代藩主の墓石は三・六メートルを測る。県指定史跡。

大洲藩加藤家の分家である新谷藩加藤家は、菩提寺の大恩寺（臨済宗）に三代～五代藩主、法眼寺（日蓮宗）に初代・六代藩主の墓がある。

宇和島藩伊達家の流れをくむ伊予吉田藩伊達家は、鎌倉時代からの古刹大乗寺（臨済宗）に歴代藩主やその一族の墓があったが、一九五六（昭和三一）年の改葬と墓域の縮小整備によって、現在では初代藩主宗純の墓と宇和島藩初代藩主秀宗の供養碑など一部が残るのみである。宇和島市指定史跡。

伊予小松藩一柳家は、菩提寺の仏心寺に初代・二代、七～九代藩主墓がある。いずれも小規模な方柱状の墓塔が立つだけの簡素なものであるが、二代藩主墓だけは墓塔前面に敷石が施されている。

西条藩松平家は日蓮宗妙昌寺を菩提寺とするが、藩主墓は国許にない。

三　高知県（土佐国）

高知藩（別称土佐藩）の藩主山内家は、土佐国七郡を領有した外様大名である。一六〇〇（慶長五）年に初代藩主となった一豊以降、一六代約二七〇年間にわたり在封した山内家歴代藩主（一五代を除く）の墓所は、高知市内を流れる鏡川南岸にそびえる真如寺山（通称筆山）の北麓に所在する。同墓所は現在、通常の一般公開はされていないが、近年（財）土佐山内家宝物資料館が、墓所の現状調査を実施しており、その報告内容に基づき概要を述べることにする。

墓所は石垣を積んで段状に造成されており、最上段の初代藩主一豊の廟所に至る中央部の石段の両側に広がる墓域に歴代藩主墓が造営されている。これらの墓域はA～Cの三区域に分けられ、石段を中央に挟む最も広い区域Aでは、最上部の初代一豊（①）の廟所から二段下がった東側の墓域に二代忠義（②）ら、その西側に三代忠豊（③）ら、さらにもう一段下がった東側に一〇代豊策・六代豊隆ら（④）の廟所がある。つまりこれらの配置には「祖先を真ん中に、父を左に、子を右に」という中国の墓石配置の法則である「昭穆」の法則が用いられており、四代豊昌の時代に「昭穆＝階級（秩序）の心持ち」を念頭においた墓所の造営が行なわれたことを示している。また区域Aの西側に位置し、八代豊敷と九代豊雍の廟所が東西に並ぶ区域B（⑤）の選地にも、区域Aと同様に「昭穆」の法則が関係していると思われ、廟所の配置は「祖先＝区域Aの①・②・③、父＝④、子＝区域B（⑤）」となっている。区域Aの東に位置する区域Cには一三代豊熈、一四代豊惇らの廟所があるが選地理由は不詳とされる。

墓石（墓塔）の形式は、初代と二代藩主墓が卵塔形（無縫塔）、三代藩主以降、宗旨替え以前の一五代正室までが笠付位牌形であり、これらはいずれも基礎石が六角形の三段据えである。また明治以降に亡くなり神道形式で埋葬された一二代・（一五代）・一六代藩主墓は八角形の土台上に円墳状の盛土をし、その脇に砂岩の自然石を立てて塔身としている。区域A内では、時代ごとの藩主墓の形式変遷（卵塔形→笠付（位牌）形→神道形式）がみられる。四代・七代・九代・一一代の藩主墓の脇には、亀趺碑（顕彰碑）が立っている。

四　徳島県（阿波国）

徳島藩主蜂須賀家の墓所は、菩提寺の臨済宗興源寺（徳島市下助任町）と万年山（同　佐古山町）の二ヵ所にある。興源寺墓所は二代藩主忠英以来の仏式墓所で、万年山墓所は一〇代藩主重喜が一七六六（明和三）年に開設した儒式墓所である。ここでまず述べておきたい蜂須賀家墓所の特徴は、万年山墓所の造営によって儀礼祭祀が完全に儒式に転換されたわけではなく、その後に亡くなった藩主（八代、一〇～一三代）は、万年山墓所に儒式で埋葬される一方で、これまでの仏式を踏襲して興源寺墓所にも遺髪が埋納されるという、いわゆる「両墓制」が採用されたという点である。また万年山墓所においては、藩主を中心にその正室や側室・子どもたちが、それぞれの家族構成を示すように台地（区画）ごとに埋葬されているという点、そして家族・同じ側室といえども身分や階級の差によって、その墓塔や玉垣の規模・形態・使用石材などに大きな格差が存在する点などの特徴がみられる（図1、同図中の写真3）。

さて万年山墓所では二〇〇七（平成一九）年度から玉垣などの修復整備に伴う発掘調査を実施しており、これまでの調査で明らかになった点と、一部そこから推察できることについて以下簡単に列記する。

① 藩主（八代藩主を除く）墓の入口付近に限り屋根瓦が集中的に出土することから、藩主墓のみ瓦葺き（本瓦葺き）の門であった。

② 玉垣内堆積土の除去により、一〇代～一三代藩主の床面は漆喰張りで、八代藩主と正室・側室・子どもたちの墓の床面は一辺一尺前後の瓦塼敷きであること、またそれぞれの封土（土饅頭）の築造当初の直径がわかった（図2）。封土の直径は概ね三メートル前後を測るが、必ずしも藩主墓の封土が大きいとは限らず、当墓所を開いた一〇代藩主重喜の封土は直径二・三メートルで、側室や子どもたちの封土よりも小さい。柩（寝棺か座棺）の違いによるものであろうか。

③ 封土全体が外周部床面の漆喰や瓦塼とともに著しく陥没している墓が見られる。封土が低いのは単なる盛土の流出ではなく、木製の柩が腐って空洞化したのち、封土そのものが陥没したことが

図1 史跡徳島藩主蜂須賀家墓所（万年山墓所）全体図

原因と思われるに至った。

④玉垣の擬宝珠付柱の礎石には結晶片岩を用いているが、一〇代・一一代藩主墓では礎石のホゾ穴内に鉛を流し込んで柱が抜けないように固定しているのに対し、一二代・一三代藩主墓では鉄製のクサビを、側室・子どもたちの墓では、現場加工で生じた花崗岩や砂岩、結晶片岩の破片をクサビに転用している。

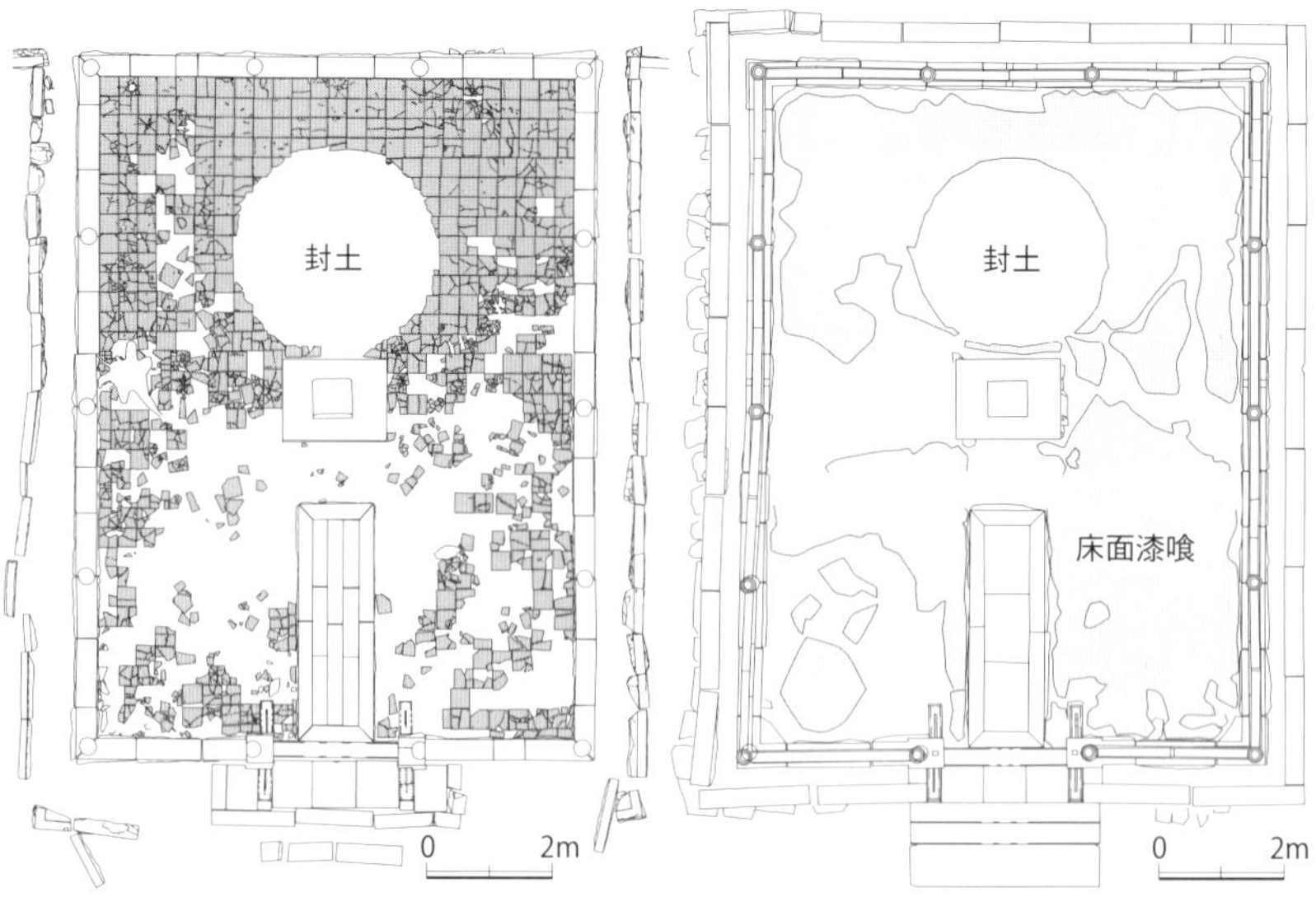

図２　８代藩主宗鎮墓（左）・11代藩主治昭墓（右）　床面実測図

五　おわりに

徳島藩主蜂須賀家墓所は、四国では唯一国指定史跡の大名家墓所であり、現在発掘調査が行なわれている大名墓も四国では当墓所だけと思われる。今回、より考古学的な視点から大名家墓所について触れようと思い、蜂須賀家万年山墓所の発掘調査事例を挙げてみたが、埋葬部の発掘調査は行なっていないことや、限られた紙数であることなどから、調査成果のごく一部を極めて簡単に報告するにとどまってしまった。今後の新たな調査成果も含め、いずれ改めて正式に報告したい。また他県の大名家墓所においても、今後発掘調査の事例が増えていくことを期待しつつ、今回、執筆者の学識の無さと力量不足により、単なる列記のみのまとまりのない内容となってしまったことを関係各位にお詫び申し上げる。

引用・参考文献

愛媛県史編さん委員会『愛媛県史 学問・宗教』一九八五
株式会社角川書店『角川日本地名大辞典 37 香川県』一九八五
株式会社角川書店『角川日本地名大辞典 38 愛媛県』一九八一
土佐山内家宝物資料館『土佐藩主山内家墓所調査報告書』二〇一二
ニュー・サイエンス社『考古調査ハンドブック４　近世大名墓所要覧』二〇一〇
藤井正直「大名家墓所の一例（二）讃岐高松藩主松平家墓所」『大手前女子大学論集』二八、一九九四
御厨義道「高松藩初代松平頼重と法然寺」（徳島市立徳島城博物館 徳島歴史講座「四国の藩と宗教」資料）二〇一三
雄山閣出版株式会社『藩史大事典 第6巻 中国・四国編』一九九〇

九州

豊田徹士

一　はじめに

九州には、大小、本藩、支藩、幕府領など合わせて五五の藩や領が存在した。

とくに筑前、筑後、豊前、豊後では豊臣秀吉による九州平定に伴い、蔵入り地となったため小藩が多くあり、さらに関ヶ原合戦後、転封や廃絶がめまぐるしく行なわれた。

また、その地勢的な理由から総体的に外様大名が多く、文禄から慶長年間にかけて移封された旧戦国大名が、近世大名として存続したことも特徴である。

とくに、鎌倉時代から続く島津、宗、九州平定後から続く有馬、鍋島、中川、さらに開幕以来から続く細川、立花、木下など幕末まで存在し続けた外様大名は、頻繁に転封を重ねる譜代大名に比べ存在が大きく九州を代表する大名家であると言える。

さらに、この外様大名の中には大藩も多く、墓所の造営も大規模かつ連続したものが存在する。また、火山が多い地質的な特徴から、加工に適した凝灰岩が豊富に産出されることも大名墓を形成する上での利点だったと考えられ、主塔は搬入の貴重石材、周辺整備には在地での豊富な石材を使用するなど用途が分かれ、壮麗な墓域形成に影響した。

これら各藩における大名墓造営の契機は、入封後、初代の死去にかかるものが多く、現存する墓所はおおよそ一七世紀前半から中頃に造られたものが多い。これは、守護職から続く大名である対馬宗家でも同様である。

これまで行なわれた、大名家墓所の調査事例について主なものを挙げると、『花岡山・万田山遺跡第一次調査区発掘調査報告書』（熊本藩細川家）、『久留米藩有馬家墓所測量調査』、『智照院細川家墓所』、『岡藩主中川家墓所「おたまや公園」保存整備事業・保存管理計画』などの調査報告等があって、近年の現況確認調査を含めその調査事例は増える傾向であると言える。

二　九州における近世大名墓所について

ここで、いくつかの墓所について概観するが、各藩の大名墓所については別表にとりまとめた（表1）。

九州において近世大名として成立した五〇を超える諸侯のうち、在地に墓所を営んだ大名は三七。実に様々な藩が存在するが、譜

代・外様の別、藩の規模、本藩・支藩の別、墓所の成立年代などにより便宜的に分け代表例を挙げ紹介する。(註1)

(一) 外様二〇万石以上本藩・慶長以前成立
―薩摩藩主島津家墓所・福昌寺跡

鎌倉守護から続く島津家は、戦国末より台頭し近世においても本貫地を所領とした西国最大の藩で、その墓所は城山と呼ばれる居城の裾野にあった菩提寺、福昌寺跡にある。

福昌寺は、一三九四(応永元)年開山、維新後の廃仏毀釈運動により徹底的な破壊を受け、現在は藩主の墓所を残すのみであるが、ここには、没年が一四世紀末の薩摩六代師久、大隅六代氏久の墓塔があって、南北朝期からの墓を含んだ近世大名墓所として珍しい例である。(註2)

なお、福昌寺墓所をはじめとする島津家墓所については、松田朝由による報告が詳しく、その中で、戦国大名から近世大名への変化、さらには島津家の内情を写す事象を墓塔の形式から指摘されている。(註3)

(二) 外様二〇万石以上本藩・元和以後成立
―熊本藩主細川家墓所・泰勝寺・妙解寺跡

熊本藩は、加藤五四万石を経た後、一六三二(寛永九)年細川家三代当主忠利が入封し以来明治まで支配した大藩である。

忠利は、一六三七(寛永一四)年初代藤孝の法名を取って泰勝寺を建立、菩提所とした。しかしその四年後に忠利は急死し、一六四二(寛永一九)年四代光尚によって熊本城に近い妙解寺を開き葬られる。

泰勝寺には、忠利の後に亡くなった二代忠興も葬られ、藤孝夫妻と忠興夫妻が並立し霊屋を有す「四つ御廟」として今も厚く敬われている。

一方妙解寺では、三代忠利、右に室保寿院、左に四代光尚と並び立つ墓所が営まれ、それぞれ向拝付き宝形造の霊屋に五輪塔を収めている(口絵)。また、その南奥には、五代から一二代までの墓所が展開し、墓塔はやはり五輪塔を主とし、六代宣紀、八代重賢墓などは八字に開いた脚を有す灯篭状の墓塔を持っている。この細川家初代から三代における、特別な墓所造営からは知行地が落ち着き改めて熊本藩として確立されたことが看取できる。

(三) 外様二〇万石以下本藩・慶長以前成立
―岡藩主中川家墓所・碧雲寺

岡藩は、一五九四(文禄三)年、中川秀成が入封して以来、維新まで続いた。その墓所は、一六一二(慶長一七)年に菩提寺として開かれた碧雲寺にある。

本堂より東側に二つの墓域があり、ひとつは、初代から三代、七代から一〇代を除く一一代までの墓が築地、門によって仕切られた中にあって、東端に六代久忠塔が西向きに建ち、初代秀成から一一代久教までは南向きに代を追って並立している。墓塔は、花崗岩製の宝塔と五輪塔があり、宝塔は初代秀成から採用、続く藩主も同一様式で造塔されている。また、二代、五代は五輪塔形式を採用しやはり同様式となっている。

もうひとつは九代久持の墓所であり、先の墓域とは別に区画を設け、築地、門を有し東に開口してある。いずれも玉垣と切石による基壇を持ち精緻な造りとなっている(註4)(図1)。

また、この碧雲寺に隣接する高流寺にはこの墓所から移された

表 1　九州大名墓一覧（『藩史大事典　第七巻　九州編』雄山閣出版株式会社、1988 参照）

No.	国名	藩名	石高	前大名家	主たる大名家名	成立年	菩提寺	創建時期	菩提寺（江戸）	備考
1	筑前	福岡藩	52 万 43 万 3 千		黒田	1600~	東長寺 崇福寺	17c 中頃 1600 年以降	天真寺	
2	筑前	東連寺藩	4 万		黒田	1623~1677 1688~1720	崇福寺	同上	祥雲寺 天真寺	支藩
3	筑前	秋月藩	5 万		黒田	1623~	古心寺	1647	祥雲寺	支藩
4	筑後	久留米藩	21 万	小早川 田中	有馬	1620~	梅林寺	1621	祥雲寺	
5	筑後	柳川藩	10 万 9 千	立花 田中	立花	1620~	福厳寺 霊明寺	1669 1724	広徳寺	
6	筑後	三池藩	1 万		立花	1621~	紹運寺 法輪寺	1621 1669	広徳寺	支藩 1806~1868 下手渡移封
7	肥前	佐賀藩	35 万 7 千	龍造寺	鍋島	1613~	高伝寺	1552	賢崇寺	
8	肥前	蓮池藩	5 万 2 千		鍋島	1610 以降 ~	宗眼寺	1655		支藩
9	肥前	小城藩	7 万 3 千		鍋島	1610 以降 ~	星巌寺 玉毫寺	1684 1713		支藩
10	肥前	鹿島藩	2 万 5 千		鍋島	1610~	普明寺	1677	広岳院	支藩
11	肥前	唐津藩	12 万 8 万 6 万 7 万 6 万 6 万	寺沢 大久保 大給松平 土井 水野	小笠原	1593 寺沢 ~ 1649 大久保 ~ 1678 松平 ~ 1691 土井 ~ 1762 水野 ~ 1817 小笠原 ~	鏡神社（寺沢） 近松寺（寺沢） 来迎寺（土井） 福聚寺（小笠原）		龍光寺（小笠原）	
12	肥前	平戸藩	6 万 2 千		松浦	1587~1600~	最教寺 正宗寺 雄香寺 龍瑞寺 普門寺	1607 1695	天祥寺	
13	肥前	平戸新田藩	1 万		松浦	1689~1870			光林寺	支藩
14	肥前	大村藩	2 万 8 千		大村	12C 初頭 ~1600~	本経寺	1608	承教寺	初代から 11 代まで
15	肥前	島原藩	4 万外様 4 万 4 万外様 4 万譜代 6 万五千譜代	有馬 天領 松倉 高力	深溝松平	1600~ 1614~ 1616~ 1638~ 1668~	深溝本光寺	1689		
16	肥前	福江藩			五島	1603~	大円寺	16c 初頃	吉祥寺	
17	対馬	府中藩	2 万石 10 万石格		宗	1587~1600~	万松院	1647	養玉院	
18	肥後	熊本藩	52 万 54 万	小西 加藤	細川	1588~ 1632~	泰勝寺 妙解寺	1637 1642	東海寺妙解院	
19	肥後	熊本新田藩	3 万 5 千		細川	1666			東海寺妙解院	支藩
20	肥後	宇土藩	3 万		細川	1646~	泰雲寺 泰勝寺	慶安年間	東海寺清光院	支藩
21	肥後	人吉藩	2 万 2 千		相良	1193~1600~	願成寺	1233	霊巌寺・大安寺	
22	豊前	小倉藩	39 万 15 万	細川	小笠原	1600~ 1632~	福聚寺	1665	海禅寺	
23	豊前	小倉新田藩（千束藩）	1 万		小笠原	1667	開善寺 福聚寺	1632	海禅寺	
24	豊前	中津藩	10 万	黒田 小笠原	奥平	1717	自性寺	1745	東海寺清光院	
25	豊後	杵築藩	4 万 3 万 2 千	小笠原	能見松平	1632~1645~	養徳寺	17c 中頃	英信寺 海禅寺	
26	豊後	日出藩	3 万 2 万 5 千		木下	1600~	松屋寺	17c 前頃	泉岳寺	
27	豊後	府内藩	2 万 1 千	竹中 日根野	大給松平	1656~1871	同慈寺 円寿寺 浄安寺		伝通院	
28	豊後	森藩	1 万 4 千		久留島	1601~	安楽寺		端聖寺	
29	豊後	臼杵藩	5 万		稲葉	1600~	月桂寺		東禅寺	
30	豊後	佐伯藩	2 万		毛利	1601~	養賢寺		東禅寺	
31	豊後	岡藩	7 万		中川	1594~	碧雲寺 大船山 小富士山	1612	青松寺	
32	日向	延岡藩	7 万	高橋 有馬 三浦 牧野 内藤		1747~	三福寺 延岡城大手門脇 内藤家墓地 台雲寺	1614 1738、 1747 （内藤）	光明寺（鎌倉）	
33	日向	高鍋藩	3 万 2 万 7 千		秋月	1604~	龍雲寺 大龍寺 安養寺	慶長年中	吉祥寺 広徳寺	
34	日向	佐土原藩	3 万 2 万 7 千		島津	1603	自得寺→大安寺 高月院		幡随院	
35	日向	飫肥藩	5 万 7 千		伊東	1335~1617~	報恩寺	1600 以降	東禅寺	
36	薩摩・大隅	鹿児島藩	77 万		島津	12c 初頭 ~1600~	福昌寺	1394		
37	琉球	琉球藩	9 万		尚	明治より	玉陵			

（短期および編入された藩）

No.	国名	藩名	石高	前大名家	主たる大名家名	成立年	菩提寺	創建時期	菩提寺（江戸）	備考
1	筑前	名島藩			小早川					
2	筑後	松崎藩	1 万		有馬	~1697 久留米藩へ				
3	筑後	山下藩			筑紫	~1600 除封廃絶				
4	筑後	内山藩			高橋	~1600 除封廃絶				
5	筑後	江浦藩			高橋	~1595 内山へ移封				
6	肥前	日之江藩			有馬	~1618 島原藩へ				
7	肥前	富江藩	3 千		五島	1661~1868				
8	肥後	富岡藩			天領	1600~				加藤、寺沢、山崎、戸田
9	豊前	香春藩			小笠原	1867~				
10	豊前	龍王藩	3 万 7 千		能見松平	1632~				高田、中津、島原
11	豊後	高田藩	3 万 2 千		能見松平	1639~				杵築へ、以降島原飛地
12	豊後	富来藩			筧	1593~				筧、黒田、細川、小笠原、松平
13	豊後	安岐藩			熊谷	1593~				熊谷、黒田、細川、小笠原、松平
14	豊後	亀川藩			大給松平	1634~1635				
15	豊後	中津留藩			大給松平	1635~1642				
16	豊後	高松藩			大給松平	1642~1658				後に府内藩へ
17	豊後	日田藩			石川 越前松平	1616~ 1682~				
18	豊後	稲葉通孝領								

という霊屋が存在し、二代墓にかかっていたものと伝わっている。一八九五（明治二八）年に描かれた絵図には、すべての墓に霊屋があることが認められ好資料である。（註5）

（四）外様二〇万石以下本藩・元和以後成立
—柳川藩立花家墓所・福厳寺

立花家は、守護大名大友家の名跡を継ぐ家柄で、戦国末期立花道雪の嗣子宗茂より独立した外様大名である。しかし、関ヶ原の合戦で西軍についた宗茂はいったん除封され、一六二〇（元和六）年に再びその旧領に復帰した。

菩提所である福厳寺も、一五八七（天正一五）年宗茂により岳父道雪を弔うため建てられたが、除封後解体され、復帰後に改めて菩提所として営まれたものである。

墓所は本堂の裏に存在し、唐門から凹字に構えられた覆屋を持つ区画内に、太祖道雪、藩祖宗茂から、三代、六代から一二代と七代と八代の子を加えた一二基が存在する。

墓塔はいずれも花崗岩製の変形六面笠塔婆であり、塔身の下部に請花、反花を持ち六角の台座を二段有している（図2）。

（五）支藩—鹿島藩鍋島家墓所・普明寺

鹿島藩鍋島家は、一六四二（寛永一九）年初代佐賀藩主鍋島勝茂が、九男の直朝に一万六千石を分知したことからはじまった支藩である。

その菩提所は、一六七七（延宝五）年開山とされる普明寺で、その普明寺の本堂の後背地、南東に控える久保山の麓に墓所が営まれている。

墓所には、最高所に位置する初代直朝から、五代を除く一五代までの墓塔があり、そのほとんどが室の墓と隣り合って建つ。なお、五代直熈は本藩宗家を継いだため、宗家菩提寺の高伝寺にある。

これらの墓塔はすべて変形の笠塔婆型で、笠には蕨手が付き、宝珠部分が相輪のようであるため、変形の宝塔のようにも見える。この形式を踏襲した墓塔と一面を向いた配置からは、墓所の一連性がうかがえる。

（六）譜代大名家の墓所—小倉藩小笠原家墓所・福聚寺

小倉藩小笠原家は、一六三二（寛永九）年細川の熊本転封により九州入りした譜代大名である。この時、小倉から九州北部沿岸部、とりわけ瀬戸内沿岸には小笠原の一族四家が小倉、中津、龍王、木付へ入国し、小倉藩はその中心であった。

この小倉小笠原家の菩提寺は、一六六五（寛文五）年初代藩主忠真が黄檗宗の寺を創建したことからはじまり、二代藩主忠雄により現在の地に移された。

墓所は、境内より南西、足立山の裾に存在する。最高所に忠真の墓が宝形造の霊屋をもってあり、道を隔て二代忠雄の墓が独立した区画で存在、さらに八代、九代の墓所が築地に囲まれた一つの区画としてある。墓塔は、石碑形の塔身に、円弧上の笠をかけた独特の形式で、忠真の墓にはその事績が刻まれている。

この在地に連続した墓所を営んだ小笠原家は、九州譜代大名では稀なケースとなる。

（七）特記すべき墓所
—岡藩主中川家墓所（大船山）同（小富士山）

先に紹介した岡藩主墓所は碧雲寺にあるが、あえて菩提寺に墓を造営しなかった三代久清、八代久貞の墓所について触れたい。

三代久清の墓所は、城下から一五キロ北方、登山のメッカとして

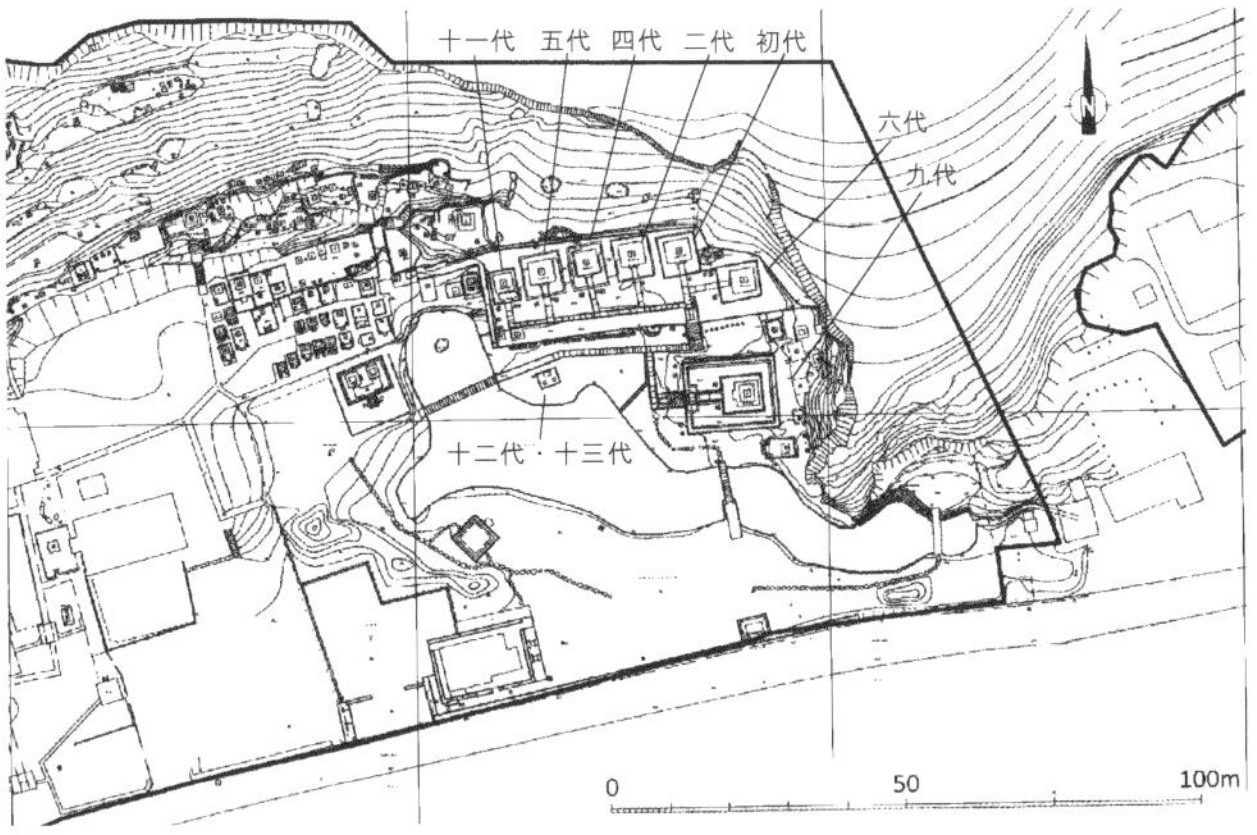

図１　岡藩主中川家墓所（竹田市教育委員会）

図２　柳川藩立花家墓所道雪墓塔

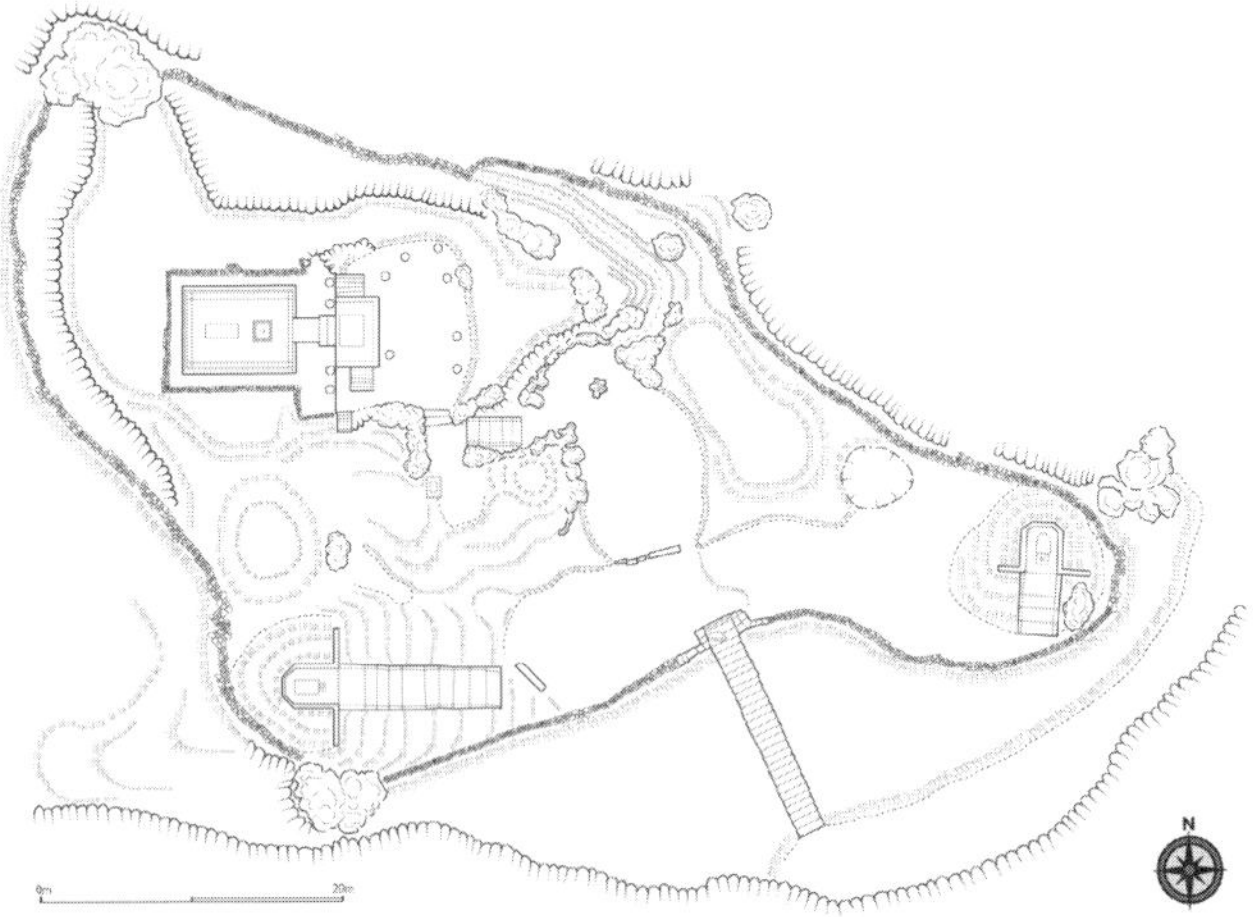

図３　岡藩主中川家三代久清墓所縄張図（豊田作図）

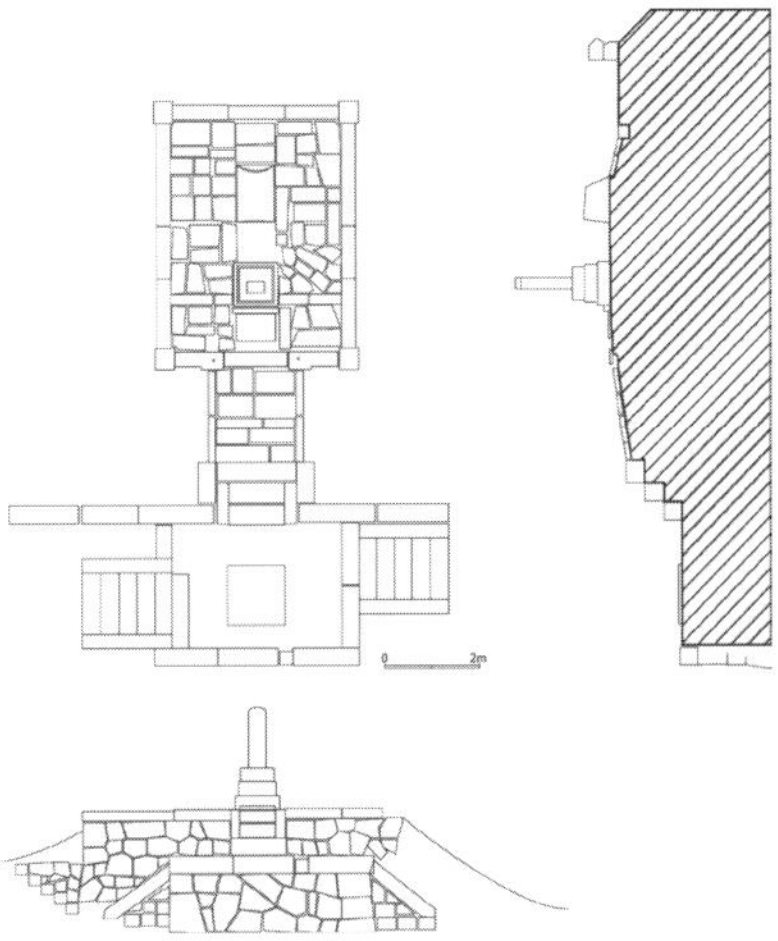

図４　岡藩主中川家三代久清墓塔
（松原典明作図）

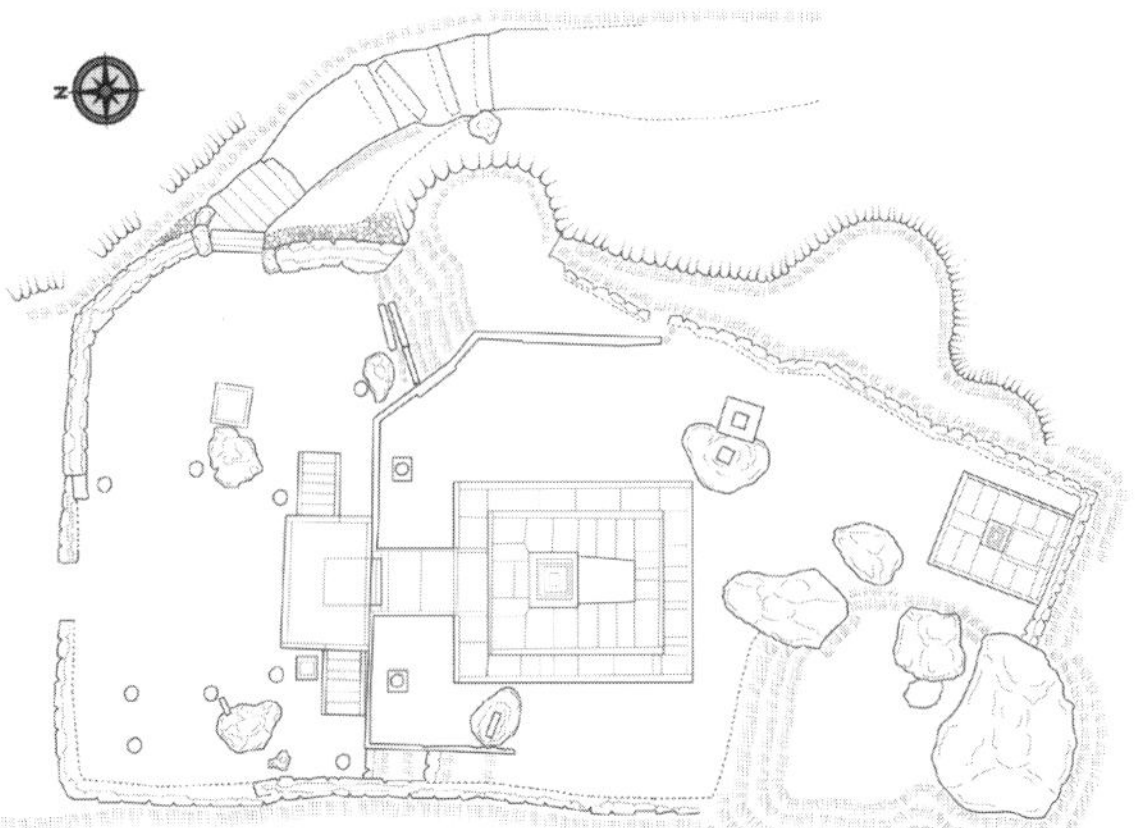

図５　岡藩主中川家八代久貞墓所縄張図（豊田作図）

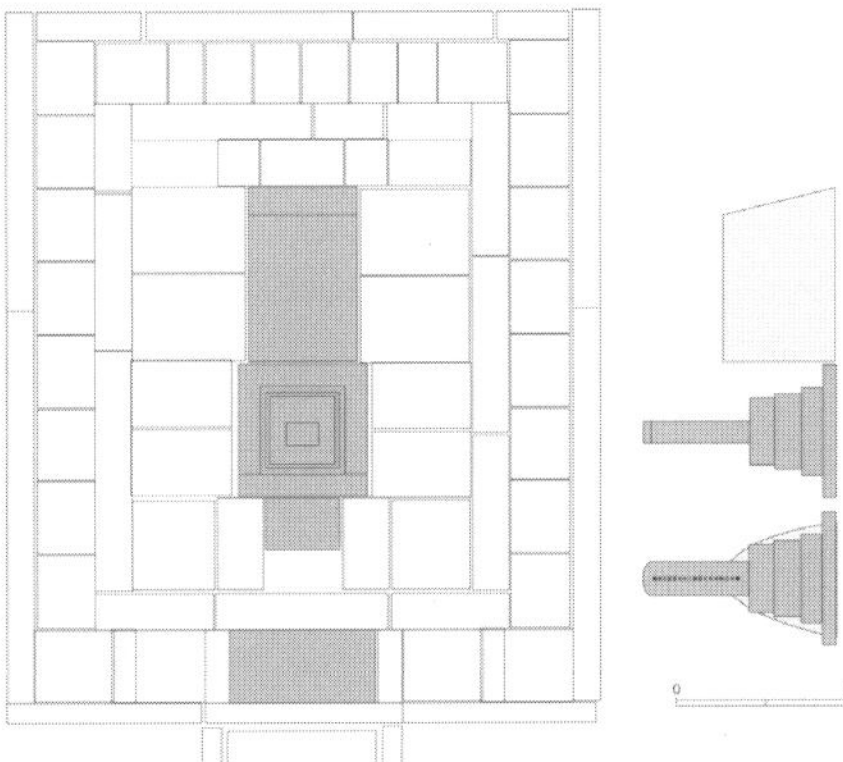

図６　岡藩主中川家八代久貞墓塔
（松原典明作図）

知られる久住連山の一角、大船山の中腹にあり、六男清八、四女井津と共に葬られている。標高約一四〇〇メートルの地点に、墓域は石垣、石段などで整備され、一八三一(天保二)年には、霊屋と番所、墓守が常駐していたという記録がある[註6](図3・4)。

これらの墓塔は、すべて切石の基壇上に花崗岩製の帆石が立ち、その背後に馬の背状に丁寧に加工された凝灰岩の一石を持つ形状で、年譜などの記載にある「儒葬」、帆石の背後の石を馬鬣封とみることで儒式墓とされており、岡藩独特の形式であると捉えられている。[註7]

そもそも三代久清は、儒教を信奉し自身を「入山」と号するほど山を愛でた藩主として知られており、生前より大船山の山腹に墓所を築くことを命じていた。

また、八代久貞は、城下より三キロほど南東にある小富士山の山腹、標高四〇〇メートルに墓所を営み、久清墓所と相似形の墓所を営んだ(図5・6)。

この久貞は、三河吉田・松平家から養子に迎えられた藩主であったが、後に名君と評された久清を敬愛してやまず、儒教を信奉し、同じく晩年に墓所を小富士山、久清公と同様の墓としたいと語ったとされている。[註8]中川家一門として、先代までの事績を敬うという姿勢が、儒教を通して表現された例として今後注目される墓所である。

三　おわりに

以上、九州における近世大名墓所についてみてきたが、概観するに、一、墓所の造営時期は概ね一七世紀前半までに収まる。二、墓塔の形式は比較的自由であるが先代より踏襲し連続する例が多いこと。三、藩主の没年順に従って墓塔が並ぶ墓所は少ないこと、の三点が傾向として挙げられる。

一七世紀前半以降、長く在任した大名が多いことから、拡大した墓所の例が多く多様な墓所の連続性をうかがうことができる。これは、その家々が江戸期を通じて領地を安堵され続けてきたことが大きな成因であるが、三、の藩主の没年順に塔が並ばないことは、この「安堵され続けてきた」ことを反映する事象として捉えることができ、没年順に並ぶなど整然とした配置が顕著なほど、藩主を意識した配置や再配置の可能性を想起させる。

これは、本書で概要が紹介されている日出藩木下家松屋寺墓所のように墓塔配置に藩祖を意識した明確な意図が見られ、一定段階まで墓所が成長していった時点で配置替えがあったことを想像させることや、柳川立花家福厳寺で見られる、太祖、藩祖を中心としたきわめて収まりのよい配置からも、その意図を感じるところである。

最後に、九州の大名墓所は、外様で在任が長い大名が多いという九州の地勢的特徴を映し出していることがわかる。その中で各大名が、領地の安寧を睨みながら家名の存続を願うその意識を、比較的自由に実体化させたものが墓所であると捉えることができ、概して九州外様大名における特徴とすることができる。[註9]

(註1) 以下、(一) は外様大藩という近世九州大名の代表例。(二) は、元和以後に転封、徳川家と密接な関係を持つ外様大名。(三) は、九州内でも最も多いパターンで、地勢的困難を乗り越え拝領地を守り抜いたもう一つの九州地方の代表例。(四) は徳川家と密接な

関係を持ち転封されながらも元和以降本願地へ戻ったという中藩柳川立花家の例。（五）は支藩の墓所。（六）は九州地方でマイノリティとなる譜代大名。（七）は特記すべき墓所として、いわゆる累代の墓所から意図的に外れて造営された墓所について。

（註2）これらは後に移動させられたものであるという指摘がある。

（註3）この報告（立正大学考古学会『立正大学考古学フォーラム　近世大名墓所調査の現状と課題』立正大学考古学会、二〇一〇）によると、福昌寺における墓塔の集成により、六代から一五代貴久までの墓塔で見られる、いわゆる中世的な様相と、一六代義久、一七代義弘墓塔に見られる中世と近世の混成、さらに次に続く母胎性を指摘され、一八代家久からはじまる墓塔に近世当主墓としての定型化を示された。その墓塔とは、細身で華麗な装飾を持つ宝篋印塔であり、この形式を踏襲するのが当主であり、視覚的に示すものとなっている。また、石材についても言及され指宿で産出される凝灰岩「山川石」を使用することに、一種の規範があるとされている。

（註4）この地での最終造営であった一一代久教の玉垣については、頂部を蒲鉾形に成形した板石を並べ載せ囲う特殊な仕様となっており、領内で見られる同時期の家老墓と同形式であることがわかっている。藩主を中心とした区画機能の模倣例として注目される。

（註5）碧雲寺蔵

（註6）柄木田文明「中条唯七郎九州道中日記」『成蹊論叢』四四、二〇〇七。一八三一（天保二）年信州森村より岡藩を旅した中条唯七郎は克明な道中記を記録したことで知られているが、岡周遊の際この久清公墓所へ訪ねて行った記録がある。彼は、雨天の中苦労してたどり着き、墓所を見て仰天したこと、番所にて茶を御馳走になったことなどを記録していた。

（註7）類似する例としては、水戸徳川家墓所の光圀墓があげられる。また、松原典明によると墓所内の配置や意匠など、綿密な計画性に基づくものであって、儒教における『家禮』の受容において、岡独特の解釈、発展があったことを推察されている。

（註8）『井上家家譜　井上主水左衛門並古』竹田市歴史資料館蔵、当時、家老を務めていた井上並古は、久貞によって引き上げられた腹心であった。その並古の年譜に、久貞の晩年、並古、お久との語らいの場でこのことについて仰せられたとの記載がある。久貞没後、並古は直ちに墓所の造営にかかり並古番から造営奉行を出仕させ、縄張りや墓石の手配等を行なったことも併せて記載されている。

（註9）中川家年譜によると、久清公は儒葬を希望し、当初仏式葬をしないことを指示したというが、周囲の諫めにより儒式の葬送の後、仏式の葬儀を行なったことが記録されている。これは、幕府との関係を強く意識し自由さに一定の制限がかかっていることを示している。

参考文献

『月刊考古学ジャーナル』五八九、ニュー・サイエンス社、二〇〇九

『月刊考古学ジャーナル』五九五、ニュー・サイエンス社、二〇一〇

竹田市教育委員会『史跡　岡藩主中川家墓所保存管理計画書』佐伯印刷株式会社、二〇一三

『藩史大事典　第七巻　九州編』雄山閣出版株式会社、一九八八

立正大学考古学会『立正大学考古学フォーラム　近世大名墓所調査の現状と課題』立正大学考古学会、二〇一〇

大名墓を歩く 7

姫路藩主榊原忠次墓所

姫路市指定史跡

山川公見子

姫路藩主榊原忠次墓所は、兵庫県姫路市にある随願寺にある。増《ます》位山《いやま》の山上にあり、姫路城から見れば随願寺は、北東にあたり、北方の守護を司っていたことは、平安時代に製作された木像毘沙門天像が存在することからも頷ける。増位山は、姫路の町の防御を考えた際、平地から勾配のきつい山上に向かうことは容易ではなかったことから最適な地であったであろう。そのような立地条件を持った場所に建立されたのが、随願寺である。

随願寺のはじまりは奈良時代の頃と伝えられている。平安時代の八三四（承和元）年には、天台宗になり、天皇や貴族の信仰を受けた。また、平清盛も金堂、法華堂をつくり武士の信仰も集めた。山上には多くの坊があった大寺院であったが、一五七三（天正元）年に三木の別所長治に攻められ消失した。その後、一五八五（天正一三）年には豊臣秀吉により再興され、本堂は榊原忠次により再建に着手され、政房の時に完成している。本堂、開山堂、経蔵、鐘楼は国指定の文化財である。

現在の寺院の様相には、榊原忠次は多大な影響を及ぼしている。彼の墓所が、本堂のすぐ隣にあることからも示すことができよう。二重の石柵で囲われているが、門はベンガラに彩られた唐門で、国指定重要文化財となっている。その内側には数十基の灯籠が整然と列をなして建てられている。内側の柵の中には高さ五メートルもあろうかと思われる五輪塔がある。五輪塔の四方には梵字が刻まれている。五輪塔の前には同じ高さの亀趺があり、功績が讃えられている。林恕の選書である。墓所全体としても広く、寺の本堂とほぼ同じ広さの空間が充てがわれている。関わった人達の思い入れがそれぞれに感じられる構成となり、藩主として相応しい墓所である。

この墓所以外に、増位山には榊原正邦夫妻の墓所、酒井忠恭の句碑、姫路藩墓地があり、姫路藩に所縁のある者の墓がある。

図1　姫路藩主榊原忠次墓所

大名墓を歩く8

新見藩主関家墓所

新見市指定史跡

白石祐司

新見藩は、一六九七（元禄一〇）年、津山藩主森家と親族関係であった関長治《せきながはる》が、備中国阿賀郡など五郡内の一八、〇〇〇石を給され立藩した藩で、現在の岡山県新見市にあたる。新見藩主関家墓所は、新見市新見の清瀧山西来寺（曹洞宗）にあり、初代長治（一六五七〜一七三八）と四代政辰《まさとき》（一七五七〜七四）が埋葬されている。そのほかの藩主は、江戸の菩提寺である紫雲山瑞聖寺（東京都港区、禅宗）に葬られたが、戦前に改葬され合祀されている。

西来寺の関家墓所は、境内西側の高台に造営されており、藩主墓所（二基）と関家有縁者の墓標・供養塔群など（二四基）で構成されている。

長治・政辰墓所は、外面に割石を配した基壇を共有しており、その上に墓標、水盤、一対の石燈籠が各々に配されている。また基壇の階段は南東面のみに付随している。両墓標は、方形の敷石の上に、切石積みで矩形を作り、その上に方形の台石、六角形の基礎石、六角柱の身部、六角形の唐破風笠石、宝珠を積み重ねたものであり、一見すると石幢に見える。長治墓標は南東向きで全高約二四〇センチあり、政辰墓標は南西向きで全高約二四五センチある。

両墓所・墓標は、銘文が刻まれた面や家紋の違い、切石の積み方など、若干の差異はあるものの、ほぼ同形式で造立されている。

図１　関家墓所
（正面：初代長治墓所　右奥：４代政辰墓所）

大名墓を歩く 9

日出藩主木下家墓所

日出町指定文化財

小林昭彦

木下家墓所は、大分県速見郡日出町《ひじまち》字丙狐塚の曹洞宗・松屋寺《しょうおくじ》に所在する。当地は九州東部の国東半島南側にあたり、松屋寺は別府湾岸に形成された城下を東に望む低丘陵部に位置する。日出藩三万石の初代藩主木下延俊が一六〇一（慶長六）年四月に姫路から日出に入部し、日出城完成（一六〇二年）の翌年となる一六〇三（慶長八）年松屋寺の前身である西明寺を現在の場所に移し、木下家の菩提寺としたとされる。その後、寺の名称を松屋寺とし、延俊の祖母朝日と妻加賀の戒名に因み「康徳山松屋寺」に改称されたという経緯をもつ。墓所の造営は寛永年間（一六三〇年頃）に始まるとされ、寺域北西奥部の東向きの丘陵部を造成し、南・東の斜面側を石垣積みとして独立した空間を創出した約五三〇平方メートルの範囲に展開している。墓所は延俊の祖母、妻、父母の墓標四基の造立を契機とし、以来歴代藩主の墓が建てられ、一六代約二七〇年にわたって営まれた。歴代藩主、木下家のほか、殉死した家臣の墓標など五二基で構成されている。藩主は五輪塔を主体（九割）とするが、一〇代、一四代、一五代は非塔形式の角柱状で墓石頭部が円形を呈しその頂部に茨を有する形態である。一〇代俊胤で、はじめて五輪塔以外の墓標形式が採用されている。俊胤は、儒教・神道を重んじた宇都宮藩主戸田家の出身であることもその背景を考えるうえで重要である。また、一三代と一六代の墓標は本墓所にない。神葬を理由とされているが、没年が明治であることも注意したい。本墓所は新たな任地で形成された大名墓であり、当時の領地経営とも大きく関わり権威の象徴的側面をもつ歴史的に重要な資料である。今後、墓所、各墓標の詳細調査、分析などとともに関連する史料の調査が期待されている。

図１　日出藩木下家墓所

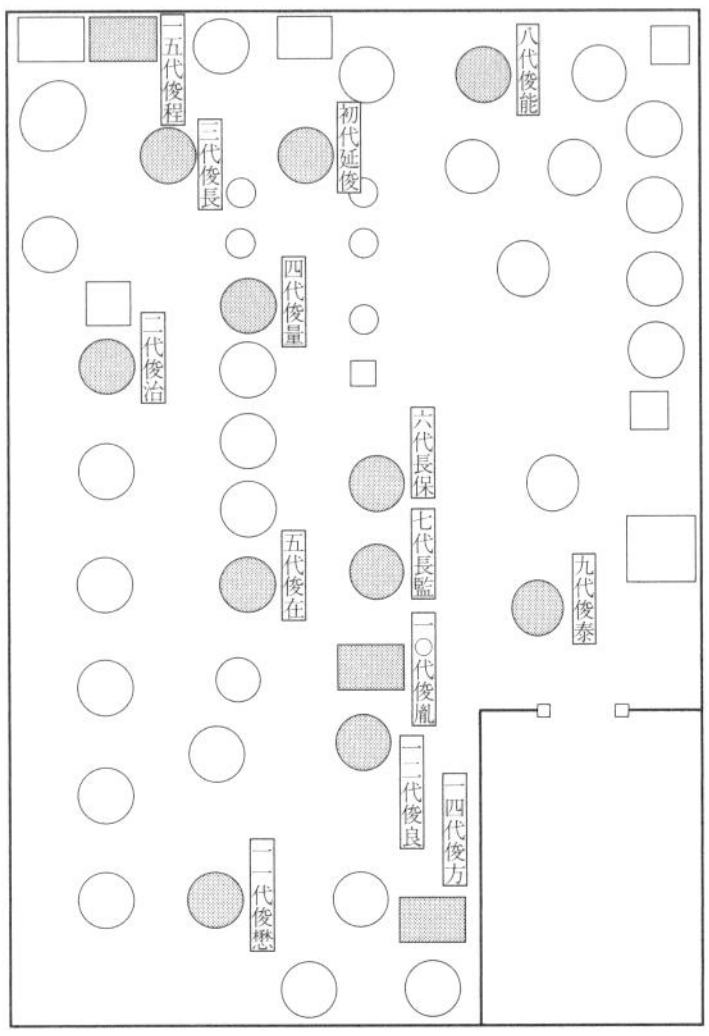

図２　日出藩木下家墓所配置図
（『日出城（暘谷城）本丸跡』）

参考文献

日出町「第四編日出のあゆみ」『日出町誌』一九八六
日出町教育委員会「Ⅳ考察」『日出城（暘谷城）本丸跡』一九八六

なお、日出町教育委員会の中尾征司氏から墓所の写真、関連史料の提供や多くの御教示を頂いた。

大名墓を歩く⑩

薩摩藩主島津家墓所 福昌寺跡

鹿児島県指定史跡

松田朝由

島津家は鎌倉時代以来、江戸時代まで場所を変えることなく支配拠点を継続した。歴代墓塔は鎌倉時代から展開し、中世墓塔から近世大名墓への展開を窺うことのできる大名墓として珍しい事例といえる。

墓所は鹿児島市池之上町の玉龍山福昌寺跡にある。歴代藩主夫妻の墓塔は装飾的な宝篋印塔で、石材には山川石（指宿市山川町産）と呼ばれる黄色の凝灰岩が用いられている。墓所内には一族庶子の墓塔も見られるが、これらは山川石以外の石材が用いられ、塔形も宝篋印塔以外が多い。また宝篋印塔であっても、藩主夫妻の塔形とは明らかに形態を変えている。また、鹿児島県内には島津家分家をはじめ各地に有力一族墓所があるが、これらも藩主夫妻墓塔と同石材かつ同形態の墓塔はなく、規模も藩主夫妻墓塔を越えない。山川石製宝篋印塔の藩主夫妻墓塔は、薩摩藩内において特別な存在であった。

山川石製宝篋印塔が、島津家墓塔のシンボルとなった経過について中世からの展開を見ていこう。鎌倉時代〜南北朝時代、初代忠久から五代貞久までの墓塔は、福昌寺跡ではなく鹿児島市本立寺跡にある。塔形は宝篋印塔ではなく宝塔、五輪塔であった。石材も灰色の凝灰岩で山川石ではない。宝篋印塔の最初の採用は一四一一年に没した七代元久墓塔からで同時に山川石が使用されるようになる。元久は菩提寺福昌寺を創建した人物であった。この頃、鹿児島県の石造物は大きな転換期を迎える。一四世紀まで希であった宝篋印塔造塔が本格化する。それは有力一族による階層上位の墓塔として展開した。こうした流れの中で島津家は、山川石製宝篋印塔の造塔を開始した。ただし、中世段階では根占家、頴娃家などの他家もまったく同じ形態の山川石製宝篋印塔を造塔している。中世段階では、島津家が山川石製宝篋印塔を独占するような一族のシンボル的性格は未だ窺えない。

島津家は一六世紀、九州全域に支配を及ぼし勢力を拡大する。その立役者であった義久・義弘の墓塔は一七世紀初頭に造塔されるが、この二塔から塔の大型化とモチーフの装飾化が発現する。同時期のほかの山川石製宝篋印塔と異なる独自色が顕在化する。しかし、この二塔はともに形態が異なり、この塔形が次代に継承されることはなかった。あくまでも個人のシンボルとしての墓塔であった。

続く薩摩藩初代藩主の家久墓塔は、さらなる大型化と装飾化を遂げる。そしてこの塔形は以降、江戸時代末期の斉彬墓塔に至るまで代々継承される。一方、一七世紀を通じて山川石製宝篋印塔は数を減少させ、一八世紀にはほぼ藩主夫妻墓塔に限定されるようになる。こうして山川石製宝篋印塔は島津家墓塔のシンボルとして完成に至ったのである。

図１　福昌寺跡島津家墓所

対談

近世大名家墓所を語る

坂詰秀一
松原典明

立正大学名誉教授
坂詰秀一氏

石造文化財調査研究所
松原典明氏

坂詰　近頃、松原典明さんが『近世大名葬制の考古学的研究』（雄山閣、二〇一二）を出版されました。近世の大名家墓所を真正面から捉えた単行書としてはじめての労作と思います。以前に出版されました『近世宗教考古学の研究』（雄山閣、二〇〇九）とあわせて拝見いたしますと、松原さんの近世大名家葬制に対する研究の視角が見えてきます。

すでに、礫石経を全国的な視野で纏められたことがありますが、近世を考古学の資料から究明する方向性を窺うことの出来る意欲的なお仕事と思います。

そこで、近世大名家の墓所についてお話を伺うまえに松原さんの近世考古学、とくに宗教を主題とする近世考古学について、その方法なり、研究の状況についてお話を頂きたいと思います。

松原　近世を考古学から考えようとしたのは、立正大学大学院で仏教考古学の授業で学んだことからスタートしています。まず授業で仏教考古学とは「仏教的遺跡、遺物を通じて古代仏教を考えることを目的とすることである」という石田茂作博士の定義と概念を学ぶわけですが、坂詰先生から、石田博士の「古代」を「古（いにしえ）」と理解し、「古代仏教」を「古の仏教」と読み換え、仏教に係わるすべての時代を研究対象とすることが必要であることを示唆されました。坂詰先生の概念は明快でして「仏教考古学とは、宗教考古学の一分科。紀元前六世紀、インドにおいて釈尊を教祖として形成された仏教の歴史を考古学の方法によって闡明することを目的としている（以下略）」（『日本考古学小辞典』ニュー・サイエンス社、一九八三）とされています。この中で、冒頭の「宗教考古学の一分科」という定義が重要と思っています。

とくに近世社会は、仏教の大きな影響力があったことは幕府の政策を見ても承知できますが、その反面、古代以来、外来の道教や伝統的な神道、新来の耶蘇教もあり混淆した要素が渦を巻いている感じではないかと思います。ですから、宗教を考古学から捉えられないかという姿勢を常に持っていようと思います。思惟の部分はとかく解明することは難しいと思いますが、「モノ」に表わされたわずかな情報から、宗教を解明したいと思います。発掘資料はもとより、文献史料なども有効な資料ですし、金石文は儀礼や教団、個人と最も接点がある研究対象と言えます。これらを活用して思惟の部分を読み解こうと考えています。

坂詰　近世の宗教を考古学の視点と方法で考えようとする意欲的なお話を伺いましたが、その出発点は、近年、連続して実施された近世の大名家墓所の調査であったと聞いていますが、発掘の方向とご苦労について一言お願いします。

松原　近世大名家の墓は個人の墓です。改葬、移築とは言え発掘あるいは立会調査を実施するためにも、まず施主、そして管理する寺の理解を得ることが重要です。これがすべてクリアされて初めて可能になります。そして、調査の方法や範囲、期間についての理解を得ることが重要です。池上本門寺で参画させていただいた調査では、大名墓もほかの墓と変わらず個人墓ではありますが、近世を端的に示す歴史遺産でもあるという文化財としての共通の認識を得ることができ、墓所全体の面的な調査が現実となり、その結果、埋葬主体部の構造的な新知見を得るという大きな成果に繋がりました。施主との文化財としての共通の認識を持つことが非常に良い結果をもたらすと言うことだと思います。

坂詰　近世大名墓の調査は、徳川宗家の増上寺の将軍墓の発掘が有名です。その報告書も出版されていますが、池上本門寺などにおける調査（坂詰秀一編『池上本門寺近世大名家墓所の調査』二〇〇四、『不変山永寿院近世大名家墓所の調査』二〇〇九、ほか）は、工事中の立会調査と異なり、当初から計画的な調査がなされたので、それなりの成果が得られたのではないかと思います。とくに地下の状態、主体部のあり方が、かなり具体的に明らかにされたことは注目されますね。大名墓の調査に限らず、近世さらに中世の墓所の調査は、上部施設の調査、墓標の調査に力が注がれてきたように思われます。上部施設の調査では、標識としての墓塔の調査と分析はそれなりに充分意味はあると思いますが、地下の構造と有機的に関連させて考えることも必要かと思われます。

　徳川将軍墓と松原さんが力を注がれた一連の大名家墓所の調査を比較して、どんな点に意義が求められるのでしょうか。その点について率直な感想をお話しいただければ幸いです。

松原　池上本門寺の調査に際して、増上寺および伊達家の墓所の調査内容を大いに参考として進められたことは心強かったです。「墓」ですので間違って壊してしまい遺体を傷つけたりということは許されないこととして始めましたので、本当に調査先例はありがたかったです。しかし両事例では、墓所構築の基礎工事の情報が不分明でありましたので、この点を解明目標の一つにした結果、一八世紀初頭における火葬と土葬という二つの葬法の具体例を得られ、主体部の構築における、基本杭を使った区画の初期線引きから造塔に至るまでの一連の造墓の工事行程を明らかに出来ました。細かな点では火葬による埋葬からは、荼毘に伴う遺灰を副室を設けて埋納していることや、遺灰中から被熱した幡金具や鋲金具、銅線などの葬具の発見につながり荼毘行為と埋葬法の一端を垣間見ることになったと思います。熊本藩細川家二代側室清高院墓における土葬では間知石積み石室に伸展葬の木棺を石灰と炭、灰隔板を使って埋葬していることを掴みました。また、漆器製品を含む多くの副葬品の検出は、発掘調査の事前準備の必要性と調査後の保存処理の必要性を喚起出来たと思います。したがって池上本門寺で明らかにした葬法の違う埋葬行為の詳細は、増上寺、伊達例に加えて今後の発掘調査の際の新たな指針となるものと自負しています。

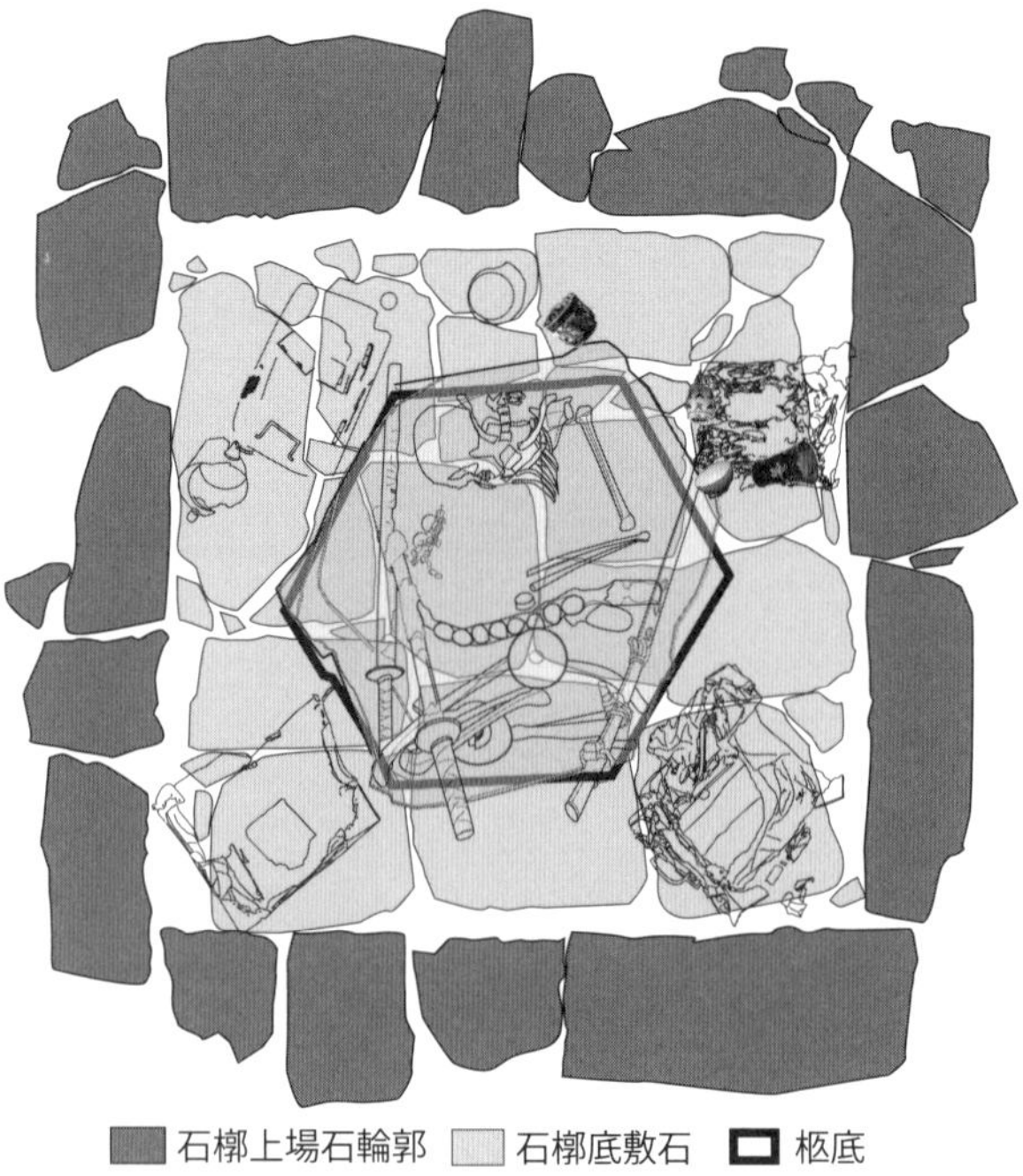

図１　松平忠雄墓所墓壙内遺物出土状態位置図
（写真から松原作成）

しかし、近年実施された愛知県幸田町の深溝松平家七代藩主松平忠雄墓所の緊急調査では、調査開始前における検討で池上本門寺例を提示したにもかかわらずまったく活かされず、漆器などの保存処理が速やかに行なわれず相当な期間放置されたことは、多くの文化財情報が失われることに直結してしまいました。今思えば途中で調査を中止してでも充分な準備をするべきであった点を怠ったことを反省しています。今後の調査に活かしたいと思います。

坂詰　とくに近世の墓は、将軍墓、大名家墓所に限らず、上部施設と下部構造の関連を捉えることが重要です。

従来の大名家墓所の調査としては、どんな事例があるのでしょうか。調査の歴史を回顧する意味で代表的な例を紹介してくださいませんか。

松原　一九五八（昭和三三）年から一九六〇年にかけて増上寺徳川宗家将軍墓などは改葬に伴い調査が実施されましたが、工事関係者の好意により調査に便宜がはかられるという性質のものであったようです。将軍墓二代秀忠、六代家宣、七代家継、九代家重、一二代家慶、一四代家茂、将軍正室など七名、徳川綱重、子女など六名以上が調査され、一九六七年、鈴木尚・矢島恭介・山辺知行編『増上寺徳川将軍墓とその遺品・遺体』（東京大学出版会）として刊行されています。この調査で初めて将軍墓の実態が明らかになり、六代を頂点として将軍権威が墓の規模や構造に反映されていることが新たな成果として示されました。正室、側室、有縁子女墓の構造や規模、埋葬様式は、継嗣問題と密接に関係することが指摘され、近世武家社会の構造と葬制を関連付けた最初の知見ではないでしょうか。

一九六四年に行なわれた岡山藩初代池田忠継と二代藩主池田忠雄・家臣加藤主善墓所調査は、移転に伴う緊急調査でした。五日間で鎌木義昌・水内昌康・間壁忠彦・間壁葭子などによって記録され、報告書は岡山市教育委員会より『池田忠雄墓所調査報告書』(一九六四)として刊行されました。この調査では藩主墓が主体部上に廟を造営する構造であることが明らかになり、土葬による埋葬で籠状の柩を用いる点など二代将軍秀忠墓に類似している点が指摘され当該期の葬制の一類型である可能性が示されました。

続いて一九七四年に仙台藩初代藩主伊達政宗、一九八一年に二代藩主忠宗、一九八三年に三代藩主綱吉の墓所調査が挙げられます。いずれも各霊廟の再建工事の事前調査で、計画性を持って行なわれた最初の大名墓の学術調査でありましょうか。発見された伊達政宗の副葬品は、近世初頭の絢爛豪華な伊達家の文化を明らかにしたばかりでなく、近世大名墓の初期の石室墓の実体を示しておりました。さらに後の文献調査から、政宗の葬送では民衆の前で仮の火葬が行なわれたことが明らかにされ、大藩の外様大名家の葬礼における荼毘の意味付けが提示され、大名葬礼を見直すきっかけにもなりました。報告書は、瑞鳳殿再建期成会から一九七五年、伊東信雄編『瑞鳳殿　伊達政宗の墓とその遺品』、一九八五年には瑞鳳殿から伊東信雄編『感仙殿　伊達忠宗、善応殿　伊達綱宗の墓とその遺品』として刊行されています。

これ以後、東京を中心とした都心部でも開発に伴い墓所移転、整理に伴う調査が増えました。東京都港区の例では済海寺に所在した越後長岡藩牧野家墓所が国元である新潟県長岡へ改葬され、また賢崇寺の肥前鍋島家墓所の一部も国元である佐賀県へ改葬されました。とくに港区では大名家墓所の改葬や移転に際して積極的に立会調査を申し入れ記録保存が行なわれており、これらの個々の大名家の丁寧な改葬記録保存が今後の大名家葬制研究において重要な資料となってくると思われます。個人の墓という制約がありますが、各地においても積極的な記録保存が進むことを望みたいと思います。

坂詰　近世大名家墓所の調査は、とかく学術調査と言うよりは、墓所の改葬、移築、整理などに起因する調査が多かったことがよくわかりました。そのような意味で、越後の牧野家墓所の調査は、鈴木公雄さんを中心とするメンバーが考古学の方法で対応したことによって大きな成果が達せられたと思います。この点、少し説明してくださいませんか。

松原　もう少し東京都港区済海寺の越後長岡藩牧野家墓所について触れてみますと、牧野家の墓の移築整理に伴った改葬に先立つ調査です。一九八二(昭和五七)年度の国庫補助事業として一七基の墓の調査が実施され、二代藩主生母(一六六四〈寛文四〉年歿)の墓が最も古く火葬で葬られ、四代藩主忠壽正室(一七三二〈享保一七〉年歿)がこれに続き、以後菩提寺として歴代および室・子女が葬られたことが明らかにされました。この墓所調査で注目すべき点は四代以降の葬法が画一的で、副葬品に銅板製墓誌を伴うことが共通していることです。中でも六代と七代藩主の副葬品が極めて共通する点は、両者が同じ笠間牧野家からの養子で長男と八男の関係にあったことに起因するとされた指摘は正鵠を得ているものと思います。また、近世大名家関連の墓誌の多くは石製であるのに対して銅板製は珍しいものです。史料を実見していませんが『古事類苑』（礼式部一九―葬礼）のなかで「速懸」の葬法を説明する下りに「（中略）……モトハ銅板ニ彫リテ棺ノ内ヘイレタル……云々」と記されている点などからすると、伊勢神道関連の葬法に用いられた可能性も注意しておきたいと思います。近世の墓誌については谷川章雄さんが「江戸の墓誌の変遷」（『国立歴史民俗博物館研究報告』一六九、二〇一一）で詳しく纏められていますので参考としたいと思います。

坂詰　牧野家墓所の調査が、近世大名家墓所調査の例として注目されることがよくわかりました。池上本門寺などの調査を実施するうえにも参考になったのではないかと思いますが、大名家の格の相違と申しましょうか、大名の石高の違いによって墓所の築造、墓標のあり方が異なっていると思います。この点、如何でしょうか。

松原　墓の下部構造と家格については、松本健さんが（「大名家の墓制―埋葬施設に見る大名家の葬送」『國學院雑誌』九三―一二、一九九二）で指摘されている通り、大枠は領地高に比例するものと思われるのですが、とくに幕藩制から考えると官位・官職の違い、江戸城殿席の区別など具体的には従四位下以上と以下の違いなども見極めておくことも必要であろうと思うのです。また、一六〇六（慶長一一）年に家康が参内の折に幕府推挙による「官位」の叙任制を奏請して以来、官位執奏権は幕府にあるとされ大名家家格制の中心に据えられたとされているようですし、外様大名は家光によって一六二七（寛永四）年までに高官位叙任が行なわれ、一六三六（寛永一三）年に譜代大名中心の官位叙任が行なわれたことでこれ以後家格制が安定したとも言われています。各家の墓所を概観してみると、一七世紀後半頃に最も盛んに造営されると思います。この点は、松尾美恵子さんが「近世大名の類別に関する一考察」（『徳川林政史研究所　研究紀要』昭和五九年度、一九八五）の研究で明らかにしている譜代大名の初代が亡くなる時期が、一七世紀中葉から後半に集中することと合致していると思っています。

坂詰　上部施設の墓標については如何でしょうか。

松原　とくに、大藩の外様大名の墓所の上部構造をみると、墓所内すべての一族は共通の塔形墓標を用いています。佐賀鍋島家の場合を例にとりますと、本家菩提寺の佐賀県高伝寺、蓮池鍋島家菩提寺の崇眼寺、小城鍋島家菩提寺の星巌寺でも同型式の五輪塔が用いられます。しかし鹿島鍋島家は、宗家との家督相続問題発生以降の造墓と思われ、旗本格になることから五輪塔を用いることができず角柱の塔身をもつ宝塔形式の墓標となったものと捉えています。一方、江戸の菩提寺賢崇寺を見てみますと、五輪塔を用いていますが、国元型式ではありませんで江戸仕様の誂えなのであろうと思います。賢崇寺は本来、勝茂嗣子忠直が一六三五（寛永一二）年に亡くなり忠直開基として開かれた寺でありますので、この辺の事情が型式に起因したものと考えています。しかし墓所の石柵、門などは国元共通の墓所様式を用いています。このように鹿島鍋島家や賢崇寺の例を見ても明白なように、当時大名家では墓標を同族を示すシンボリックな装置として捉えられていたと思います。同じ意識は近世歴代天皇が層塔を用い、皇太后および子女は宝篋印塔を用いて泉涌寺を御寺（供養寺）としている点からも想像できます。このほか、二尊院や蘆山寺を菩提寺とした天皇家子女、公家の墓でも同傾向が認められ、独自の宝篋印塔、無縫塔を用いています。やはり同型式塔を用いることで「イエ」意識を明示したものとして捉えておきたいと思います。

坂詰　墓標のあり方は、大名の格、地域差など様々な事柄が反映していると思いますね。近世墓標については、谷川章雄さんをはじめ多くの皆さんが研究の対象として、成

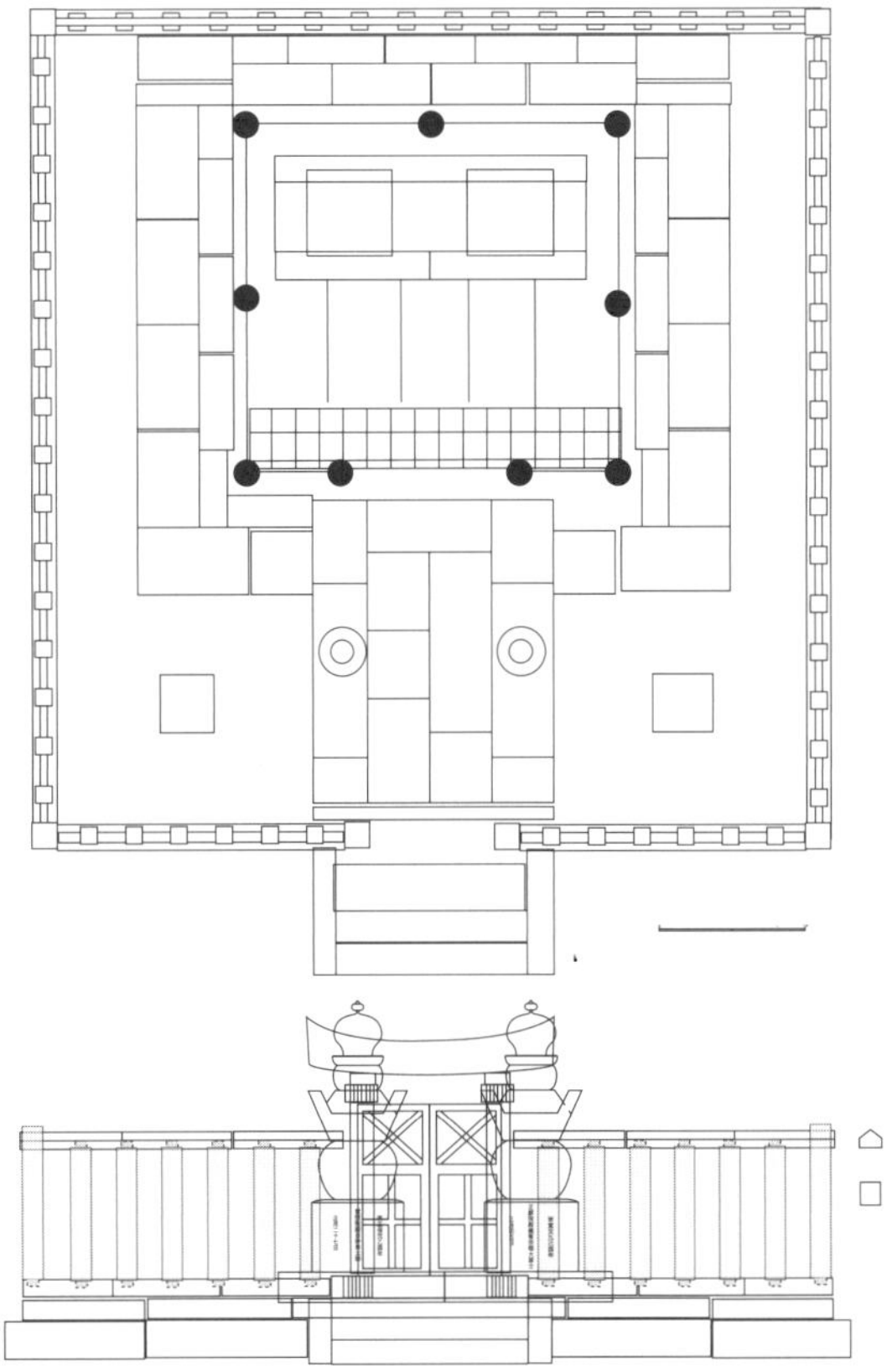

1　鹿島鍋島家初代直澄と正室墓所と霊屋平面図

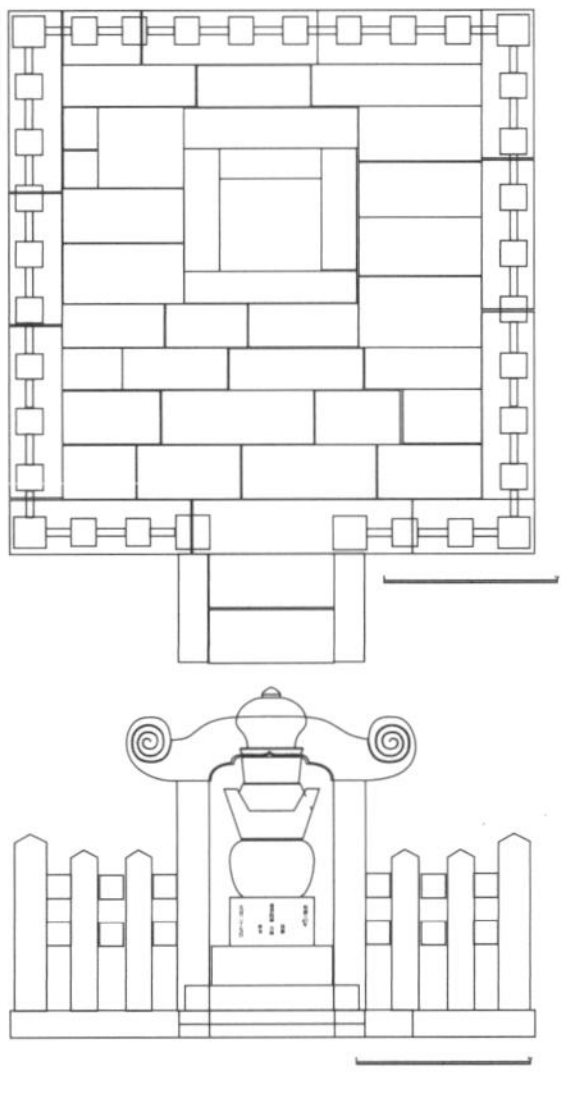

2　小城鍋島家二代藩主直能墓実測図

図２　蓮池（1）・小城（2）鍋島家藩主墓所

図３　佐賀鍋島家初代藩主墓所

図４　鹿島鍋島家藩主墓所

後西院天皇第五皇女：眞珠院（1665）　後西院天皇第六皇女：円光院宮（1663）　後水尾天皇第十一皇女：宗澄女王（1678 歿）　後水尾天皇皇女：永光院（没年不詳）

図５　天皇家皇女墓塔実測図（1：黒谷真如堂　2～4：盧山寺内）

果を挙げてこられました。私は、近世の場合、塔形と非塔形に二大別することから始めたい（「墓塔・墓標」『中山法華経寺誌』一九八一）と考えて私見を述べたことがあります。この大分類は、その後、幾人かの研究者によって基本的には賛成されてきている、と思うのですが、大名の場合は如何でしょうか。

松原　近世大名墓の上部構造としての墓標につきましては、基本的に多くの場合、塔形の墓標を用いていると思います。しかし、学問や思想的傾倒が強い大名たちが各地で造墓をするのを確認しますと、非塔形はもちろん独自あるいは儒教に則った型式を用いる場合も確認できます。先にも触れましたが、大藩である外様大名家などはとくに一門を表現するために同型式の塔形墓標を歴代が造立します。幕府との関係を考えると寺に属することが必要でした。しかし鳥取藩池田家の歴代が亀趺碑を用いた墓であることを見ると塔形への制約はなかったものと思われます。大藩で領地を安堵された大名家は、とくにこの傾向にあると思われます。そして移封が当たり前の譜代大名らもまた一門は同じ塔形を用いることには拘っていたようです。各大名の塔形の選択を考えると岡山・鳥取池田家のように独自の形を用いた大名は学問や思想的傾倒としてわかりやすいのですが、それ以外の大名がどのようにして自らの墓の形を決めたのかについては誰も触れたことがなかったように思います。今後の課題かもしれません。塔形・非塔形、つまりは仏教＝宗派の違いなどについても言及されていないので今後の課題と思われます。

坂詰　近頃、大名家の墓所の悉皆的調査を踏まえての考察が関根達人さんによって行なわれていますが、それについて松原さんの意見をお聞かせくださいませんか。

松原　関根達人さんは、津軽三大飢饉と墓標と民衆との関係、アイヌ墓の副葬品、松前藩の石廟の成立と展開に視点を当てた研究など、中・近世東北、北海道地域の文化を見据えた研究を長年重ねられておられます。二〇〇七〜二〇〇九（平成一九〜二一）年度の基盤研究「近世墓と人口史料による社会構造と人口変動に関する基礎的研究」の成果を基とした『松前の墓石から見た近世日本』（北海道出版企画センター、二〇一二）が最新の成果です。大名墓では、松前藩松前家における一族内および家臣を含めた一門の廟型式の分類的研究を詳細に行なっており、今後の大名家一族における墓標や上部構造の研究の指針として注目すべき研究と思います。また、石廟石材である笏谷石の流通や製作技法をも含めた総合研究としても、これまでにない汎日本海域文化の基礎的研究として注目されるものと思われます。

坂詰　近頃、徳川宗家の「裏方」の墓所の調査が寛永寺で行なわれ、詳細な報告書が出版されました。書評（『考古学ジャーナル』六二九、二〇一二）を松原さんにも書いて貰いましたが、調査の意義と報告書を読まれての感想をお聞かせくださいませんでしょうか。

松原　この調査は、施主である徳川宗家の大きな理解のもと、管理する寛永寺と調査団が一体となって、計画的に行なわれた学際的研究でありまして、今後の大名墓調査における準備段階から報告書刊行に至るまでの全工程における雛型であると思います。これを指導された団長の安藤孝一先生および名誉団長の坂詰先生の方法論そのものが具現化された報告書でありましょう。調査の全過程を見るためにも正直なところ調査に参加したかったですね。調査・報告書の意義ですが、増上寺の調査結果と合わせることで、近世武家社会の最高位の葬法とそこから明らかになった葬制は、これまで明確ではなかった近世における土葬と火葬という葬法の変遷、副葬品や文献調査などから導き出された葬送の実態など多くの未解決の問題点について言及されるなど、随所に新視点が盛り込まれています。また、寛永寺および天台宗さらには浄土宗との関係における思惟の部分にも、儀礼や副葬品の分析を通じ触れられており考古学的視点以外から導きだされた成果も非常に多いことに気付かされました。今後の研究に活かしたいと思います。

坂詰　松原さんは、最近の著書（前掲）の中で、大名家の葬制に仏教より儒教の思想が入っていると問題提起をされていますが、儒教思想の反映を具体的に説明してくださいませんか。

松原　池上本門寺の調査で確認した細川家二代側室の清高院墓の主体部の構造を、大名家の墓制でどのように理解したらよいのかということからスタートしていますが、まず石灰と炭を使う葬法が中世に遡ることができ系譜上一八世紀の大名墓に用いられたということならば簡単だったのですが、その葬法は管見では中世に見出せなかったのです。そして、狩野家墓所の調査や、時代は一九世紀まで下がりますが東京足立区國土安穏寺の尾張藩付家老竹腰家九代の生母とされる貞龍院墓の調査においても同様な地下構造が確認でき、益々その系譜がどこに求められるのかが大きな疑問として残りました。この疑問は、朝鮮半島の王陵の地下構造を知ることで解決しました。つまり朝鮮王陵は儒教の教科書である『家禮』に則った葬法であることがわかりましたし、『家禮』「治葬」を紐説くと遺骸をどのように埋葬するか、石灰、炭、松脂をどのようにして混ぜて埋めるのかまで詳細に記載されているのです。そこであらためて近世大名の葬送記録を見直してみると『家禮』に従って埋葬することを明記した文献も確認できました。これによってすべての大名がこの葬法を用いたとは言い難いのですが、特徴的な埋葬方法の系譜は東アジアに求められる可能性を含むものであることが明確に出来たと思っております。しかし、新たな問題・課題として、埋葬方法を取り入れたことは宗教あるいは思想として取り入れたと捉えられるかどうか、という点が未解決です。

この「思惟」について「儒教」を中心に大名家を見てみますと、藩主の交流や学問的傾倒などにおいて、幕府の儒臣である林家を中心とした儒教を学ぶ文化的なネットワークが存在していることが儒者の日記などからわかります。また、水戸光圀、保科正之、池田光政などの一部の大名は、葬送記録を残す中で、仏教には拘わらないことを明記し、自らが儒教あるいは神道に傾倒していることを書き記しています。仏教を避けた大きな理由は、遺骸処理にあります。仏教では釈迦以来の伝統的葬法である火葬を主とする方法が普通ですが、儒教（中国・三世紀以降の）では魂魄の考え方と孝の考え方から自らの体は「親」から預かったもので、これを（火葬によって）傷をつけないで終わることが最も孝行であるとする思惟から土葬によって大事に埋葬し復活を願ったのです。また、仏教思想における輪廻転生という考え方からすると、人間は六道に落ち、元の自らの体に戻れないことになっています。この点からすると、遺骸を埋めた場所を標す「墓標」は存在しなくてもよいのですが、おそらくは仏教が儒教の魂魄的な考え方を取り込んだ結果として、墓を示す「墓標」の造立につながっているのだと思います。ですから中世の石塔と近世の石塔では、造立された意味がまったく違うものではないかとも最近考えています。この点は考えがまとまっておりませんので今後の課題としたいと思います。

坂詰　近世大名墓に儒教思想が反映されていることがわかりました。仏教が混在していたり、また、神道の思想も入っていると思うのですが。

松原　本来、日本の仏教はすでに中国において道教思想を取り込んだ仏教を受容していると言われています。ですからもう少し広義の日本の宗教には古くから神・仏は交り合っており、中世の盛んな儒教受容以降は、神・仏・儒の混淆した宗教が成り立っていたとも言われています。まさに、近世初期は、仏教が幕府の後ろ盾で生気を吹き返しますが、やはり深層にある伝統的な宗教である神道は吉田家を中心に唯一神道が徳川政権において拮抗し、幕末において天皇・公家との関係から国家神道的方向に進んだのだと思っています。

坂詰　このように見てきますと、近世大名墓の底流に儒教が流れていることがわかります。今後、下部構造の発掘によるあり方の把握が重要ですね。この点どうでしょうか。

松原　調査の前段階で、被葬者の人となりをある程度確認しておく必要があるように思いますし、調査に際しては、詳細な記録は当たり前ですが、儒葬を想定すると『家禮』に見える灰隔板などが有機物なので腐食して遺存していない場合もあり、あらゆる状況を想定する必要があろうかと思います。とくに一八世紀以降は綱吉の政治の影響もあり、儒教、朱子学的な考え方、学問が盛行しますので、墓制もこれに影響される結果にあることも予想できます。ですから、近世の新しい時期の墓の調査では、『家禮』の治葬がどのように日本化されたかを見極める必要があろうと考えています。たとえば幕末の貞龍院墓と一八世紀初頭の清高院墓との比較において明らかな石灰や三物の代わりに砂を用いる点などを日本化した葬法として捉えるか否かという視点も、今後の類例の増加により答えが出るものと思います。さらには、参考としたテキスト（『家禮』）の違い、家格の違い、単純に時間的な経過による葬法の形骸化などという視点も、限られた調査事例ではありますが、現在あらゆる可能性を想定しておきたいと思います。

坂詰　大名墓の調査はあまり進んでいない、とも言われますが、その原因は何でしょうか。近年の調査事例を紹介しながら近況を話してくださいませんか。

松原　大名墓の例ばかりではないと思いますが文化財保護行政にも社会情勢の影響は大きく響いており、金銭的な確約が得られない状況の中、個人の墓の指定やら保護、修復は非常に難しくなってきていると思います。たとえ可能になっても、祭祀継承者が国元から離れてしまっていたり、管理をする菩提寺との関係など色々な問題が内包されていると思います。大名墓について見てみると、所有権者のある個人の墓なのですが、占有する敷地面積は広大であり現実的に維持管理が個人レベルでは難しくなってきてしまっていると思います。その結果、明治期以来、放置されていたり掃除などの手が加えられずに荒れている場合も多々あります。とくに大名墓の現代における個人レベルの管理所有は非常に大変で、伝統ある大名家の方々の維持管理に対する苦慮は察するに余り有ります。

近世の武家文化を象徴する重要な遺産ともいえる大名家墓所を永続的に遺すにはどうすればよいのでしょうか。まったく思いつきませんが、個人の墓ではあるのですが、行政側の地域遺産としての積極的な活用や登録へむけての所有者との交流も必要ですし、維持存続を見越した所有者側からの提案があってもよい時期に来ていると思います。一個人の墓は、跡を継ぐ者がなくなれば無縁墓となり、片づけられてしまいます。地域に密着した直近の歴史遺産としての大名墓の意義付けに向けて、行政と所有者の前向きな対応が第三者的には望ましいと考えます。思った以上に超えなければならない文化財に関連した法的な問題は山積していると思います。今こそ行政、所有者共どもが共通の歴史認識を持たなければ、今現在の自分たちの存在さえも否定することになることに繋がってしまうことに早く気が付くべきでしょう。我々には、今残されているあらゆるものを、少しでもより多く後世に永く伝えなければならない責任が課されていることを忘れてはならないのだと思います。

坂詰　近世大名墓の調査の近況を踏まえて、研究の現状を展望することを意図した『近世大名墓の世界』を編集するにあたり、近年、調査研究に力を注がれている松原さんの意見を聞くことができました。今後の研究の進展を期待しています。

第四章　近世大名墓研究の現在

近世大名墓研究の展望

松井一明

一　はじめに

近世大名墓研究の学史については大雑把ではあるが、岩淵令治らの研究に見られるように文献史学からと、発掘調査や石塔調査から得られたデータの分析をして進める考古学の研究方法に分けられる。今回は、本誌の趣旨である考古学の分野からの研究史について述べると共に、今後の研究の展望についても若干触れてみたい。

二　近世大名墓研究の現状

近世大名墓の考古学からの本格的な研究が始まる端緒は、一九五八（昭和三三）年調査の増上寺の徳川家墓所、一九七四（昭和四九）年調査の瑞鳳殿伊達政宗墓の発掘調査などであった。これらの発掘調査は学術目的ではなく、改葬に伴い併せて実施されものではあったが、一九五五（昭和三〇）年以降の大名墓研究が本格的に始まる契機となった。発掘調査で得られた成果は報告書としてまとめられ、被葬者の人骨分析を中心として、埋葬方法や副葬品の分析など、あわせて考古学の分野からも考察がなされた。（註1）とくに、増上寺の徳川家墓所の発掘調査では、将軍家一族の埋葬内容が判明し、その後の大名墓の発掘調査と研究を進めていくうえでの、基本資料として重要なデータを提供した。地上の墓標や霊廟、地下の埋葬形式、副葬品の内容などの検討項目や問題点が提示された。

このように、初期の大名墓研究は個々の大名墓の改葬に伴う発掘調査のデータを考察することから始まっており、その傾向は最近まで続いていた。ところが、戦後の仏教考古学をリードしてきた立正大学関係者のなかから、近世大名墓研究を考古学の分野から研究しようとする動きが出てきた。それらの成果は、まず考古学ジャーナルの二回の特集号「近世大名墓所の調査Ⅰ・Ⅱ」として発表された。（註2）まずⅠでは、経ヶ峰伊達家墓所、徳川将軍家墓所、池上本門寺上杉・細川家墓所、江戸長岡藩牧野家墓所、加賀藩前田家墓所の事例紹介のほか、白石肇の墓誌の研究が掲載された。Ⅰは事例紹介が主体で、全国を視野に入れた大名墓研究についてはⅡに掲載予定となった。Ⅱにおいては、盛岡藩南部家墓所、会津藩松平家墓所、尾張徳川家墓所、鳥取藩池田家墓所の事例紹介のほか、本間岳人の地上の墓標である石塔の考察、松原典明の墓所の成立と系譜という研究テーマが示された。本間は江戸大名墓の石塔の形態分類をして、江戸に葬られた石塔墓のバラエティを明らかにしたとともに、石塔の形態を統一するものと、複数の形態を身分により変えるものがあることを指摘した。また、国許と江戸における石塔の形態を同じくするものと、変えるものがあることを示した。さらに、江戸においては木造の霊廟や典型的な石造宝塔は、徳川将軍家一族墓に限られる規制があったことについても言及した。

松原は墓所構造の変遷について着目し、霊廟墓から石塔墓（祀る墓から拝する墓）への変遷過程を明らかにした。とくに、古い段階の霊廟墓が、一八世紀になると石柵や門、立花や香炉などの付属品を持つ墓に変化することに言及し、全国的な大名墓の変化としてとらえた。

その後、松原・本間らの研究は、坂詰秀一編集の『近世大名墓要覧』(註3)、松原の『近世大名葬制の考古学的研究』(註4)へと結実していくのである。これらの研究成果の一つの節目として、立正大学考古学研究室ほかが主催した、「近世大名家墓所調査の現状と課題」と題したシンポジュウムが二〇一〇年に立正大学で開催された(註5)。このシンポジュウムでは全国の大名墓のなかで、発掘調査や実測調査がなされた主要な事例の発表がなされ、江戸だけでなく全国的な視野で近世大名墓のデータが示された意義は極めて大きい。さらに、『近世大名墓要覧』には、全国の近世大名墓所地名表と近世大名墓所主要文献目録が掲載されており、今後全国の大名墓研究を進めるうえで、たいへん便利な資料も掲載されている。

図1　2010年立正大学シンポジュウム冊子の表紙

また見逃してはいけないのは、東の江戸遺跡研究会が一九九六年に開催した「江戸時代の墓と葬制」(註6)、西の関西近世考古学研究会が一九九八年に開催した「西日本近世墓の諸様相」(註7)と題した研究発表会は、大名墓研究を進めていくうえで参考となる成果である。大名墓以外の近世墓の内容を知らなければ、その上位階層の大名墓研究を進められないことは、今更言うまでもないことであろう。

三　大名墓研究会の設立と展開

このように、坂詰秀一が主導し、立正大学関係者により進められてきた関東中心の研究者による大名墓研究の流れとは別に、近年関西の研究者を中心として、筆者も所属する大名墓研究会（代表中井均）が設立され、活動を継続的に行なっている。現在のところ四回の研究発表会が西日本を中心として開催され、現在も継続中である。本稿では研究会のすべての内容を紹介する紙面はないので、今後の大名墓研究に向けての問題点と検討課題になる部分のみについて触れてみたい(註8)。

第一回の研究集会は、二〇一〇年彦根市で開催された。開催地彦根藩井伊家墓所をはじめとし、金沢市の前田家墓所、高岡市の前田利長墓所、丸亀市の京極家墓所、発掘調査で豊富な副葬品が発見された、幸田町の松平忠雄墓所の調査成果などの発表があった。

井伊家墓所は、国許の彦根清涼寺と江戸の豪徳寺にあり、清涼寺墓所については国許で没した藩主の埋葬地とされ、江戸の墓所との使い分けがあることが提示された。また、墓塔形式についても、江戸前期に無縫塔、五輪塔、位牌形塔などのバラエティがあるのに対して、江戸中期以降は無縫塔と位碑形塔に集約されていく画期が認められたが、藩主の墓塔は無縫塔に限定されている。無縫塔は禅僧の墓塔であることから、国許で没した藩主は、没後禅宗僧として出家し埋葬された可能性があり、ほかの大名墓と比較すると特異な様相を呈している。これに対して豪徳寺の墓所は宝篋印塔で、同じ大名墓でありながら菩提寺によって石塔の種類や葬式のやり方が異なっていたことを示している。

前田家墓所については、国許の野田山のみに墓所が定められている。野田山墓所は藩主とその一族、家臣墓からなり、国許だけに墓所が設けられるタイプである。墓は方形墳を基本とする塚形式で、初期の墓には石廟が付属していたが、次第に石廟は廃止され、一七世紀中葉以降祭壇のみが付属するようになる。この時期は、全国的に御霊屋形式の大名墓が廃れていく時期と符合するようである。藩主、正室、子女墓の規模は初期ではさほど差がないのに対して、一七世紀中葉以降規模の差が顕在化するという。墓による藩主の権威付けが確立した時期を知るうえで参考となった。家臣の墓は石塔墓で、藩主一族の墓との階層差を示している。

図２　第２回大名墓研究会の風景（熊本大会）

四国丸亀藩の京極家墓所は、中世京極家の菩提寺であった米原市清滝寺徳源院にあり、国許、江戸以外に墓所をもうけるタイプの珍しい大名墓である。なお、江戸京極家墓所では、一六代高朗は国許の丸亀市玄要寺に、二七～二九代とその室は江戸の光林寺と龍光寺に埋葬されている。歴代藩主は石造の宝篋印塔で、一六〇九（慶長一四）年没の一九代高次は石御霊屋、二〇・二一代は石塔墓のみ、二二～二五代まで木造御霊屋をもっている。御霊屋をもつ形式の大名墓の変遷時期のなかで、長期にわたる事例として注目される。

第二回目の研究集会は熊本市で開催された。地元九州の福岡市の黒田墓所、対馬の宗家墓所、久留米市の有馬家墓所、熊本市細川家墓所についての発表があった。

黒田家墓所は、藩祖如水を初めとして初代長政、四代綱政、六代継高、七代治之、九代斉隆は国許の崇福寺、二代忠之、三代光之、八代治隆は国許の東長寺、五代宣政、一〇代斉清は江戸の天真寺、一一代長溥、一二代長知（いずれも明治時代に没）は江戸の青山墓地となり、国許、江戸に分散している。崇福寺の墓地は、円形の塚形式の墓で、墳頂に笠塔婆形の墓碑を建てている。これに対して東長寺は五輪塔からなる石塔墓となっており、同じ国許の菩提寺でありながら、崇福寺は儒教式、東長寺は仏式と墓制が異なることが指摘される。

対馬の宗家墓所は国許の万松院に代々の藩主一族の墓があり、上御霊屋地区に藩主の墓がまとめられている。上御霊屋地区の後方石垣の調査から、初代ではなくて義真没後（一七〇二年没）、段階的に墓所の整備が進められたことがつきとめられた。墓所の造営は当初は藩主のみ、次に藩主と正室、そして子女が混在する造墓の変化が認められた。ただし、藩主の子女、側室の墓所は基本的には上御霊屋より下段の中御霊屋であり、墓域に明確な階層性が認められる。上御霊屋地区で没年が一番古い義智（一六一五年没）の墓は宝篋印塔で、石柵を伴わないこと、さほど大きな塔ではないため、御霊屋が伴っていた可能性がある。次の義成（一六五七年没）以降の墓塔は笠塔婆や五輪塔に変化し、さらに基壇に石柵や門を伴うことから、一七世紀中葉以降は石塔墓に変化したと見られる。

有馬家墓所は、国許の梅林寺に初代豊氏～一〇代頼永の供養塔・墓塔が存在するが、実際に葬られているのは初代、二代、七代、一〇代藩主で、それ以外は江戸の祥雲寺が墓所となっている。江戸で没した藩主は江戸で葬られ、国許の菩提寺にも供養塔が建てられる事例である。初代豊氏（一六四二年没）は御霊屋形式、その正室も隣に御霊屋形式で葬られている。二代忠頼（一六五五年没）までが御霊屋形式で、三代頼利（一六六八年没）以降が三層塔の石塔墓に変遷することから、一七世紀中葉に御霊屋から石塔墓に変遷する一般的なパターンであると見られる。墓域北区には初代・一〇代のみに正室の墓、初代と二代に殉死者墓が伴う以外は、藩主の墓だけで構成されており、室や子女の墓はなく、藩主墓の優位性が確認できる。また、殉死者の墓が特別扱いされていることも注目される。

細川家墓所は国許では、泰勝寺に初代・二代・一〇代・一一・一三～一五代藩主、妙解寺に三代～九代・一二代藩主墓がある。江戸でも妙解院に四代～六代・九代・一〇代の藩主墓が存在する。泰勝寺の初代藤孝・正室、二代忠興・正室の墓は四御廟とされ、いずれもよく似た形態と同一石材となる五輪塔を伴う御霊屋形式の墓である。このなかで最も早く没したのは二代忠興正室の玉（ガラシャ夫人一六〇〇年没）で、最も遅いのは忠興（一六四五年没）である。おそらく、藤孝、その室、玉の墓については、忠興あるいは三代忠利が肥後移封（一六三二年）後に、比較的短期間で整備したと思われる。忠利（一六四八年没）は四代光尚により建立された妙解寺に葬られ、九代までの細川家の菩提寺となっている。忠利墓の周辺にも、殉死墓が配置されている。なお、忠利、室、四代忠尚（一六四九年没）五代綱利（一七一二年没）、七代宗孝（一七四七年没）は、拝殿と石塔を伴う御霊屋形式となるが、六代宣紀（一七三二年没）と八代重賢（一七八五年没）後は石塔の覆屋としての御霊屋が省略され、木造拝殿のみをもつ石塔墓に変遷する。比較的遅くまで御霊屋形式が残る事例とみられる。また、細川家の場合、国許の墓所だけでなく、江戸にも四代光尚以降の藩主は分霊され、国許と同じく木造拝殿をもつ墓塔が建てられている。国許と江戸両方で、先祖供養の儀礼を行なっていた事例として注目される。

第三回目の研究集会は鳥取市で開催された。松原典明の記念講演、事例報告は中・四国の鳥取藩池田家墓所、岡山藩池田家墓所、松江藩堀尾家墓所、徳島藩蜂須賀家墓所、土佐藩山内家墓所であった。松原の講演は、全国の大名墓の変遷について述べたもので、大名墓をA～F類に類型化し各類の変化を示した。なかでも、大名墓の主類型である御霊屋形式が一七世紀中葉以降減少し、石柵・門をもつ石塔墓に変遷することなどを指摘し、今後の大名墓研究のなかで墓塔に関する基本的な視点を示してくれた。

鳥取藩池田家墓所は、国許の清源寺において、八代斉稷（一八三〇年没）以外の初代光仲（一六九三年没）から一一代慶栄（一八五〇年没）までのすべての藩主が葬られている。江戸で亡くなった藩主も、基本的に国許に帰葬している事例である。ちなみに、斉稷は遺言により江戸弘福寺に埋葬されている。清源寺のすべての藩主墓は櫛形の石塔墓で、二代綱清以外は亀趺とよばれる亀形聖獣の台石を伴っている。亀趺は本来中国・韓国で官人（役人）の功績を記した墓碑の台石として利用されるもので、墓塔のパーツとされるのは日本だけである。中国・韓国の官人葬制を形骸的に受け入れた結果であろう。また、絵図などから墓碑の前に木造拝殿をもつことが確認できる事例となっている。

岡山池田家のすべての藩主は、国許の清泰院、如意谷墓所、正覚谷墓所の三ヵ所に葬られている。初代の忠継（一六一五年没）と二代忠雄（一六三二年没）の墓所は清泰院にあり、忠継は御霊屋形式、忠雄は巨大な無縫塔である。鳥取・岡山両藩の藩主の入れ換えにより岡山藩主となった光政（一六八二年没）の代に、京都妙心寺護国院に葬られた輝政と利隆（何れも姫路藩主）を如意谷墓所に改葬し、みずからも如意谷墓所に葬られた。いずれも儒教式の円墳で、前面に墓碑が建てられているが、輝政のみが従三位であることから亀趺が台座となる墓碑が建てられている。次の綱政は正覚谷墓所を生前から造営し、綱政以後幕末までのすべての藩主は正覚谷墓所に葬られ、儒教式から仏式の石塔墓に変えられている。

図３　岡山県如意谷墓所の池田輝政墓

徳島蜂須賀家の墓所は、七代宗英（一七四三年没、京都清浄華院埋葬）以外は国許の興源寺と万年山墓所に埋葬されている。興源寺墓所では藩祖家政（一六三九年没）より五代綱矩（一七三〇年没）までが遺体埋葬、六代宗員（一七三五年没）は火葬にされている。八代宗鎮（一七八〇年没）〜一三代斉裕（一八六八年没）については、万年山墓所に遺体埋葬地を移すが、興源寺墓所にも遺髪を納めた石塔墓（分霊墓）が建てられる、二墓所造営という特殊な墓制をなしている。興源寺墓所の藩主墓は石塔墓、万年山墓所は円墳の前に墓碑を建てる儒教式の墓である。

このように、中・四国の鳥取・岡山藩池田家、徳島藩蜂須賀家墓所からは、仏式のほか儒教式の墓が色濃く出現していることがわかり、仏式、儒教式の流れの解明が今後の大名墓研究のキーポイントになっていることがわかる。

土佐山内家のすべての藩主は、国許の真如寺山（筆山）墓所に葬られている。山内家墓所の特徴として、初代一豊（一六〇五年没）より五代豊隆（一六七二年没）までに「昭穆」とされる中国式の葬制が採用されている。「昭穆」とは祖先の墓を真ん中に父を左に、子を右に配置する法則である。六代豊隆（一六七三年没）以降になるとこの法則が適用されなくなるという。藩主は石塔墓であるが、七代豊常（一七一一年没）、九代豊雍（一七八九年没）、一一代豊興（一八〇九年没）には亀趺の墓碑が建てられ、儒教式の影響も窺える。

第四回の研究集会は高野山で開催された。高野山に分霊された弘前藩津軽家墓所、京都の公家二条家墓所、高島藩諏訪家墓所の事例

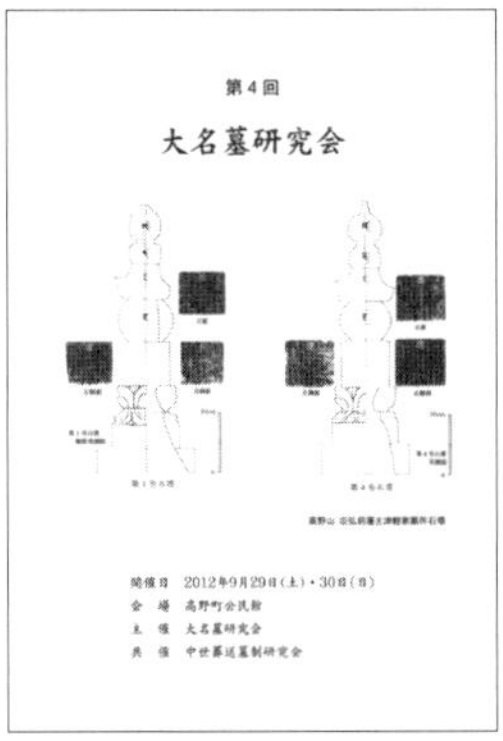

図４　第４回大名墓研究会冊子の表紙

報告があった。

弘前藩津軽家の墓所は、国許の報恩寺、長勝寺、革秀寺、江戸の津梁院、高野山の遍照尊院となっている。それぞれに同一人物の墓があり、発掘調査で本葬墓と分霊墓の関係がわかっている。報恩寺では、本葬墓は三代信義（一六五五年没）と藩主の子息三名で、四代信政（一七一〇年没）以下一一代順承（一七一〇年没）の藩主墓は分霊墓であった。分霊墓には臍の緒や爪、遺髪、歯などが入れられていた。本葬墓、分霊墓ともに、五輪塔の石塔墓である。なお、三代信義は、唯一火葬に付されている。長勝寺では、本葬墓は六代信義（一七四四年没）と室二名、二代信牧（一六三一年没）で、三代信義の藩主墓、藩主の子息一名は分霊墓であった。本葬墓、分霊墓ともに一基を除きすべて御霊屋形式で、内部には木製五輪塔が納められていた。革秀寺では、京都で没した初代為信（一六〇七年没）の遺骨を二代信牧が国許に持ち帰り本葬墓を営んだ。為信墓は御霊屋形式で、内部には石製宝篋印塔が納められていた。津梁院では、本葬墓は二代信牧より五代信寿、七代信寧、八代信明の藩主とその正室の一一名で、四代信政、六代信著と正室の三名は分霊墓であった。本葬墓、分霊墓ともにすべて五輪塔の石塔墓である。津軽家はさらに高野山遍照尊院に初代より三代、七代より一一代藩主と室、子女、家老の分霊墓がある。五輪塔などの石塔墓で、八代信明の遺髪の入った甕が発見されている。本葬墓と分霊墓の関係が国許と江戸の菩提寺だけでなく、高野山まで含めて発掘調査により内容が確かめられた貴重な事例である。

近世大名墓の規範となったと予測される天皇家や貴族墓について、京都の二条家墓所の事例検討をした。二条家は藤原摂関家の一家で、墓所は二尊院にあり、戦国時代から現代までの当主や夫人の墓が継続的に確認されている。すべて石塔墓であるが、一六世紀後半より一七世紀のものは五輪塔で、門や柵、燈籠、立花や香炉などの付属品はない。一七世紀末葉になると墓塔は宝篋印塔に変化し、門や柵、燈籠、立花や香炉などの付属品が出現することが解明された。この変遷過程は、松原によりすでに大名墓でも確認できることが指摘されており、貴族の墓が大名墓に影響したのか、その逆もあるのかが検討課題となるだろう。

高島藩諏訪家墓所は、国許の温泉寺と頼岳寺、江戸の吉祥寺にある。初代頼水（一六四二年没）は頼岳寺、二代忠恒（一六五七年没）から八代忠恕（一八五一年没）までの藩主とその一族の墓所は温泉寺、九代忠誠、一〇代忠礼（何れも明治没）の墓所は吉祥寺となっている。二代忠恒は御霊屋形式で、三代忠晴（一六九一年没）以降は墓碑形態の石塔墓に変遷する。室や子息の墓は藩主墓のあるテラスの下段にあり、五輪塔や笠塔婆形の石塔墓となっており、藩主墓とは明らかに階層差が見られる。発掘調査では参道に敷かれた板石が良好な状態で確認されており、敷石の敷方や調整手法から時期差が確認できたため、墓の整備とともに参道整備も進んだと思われる。

四　近世大名墓研究の問題点と今後の展望

最後に考古学の方法で大名墓研究を進めていく上での検討課題を

示して、本稿のまとめとしたい。第一の検討課題は、松原により示された大名墓制の全国的な変遷過程を示すことである。御霊屋形式、石塔単独墓から門、燈籠、付属品で荘厳された石塔墓への変遷時期の検証である。この変遷過程は、京都の貴族の墓でも確認されており、大名墓と天皇家・貴族の墓との関係についても注目しなければならない。この変遷時期は、おおかたの大名墓では一七世紀後～末葉にありそうであるが、京極家墓所のように一八世紀段階まで御霊屋形式の墓が残る事例もある。さらに、鳥取藩池田家墓所のように木製拝殿、加賀前田家墓所の石製拝殿が存在する事例の変遷過程も検討課題に加えておきたい。

第二の検討課題として、儒教が大名墓に与えた影響についてである。加賀藩前田家墓所をはじめとして塚形式墓の存在、亀趺を台座とする墓碑が建てられていること、大名墓の基本は土葬であることなどから、大名墓の造営に儒教が関係していることは確実である。ただし、前田家墓所のように亀趺の墓碑と塚形式の墓が必ずしもセットとならないし、鳥取藩池田家墓所のように亀趺が墓塔の台座に使われるなど、中国・韓国の儒教墓にはない日本的な要素も見られる。この場合、生粋の儒教伝道者が、葬儀を主導したかどうかは疑問点が残り、儒教式と仏式の折衷様式の葬制の存在が考えられる。また、弘前藩三代津軽信義や徳島藩六代蜂須賀宗員らは火葬されていることが確かめられており、大名墓のなかに火葬墓も確実に存在する。一七世紀代に少数の事例があるようで、火葬墓の系譜を追究することも視野に入れておきたい。

第三の検討課題として、弘前藩津軽家墓所のように、江戸、国許や高野山など一大名が複数の墓所をもつことである。本葬墓と分霊墓を埋葬遺構から認識し、各大名墓における先祖供養方法の違いを明らかにしなければならない。津軽家だけでなく徳島藩蜂須賀家墓所のように、国許の複数の墓所で本葬墓と分霊墓の関係がある事例もある。反面、久留米藩有馬家のように、国許と江戸の菩提寺のいずれかが本葬墓になり、分霊墓をもたない事例も多数ありそうである。さらには、土佐藩山内家墓所のように、国許の一つの墓所に継続して葬られる事例、まれではあるが丸亀藩京極家のように、京極氏が中世の拠点とした米原市に墓所を設ける事例、浜松藩・掛川藩主を歴任した太田家墓所は帰依した僧侶の開基寺を墓所とするため、藩主の在任地と関係のない土地に墓所を設ける事例などがある（本誌溝口報告）。また在任期間が終了した後の墓所の管理や、旧任地での新たな藩主の墓の造営が、後任の藩主が赴任した後にどうなるかが問題となる。岩村藩丹羽氏墓所では御霊屋の再整備が、後任の大給松平氏の時期になされた。ほぼ同時になされた初代松平の御霊屋再整備は、木造御霊屋を撤去し、石塔のほか灯籠と手水鉢が寄進されているのに対して、丹羽氏の墓には石塔のみが建てられ、在任藩主の再整備と差がつけられていることが確認された[註9]。

第四の検討課題として、墓塔そのものの研究があげられる。墓所に葬られた最初の藩主の墓塔のコピーを繰り返し、形態がほとんど変化しない事例、ある藩主段階で形態が大きく変わる事例など、石塔の変遷過程の類型整理を行なうことである。また、彦根藩の井伊家のように、江戸と国許の墓塔形式が違うのは、葬儀を主導する菩提寺の意向なのか、それとも藩主の意向が働くのかも検討課題としておきたい。付属品の中の燈籠や手水鉢のなかに、親類や家臣の名前があるもの、寄進年代があるものが多く、室の香炉の中には実家の家紋を彫り込んだものがあったりする。これらの付属の石造物の整理から、藩主の人間関係や、墓の整備時期などを知るための手かがりとなる。とくに、灯籠は地域色や時期差の確認をしやすく、墓塔以外石造物の形式編年を行なうことにより、墓の性格を知るうえで有効な資料となる可能性が高い。

第五の検討課題として、藩主と正室、側室、子息、子女等の墓から見た階層性が確認できるかである。藩主とそれ以外の一族の墓や墓塔の大きさ、墓塔の種類に差がある事例が多く、さらに占有する墓域の場所が藩主の墓から見て離れているかどうかで階層差を示していることが確認できる。ただし、一七世紀の正室の墓は藩主と並んで造墓される事例も多く、正室とそれ以外の一族の階層性も検討しなければならない。また、九州の大名墓で多数確認できる殉死墓の階層性についても検討しなければならない。さらに、前田家墓所で確認されたように、こうした階層性を顕著に示す時期に変化があることが確かめられているので、階層性の変遷過程は重要な検討課題である。

第六の検討課題として、墓所の計画的な整備をどのように進めたかである。対馬藩宗氏墓所の場合、石垣や墓所を区画する塀や柵の整備により、一八世紀初頭以降に計画的な整備がなされたことが確認されている。高島藩諏訪家墓所のように、参道の整備などからも墓所の整備過程が判明した事例もあり、墓所全体の変遷過程の把握が必要となっている。

今回紙面の関係で触れることができなかったが、副葬品や地下埋葬遺構の分析からも様々な問題点が浮かび上がってきている。今回示した検討課題は、文献資料からはほとんど明らかにできないと思われる。このように、考古学の方法から大名墓を読み解くことのできる検討課題は、多岐にわたると思われ、これからの考古学者が果たす責任は重いと言わざるを得ない。今後いっそう気力・体力が続く限り研鑽をいたしたい。また、近世大名墓研究を志すみなさんのご意見、ご協力を仰ぎたい。

（註1）伊東信雄編『瑞鳳殿伊達政宗の墓とその遺品』一九七九
鈴木　尚・矢島恭介・山辺知行『増上寺将軍家墓とその遺品・遺体』一九六七

（註2）「近世大名墓の調査Ⅰ・Ⅱ」『月刊考古学ジャーナル』五八九・五九五、ニュー・サイエンス社、二〇〇九・二〇一〇

（註3）坂詰秀一監修『近世大名墓要覧』ニュー・サイエンス社、二〇一〇

（註4）松原典明『近世大名葬制の考古学的研究』雄山閣、二〇一二

（註5）立正大学考古学研究室ほか『近世大名家墓所調査の現状と課題』二〇一〇

（註6）江戸遺跡研究会『江戸時代の墓と葬制』一九九六（のちに成果が『墓と埋葬と江戸時代』吉川弘文館、二〇〇四として刊行されている）

（註7）関西近世考古学研究会『関西近世考古学研究Ⅵ―西日本近世墓の諸様相―』一九九八

（註8）大名墓研究会ほか『第一回～第四回大名墓研究会』二〇〇九～二〇一二

（註9）恵那市教育委員会『岩村城総合調査報告書2』二〇一二

近世大名墓研究の一視点

松原典明

一　はじめに

大名墓の考古学的調査の必要性は、すでに津軽家（註1）や増上寺徳川将軍墓の調査（註2）を嚆矢として喚起されたが、その後は、個人墓、祭祀の継承などの制約から多くの場合、改葬に伴う調査であり必ずしも十分な考古学的成果が得られてきたわけではなかった。しかし、近年行なわれた徳川宗家御裏方墓所調査（註3）では、施主と調査主体が一体となって計画的に学際的調査研究が行なわれ、一九五八（昭和三三）年の増上寺将軍墓調査の結果を加えることで、近世武家社会の最高位における墓の実態が鮮明となり、通説の通り墓が有する階層性と表徴性の意味は充分に示されたと言える。しかし、墓＝「葬る場」として捉えた場合、「葬る」ことについての研究は充分になされてきたとは言えない。そこでここでは、将軍と有縁の人々の墓で確認された火葬と土葬という遺骸処理の違いを端緒に、大名墓の宗教的思惟を読み解くための視点を探ってみたい。

仮定として「近世大名の葬法における遺骸処理は、その初期において、中世以来の伝統的な仏教思想に基づいた火葬が主流であったが、一七世紀中葉以降、儒教思想に基づく土葬という遺骸処理が、天皇以下、近世武家社会の上位階層に浸透したと捉え、神道の台頭による社会形成を背景として、墓所における葬礼が変化し、神・儒・仏がそれぞれの役割を受け持ちながら一体となった儀礼が成立した」と考えている。このような仮定と視点から、遺骸処理、葬送儀礼とそれに伴う副葬品、葬法などを資料として思想的な背景に着目することで、近世武家社会の葬制を宗教的な思惟から紐解くきっかけを考えてみることにする。

二　遺骸処理の違いから読み解く

歴代将軍は、家康の葬送に倣い土葬であった。一方、将軍有縁の女性たちは伝通院をはじめとして火葬で葬られたが、その女性の葬送も一八世紀を境に土葬に変化した。そこで増上寺や徳川宗家御裏方墓所調査で明らかになった将軍有縁の女性の主体部の位置や葬法を比較することで、なぜ火葬から土葬へ変化したのかを捉えてみたい。

二代秀忠正室・崇源院〔一六二六（寛永三）年没〕は、宝篋印塔基礎部分を石櫃状に刳り抜き火葬骨が直接埋納された。また六代家宣生母・長昌院〔一六六四（寛文四）年没〕、四代家綱正室高厳院〔一六七六（延宝四）年没〕は、宝塔直下に、火葬骨を骨蔵器に納めた石櫃に入れ埋納している。しかし、四代生母・三代家光側室・宝樹院墓〔一六五二（承応元）年没〕だけは、白磁製有蓋壺を骨蔵器として石櫃に納められ、これまでにない基壇下の地下深く版築によって埋置された。このように埋葬位置の違いについて地下埋葬は、将軍家葬制確立以前の葬法との指摘もあるが[註4]、ここでは、宝樹院の葬送における特殊な事情に注目しておきたい。宝樹院の葬送は、荼毘所となった護国院の初代住職生順が導師を務め、真言密教の儀礼による葬送が執行された可能性が高く、その結果、地下埋納と舎利礼文の埋納や石櫃の両界大日如来の梵字の記載として表われたのではなかろうか。なぜ護国院が選ばれたのかについては、当時の護国院の機能として、融通念仏衆や宗派に属さない行者を天台宗に取り込む拠点であったことが指摘されている[註5]。さらに一六四七（正保四）年には、後光明天皇の特旨による神嘗祭例幣使発遣が再興されるなど神道の台頭が指摘されている。岡山、会津、水戸など謂わば徳川一門内から強烈な神仏分離行動が起こり、仏教を排除する時期にも当たっていたのである[註6]。つまり岡山池田家、会津保科松平家、水戸徳川家は仏教葬を避け神道や儒教思想による土葬を重視したのである。この時仏教側は、神道流布に脅威を覚えた結果、天台宗が教線拡張と仏教強調を目論み、宝樹院の葬送において耳目を集めるために真言密教の儀礼色の強い葬儀執行に繋がったのではなかろうか。そして五代将軍綱吉の生母・桂昌院の葬送段階では、土葬が用いられ、以後の将軍有縁の女性の葬送はこの葬法が主となった。これは執行者である綱吉の学問的・思想的な儒教への傾倒が大きく影響しており、同時に儒臣である林信篤とその一門の存在に改めて注意しておきたい。そこで学問的・思想的な儒教への傾倒を示す葬送の事例として、文献ではあるが津藩藤堂高久や天皇、公家の葬送を取り上げ、それらが朱子『家禮』をテキストとした儒教的思想による葬送であったことを確認しておきたい。

三　『家禮』をテキストとした大名墓の葬礼

筆者は以前、大名墓下部埋葬施設の調査成果を再検討し、埋葬方法の特徴を抽出することで、一部の大名家あるいは一個人における埋葬方法に、儒教に則った葬法が存在していることを明らかにした[註7]。そして、儒葬の背景には、個人の宗教的あるいは学問的な志向性が大きく働いており、墓所を生前に構築する寿蔵という方法をとることで、墓域の選地・立地は、風水に則り、葬送儀礼は敢えて仏教葬を避け、葬儀式を信頼のおける儒者・儒臣に託す、という精神構造があったことを、津藩主四代藤堂高久〔従四位下、侍従、和泉守〕の葬送記録から読み解いた[註8]。また、この高久の葬送記録は、儒臣と思われる朱雀頼母が記したとされており、記録の標題として「易簀」という語が用いられていた。そして葬送の次第を確認してみると、「易簀」が示す通り朱熹『家禮』の内容に則った葬礼であることを確認した。つまり文献の標題「易簀」は、儒家経典の一つである『礼記』[註9]「檀弓上」に次のように記されている。「曽子が死に臨んで、季孫から賜った大夫用の簀を、身分不相応のものとして粗末なものに易えた」という故事の「簀を易える」から造語されており、儒教の葬法に淵源があることを直接示すものであった。藤堂高久の葬送記録は、まさに『礼記』「檀弓上」を重視した知識を披瀝したものであることは言うを待たない。そして具体的な内容記述の分析から、『礼記』「檀弓上」はもとより、一二世紀に朱熹が

『周礼』、『礼記』『儀礼』から冠婚葬祭に係わる部分を纏め編纂した『家禮』に則った葬礼であったことを確認したことで、近世武家社会における儒教受容の実態の一端を示し得たものと思う。儒葬の特徴は、「治葬」にあり石灰と炭（細沙、黄土）から成る三物を使い遺骸を納め誌石を埋めることにある。大名家の葬法において、木棺を埋葬する際に石灰、炭を使う葬法の淵源は、中世に求められるのであろうか。これまでの多くの中世墓の調査・集成が進展している中で、管見では明確に石灰、炭を用いた墓壙を知らない。将軍墓でも石灰による柩の保護が確認できるが、この淵源をどこに求めるのかが、近世武家の葬法の淵源を解く鍵ではなかろうか。筆者は、思想的な傾倒から学んだ、遺骸に対する死生観が、朱熹『家禮』をテキストにした葬法に帰結した結果であろうと考えている。管見では中国明代の葬制を確認していないのであるが、現状では朝鮮半島、朝鮮通信使との関係における思想受容の系譜を想定している。今後広く同時代における東アジアの葬法の確認・比較が急務であろうと思う。そして、近世葬制の淵源を考えるとき、中世にそれを求め得るかという点については、地下式土壙に注視しておきたい。縦坑を掘り、直角に横坑を掘る形状は、『儀礼』に記されている遺骸埋納土壙の形状に類似する。この地下式土壙の存在が、日本における儒教受容を示すものになり得るかどうか今後の課題としておきたい。

四　遺物から読み解く大名墓葬礼の系譜

文献から大名の葬礼を読み解く中で、石灰や炭を使う葬法など埋葬葬法が朱熹『家禮』に則って行なわれた可能性を指摘し、朝鮮半島に系譜を求めた。ここでは、大名墓の遺物から儀礼の系譜について触れてみたい。

朝鮮半島における「胎室」に関連した儀軌を紐解くと、王室における「胎」の保管方法や、「胎室」構築の概略が理解でき、「胎」の奉安の方法や埋納構造が、日本の大名有縁の女性葬送に共通する点を指摘したい。「胎」とは、「臍の緒」で、生まれてすぐの元子の臍の緒を二重の有蓋白磁壺に納め、石櫃に埋納して聖域とする山頂に埋納するという[註10]。石櫃内には、銭貨や銀の薄板を埋納し、誰の「胎」であるかを明示した「胎誌石」を納めたという。このような半島の習俗と、近世大名有縁の女性墓出土の二口の白磁壺の共通性を指摘したい。具体的には池上本門寺で調査された米沢四代藩主上杉綱憲正室圓光院墓所出土の大小二口の肥前系有蓋白磁壺や、福岡県直方市で調査された直方藩主四代の正室と後室の墓所の事例[註12]（図1）である。後者から興味深い点を示しておきたい。直方藩主四代前・後両夫人は、いずれも江戸藩邸で亡くなっており江戸に埋葬された。したがって国元である直方の墓所には遺骸は確認されていない。興味深いのは前室（中津藩主小笠原信濃守名勝息女）は、嫁した翌年に亡くなり子はおらず、翌年迎えた後室（前室の妹）は、江戸鉄砲洲にて嫡子菊千代を出産するが三年後の一七〇六（宝永三）年には亡くなってしまう。直方における両者の墓を比較してみると副葬品は図1のようにほぼ共通するが、有蓋白磁壺は後室墓だけに確認された。壺の内容物について報告書では墓誌に記された遺髪の可能性を示しているが、ここでは後室墓有蓋白磁壺の意味を、国元であるがゆえに夭折した嗣子の「胎」を埋納した可能性も指摘しておきたい。以前、筆者は、東京都港区済海寺長岡藩牧野家二代藩主忠成生母長壽院墓例[註13]〔一六六四（寛文四）年没〕、牧野家四代藩主忠壽正室貞岳院墓（一七三二（享保一七）年没）では、石槨内に陶器製甕（大）と共に肥前製蓋付白磁壺が納められていた事例を挙げて、圓光院の例と比較したことがある。古くは、古泉弘[註14]が、分骨、選骨という捉え方を示しているが、別の葬地、聖地への埋納ならばその可能性も残ろうが、同一の墓内での区分埋納をこれに結びつけることの意味が探せなかったために、被葬者と出産、襲の関連や爪髪などを埋納する可能性を指摘した。この考えは現在も

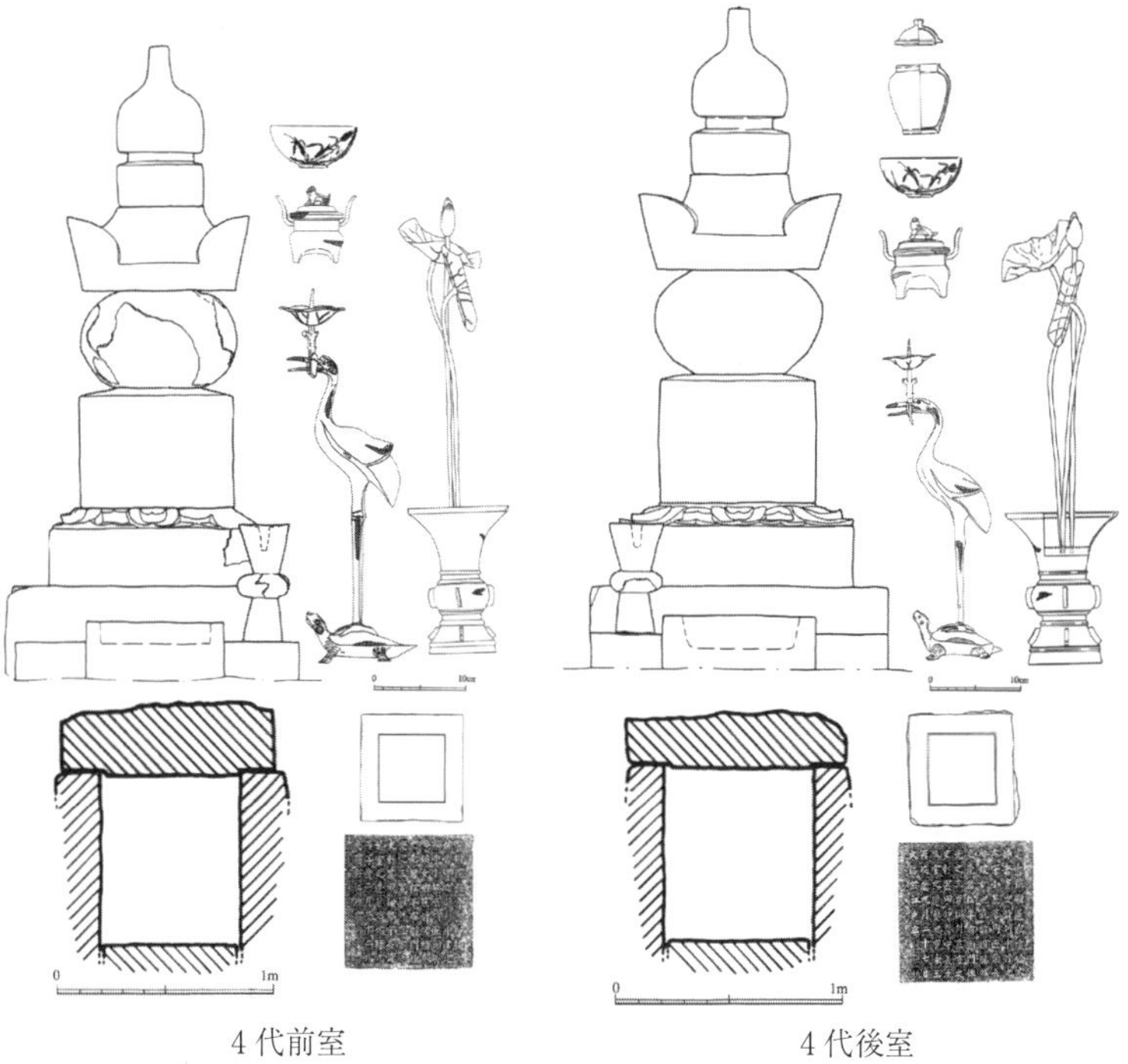

図１　直方藩４代前室・後室墓
（直方市教育委員会『雲心寺・随専寺墓地遺跡』2003）

大きくは変わらない。また、「遺髪」として捉えることについては、『家禮』「大斂」に「生時落つる所の髪歯及び剪る所の爪を棺の角に實たす」と記されており、調査の内容に合致している点も注意したい。これを補強する事例として、年代の新しい事例では一七六一（宝暦一一）年に没した九代将軍家重の葬送[註15]において、真田打紐付黒漆手木箱に正室のものと想定される髪や、家重自身が生涯剪った爪を入れた袋が柩内で確認されている。文献では、一八〇一（享和元）年十一月に没した八戸藩六代藩主南部信依正室信行院（港区金地院）の葬礼記録[註16]に、「御扇子、御はな紙、御臍緒、御歯、御月代、御法号是者先年剃髪之節金地院より御受被成候御法号、右外二御守、或御直筆之御経文・名号・御手鏡・御珠数頭地陀袋江入、御草履」と記されており、被葬者の「臍緒・歯・髪」などが棺に納められたことがわかる。しかし一八世紀前半より古い事例では、「臍緒」の墓への埋納の可能性を改めて想定しておきたい。そして、これらの習俗が朝鮮半島の「胎室」の習俗に系譜があり日本化した結果の事例として捉えておきたい[註17]。

五　家臣の墓から読み解く

調査事例も限られる近世大名墓以外から近世武家社会の葬制の宗教的思惟を読み解くには、家臣の墓も比較資料として確認しておく必要があろうと思う。昨年、大分県豊後大野市に所在する岡藩家老中川並古墓所が県の史跡に指定されるなど、大名墓以外にも広く近世史を示す有効な資料の一つとして、地方における積極的な指定による保護もみられる。ここでは、発掘調査で明らかになった伊勢津藩城代家老の墓所調査[註18]を取り

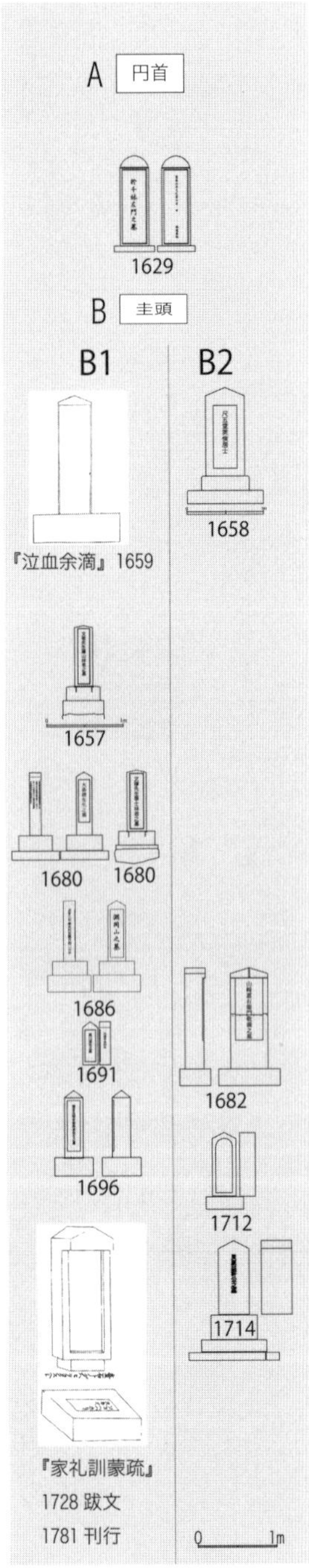

図４　近世儒者墓碑変遷図
（著者作図）

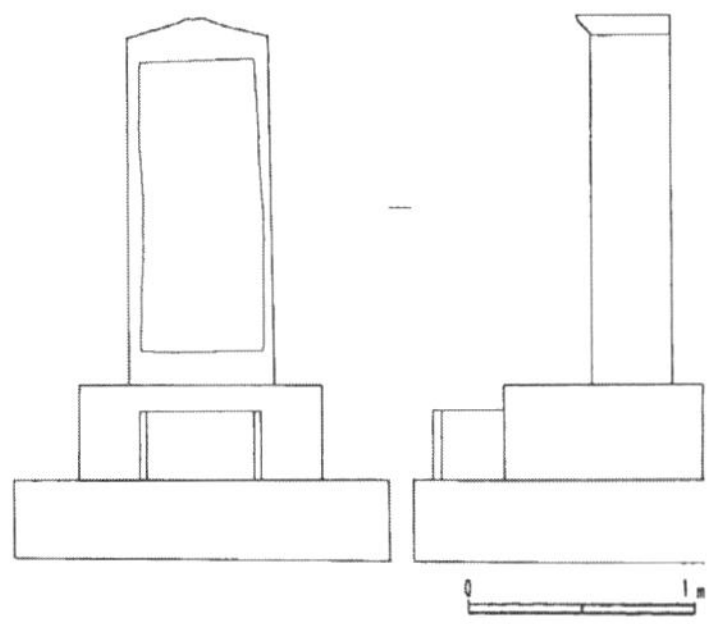
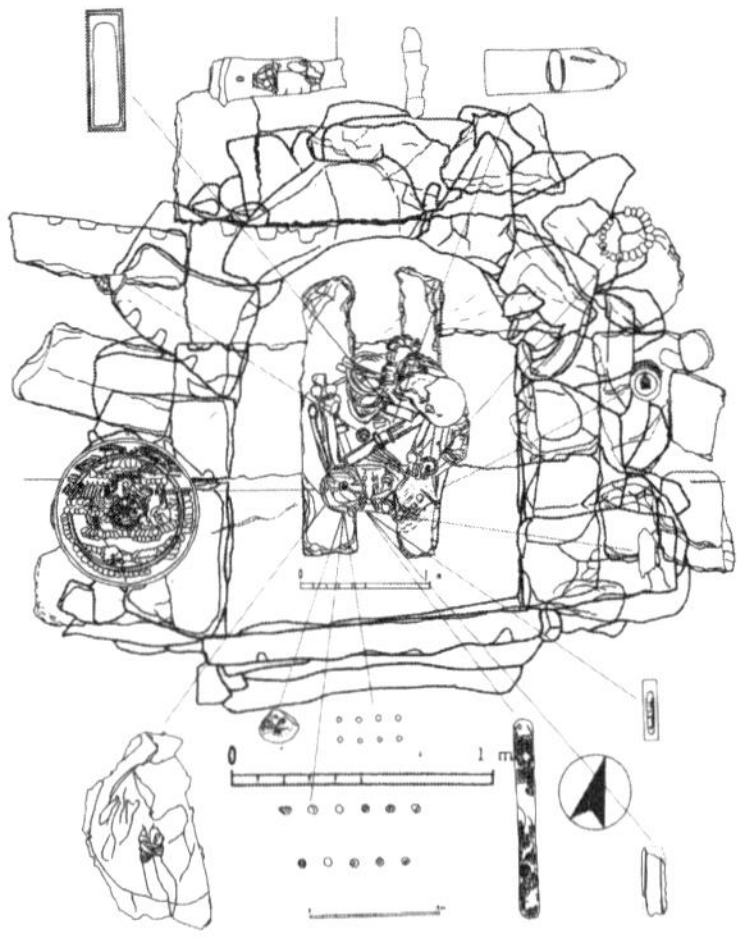

図２　津藩城代藤堂元甫墓
（左：実測図　右：平面図）
（上野市教育委員会『西蓮寺墓所発掘調査報告書』1993）

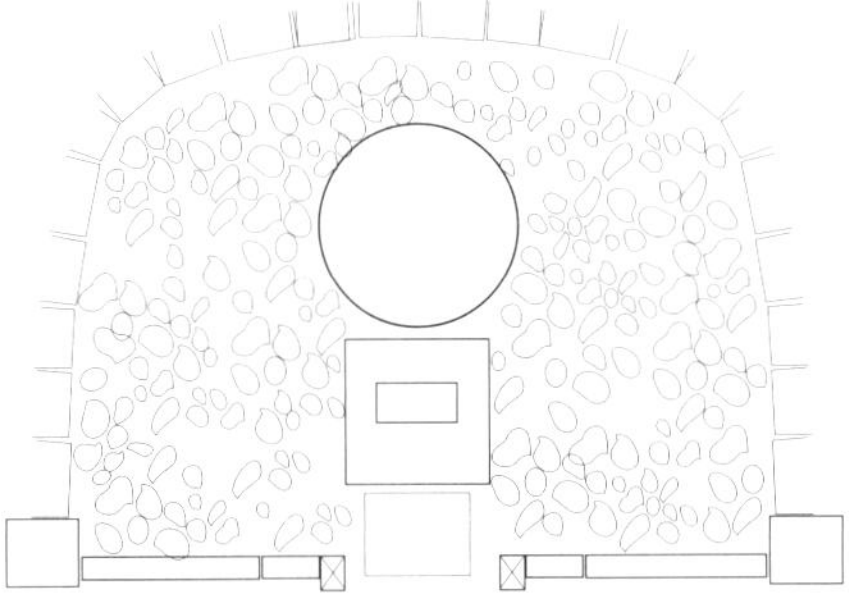

図３　伊藤仁斎墓所平面図（著者実査）
（京都市右京区嵯峨二尊院内）

上げて葬制を考えてみたい。

津藩城代家老である藤堂元甫は、藤堂藩伊賀司城藤堂采女元光の第六子で、第三代城代家老藤堂采女高稠の異母弟である。分家である叔父の伊織元連家を継ぐが、本家である采女家の第四代城代家老藤堂采女元杜が死去し、後を継いだ采女元福が幼少であったため、一七四五（延享二）年城代職看抱となり、藤堂采女を名のった。一七五七（宝暦七）年城代職看抱の職を元福に譲り、『三国地志』の編纂に力を注ぎ、一七六二（宝暦一二）年九月に没した。墓碑は、圭頭で正面に陥入が彫られ、中央に「三擇院俯察好門居士」、向かって右に「藤堂元甫墓」、左に「宝暦十二壬午季九月六冥」とあり、天台宗真盛派中本山西蓮寺の境内墓地内に所在している。津城の西五〇〇メートルに位置し、北側尾根には藤堂家墓所御山がある。この調査で注目したいのは、①墓碑の型式、②墓構造である。

まず①墓碑の型式は、拙著(註19)で指摘した林鵞峰が母の葬送で考案したと考えられる墓碑型式で、儒者特有の型式（図４・B類）として捉えられる。京師で学んだ師弟関係を背景に、各地で儒臣たちの墓碑として用いたことはすでに指摘したとおりである。参考までに先に示した津藩三代藩主藤堂高久の墓碑型式は、墓碑の頂部が円首であり、儒者が用いた古い型式（図4・A類）を用いている。

②の墓構造の平面形に着目すると、馬蹄形の石室である。管見では地下構造の類例は示せないが、地上墓域が馬蹄形を呈した例として図3に示した伊藤仁斎墓（一七〇五（宝永二）年没）が挙げられる。また、直接淵源にはならないであろうが、孔子墓の平面形が馬蹄形を呈していることも系譜を探る上において注意しておきたい。以上の点から、城代の儒学あるいは朱子学への学問的な志向性を背景とした自由な造墓があったことに注目しておきたい。

六　まとめにかえて

以上、最新の大名墓の考古学的な調査である徳川宗家御裏方墓所の成果を端緒として、現状の大名墓研究においてどのような視覚が必要かを考えてみた。大名墓は、墓であるがゆえに近世仏教との関係は避けては通れないはずであったが、これまで考古学では宗旨に触れる程度で、儀礼や祭祀、遺骸を「葬る」点にはあまり触れてこなかったのが現状である。その結果、遺骸の処理を捉えても火葬と土葬という大きな違いが存在しているにもかかわらず、この違いが何を示しているのかについての言及がなかった。もはや遺骸を埋葬する墓を捉えるときに、宗教性を省いた議論は充分ではないと思われる。

そこで今回は、大名墓の今後の研究において宗教的な視点から、改めて遺骸の処理を捉え、宗教的な思惟を概観してみると、土葬と火葬の違いに儒教における死生観が影響していると考えた。そして、共通する主体部構造から『家禮』というテキストの存在の可能性を指摘した。そして、テキストの系譜は朝鮮半島に求められ、とくに臍の緒の埋葬には半島の「胎室」の習俗を日本的に受容した可能性があることを指摘し、近世武家社会における大名の葬制の宗教的な思惟の根底には儒教思想が強く影響したであろうと考えられることを示した。最後に、儒教に影響された近世武家社会の葬制の変化と幕藩体制との関係に若干触れてまとめに変える。

将軍有縁の女性の墓制は、五代将軍綱吉の生母桂昌院墓造営を境に、火葬から土葬へ変化する。その背景には、後光明天皇や公家の野宮定基の正室の葬送における儒葬の流布も大きな要因の一つとして捉えられ、綱吉の儒教的思想への傾倒と儒臣である林家一門の影響も大きかったであろうことは、容易に想定できる。そして直後の六代将軍家宣の正室天英院の造墓（一七四一（寛保元）年没）段階で将軍有縁の女性墓の葬制がほぼ確立したものと考えられる。また、桂昌院墓の石室構造による地下埋葬様式の採用は、遺骸を重視する儒教的な思想を背景としたものであろうことは推測できよう。このように一七世紀後半から一八世紀における将軍有縁の墓制における変質は、一七世紀後半の御一門や領土を安堵された外様大名を中心とした家の自由な造墓の盛行とも時期が合致している。そしてこの自由な造墓の盛行は、幕府がキリシタンの弾圧を目的とした施策である寺檀制度を施行する中で、檀那寺を持つことは強制しても個々の宗旨や寺の強要はしなかったことにも起因しているのではないかと捉えている。この自由さがとくに大藩の外様大名の造墓に繋がったものと思われる。したがって保科松平、水戸徳川、土佐山内、阿波蜂須賀、岡山池田、鳥取池田、佐賀鍋島家を代表とする造墓では、本家・分家も含めた本来的な「イエ」(註20)の祭祀を重んずる各家ごとの自由な造墓意識が具現されているものとして位置づけたい。そしてこの自由度が、藩主の学問的な傾倒の大きさを端的に示しており、思想受容による祭祀・祭礼の実践の結果であったと考えたい。また、すでに指摘されていることではあるが、近世儒教は、神道に融合し、やがて排除していた仏教をも取り込み三教一致の思想(註21)を成立させたことも、考古学的な視点から大名墓を読み解くことで明らかにできよう。したがって、今後、考古学から大名家の墓制を捉える場合には、葬礼における儒・仏・神の役割、関わりについても注意を払い、副葬品、墓碑、構造などを宗教的な思惟の痕跡として捉える必要があることを示しておきたい。

（註1）戸澤　武「報恩寺藩公墓所発掘調査報告」『陸奥史談』二三、一九五四
（註2）鈴木　尚・矢島恭介・山辺知行『増上寺徳川将軍墓とその遺品・遺体』一九六七
（註3）寛永寺谷中徳川家近世墓所調査団『東叡山寛永寺徳川将軍家御裏方墓所』第一〜三編、二〇一二
（註4）今野春樹「寛永寺徳川将軍家御裏方霊屋の調査」立正大学考古学会『近世大名家墓所調査の現状と課題』二〇一〇
（註5）中川仁喜「仏教的観点からの遺物解釈」『東叡山寛永寺徳川将軍家御裏方墓所』第三編、寛永寺谷中徳川家近世墓所調査団、二〇一二
（註6）西岡和彦「理論化する神道とその再編」岡田荘司編『日本神道史』吉川弘文館、二〇一〇
（註7）拙著『近世大名葬制の考古学的研究』雄山閣、二〇一二
（註8）森井　薫・天田禮子「高久公易簀録草稿」『伊賀郷土史研究』一〇、一九八七
（註9）竹内照夫編『礼記』上、新釈漢文大系二七、明治書院、一九七一
（註10）篠原啓方「朝鮮時代の胎室加封碑に関する予備的考察」『東アジア文化交渉研究』五、二〇一二
氷川市『仁宗胎室　発掘調査報告書』慶州北道文化財研究院学術調査報告第三集、一九九九
（註11）坂詰秀一編『池上本門寺　近世大名家墓所の調査』二〇〇二
（註12）直方市教育委員会『雲心寺・随専寺墓地遺跡』二〇〇三
（註13）港区教育委員会『港区三田済海寺長岡藩牧野家墓所発掘調査報告書』一九八六
（註14）古泉　弘「江戸の墓制における分骨・選骨」『駒澤考古』二九、二〇〇三
（註15）前掲註2に同じ
（註16）岩淵令治「大名家の江戸菩提所」『平成二四年特別展　江戸の大名菩提寺』港区立郷土資料館、二〇一二
（註17）拙稿「近世大名墓にみる東アジア葬制・習俗の影響」坂詰秀一先生喜寿記念論文集『考古学の諸相』Ⅲ、二〇一四
（註18）上野市教育委員会『西蓮墓所発掘調査報告書』一九九三
（註19）前掲註7に同じ
（註20）浜口恵俊『「日本らしさ」の再発見』日本経済新聞社、一九七七
笠谷和比古『士の思想—日本型組織と個人の自立』岩波書店、一九九七
ここで示した「イエ」、「同族」、「疑似親族体系」の概念は、フランシス・l・k・シューの『比較文明社会論』の比較文化論的な視覚から、浜口恵俊が「日本型組織の構造と機能」として意義づけしたものである。
（註21）箕輪顕量「幕藩体制と仏教民衆化の意義」大倉精神文化研究所編『近世の精神生活』続群書類従完成会、一九九六
大桑　斉『日本近世の思想と仏教』法蔵館、一九八九

徳川将軍家の墓所構造
―階層間の比較―

今野春樹

一　はじめに

徳川将軍家墓所の調査事例は増上寺と御三卿の墓所として寛永寺凌雲院があるに過ぎず、墓所の規模や構造、副葬品の様子など不明な箇所が多く存在した。しかし二〇〇七年に始まった寛永寺徳川将軍家御裏方霊廟調査によって、これまで不足としていた情報を補うことができ、徳川将軍家の葬制を明らかにしつつある。本稿では将軍継嗣を出す家として創設され、将軍家の家族として扱われた御三卿墓所も事例に加え、階層間における墓所構造の違いを明確にすることを目的とする。

二　徳川将軍家の菩提寺

三縁山増上寺（浄土宗）は江戸城の南西に位置し、徳川家康江戸入府時から菩提寺に定められ、将軍およびその家族の墓所が営まれた。しかし第二次世界大戦時に墓域全体が被災したため、一九五八年には二代将軍秀忠をはじめとした合計三八基の墓所の改葬をかねた発掘調査が行なわれている。（註1）成果として将軍や正室生母墓所の頑強な構造の一端が明らかになったが、墓所構造が不明瞭であり、副葬品情報の不足など多くの不備な点が存在することは否めない。

東叡山寛永寺（天台宗）は江戸城の北東に位置し、徳川家康の意を受けた天海が一六二五（寛永二）年に徳川家の祈祷寺として創建した。山内には四代家綱をはじめとした六人の将軍墓所や、歴代将軍の正室生母・子女の墓所である「御裏方霊廟」が営まれている。御裏方霊廟には江戸初期から明治期にかけて造営された二五基の墓所が存在し、徳川将軍家墓所の変遷をたどることができる。（註2）

そのほか現在確認できるだけで、伝通院（浄土宗）には伝通院（初代家康生母）、天樹院（二代秀忠長女）など二六名の墓、池上本門寺（日蓮宗）には寛徳院（八代吉宗正室）など四名の墓所が存在するが、池上本門寺の深徳院（九代家重生母）以外は未調査である。

三　墓所構造―階層間の比較―

寛永寺と増上寺の徳川将軍家墓所の調査事例は、改葬による合葬墓を除いて五五例に及ぶ（表1～3）。被葬者階層は大別すると将軍・正室・生母・側室・成年子女・未成年子女であり、正室はさらに御台所と御簾中に分けることができる。また墓所の特徴は本来ならば同部分において比較すべきであるが、増上寺の場合は情報に欠ける部分が多く、一律には比較し難い。そこで比較が簡単な墓標（宝塔）形状、埋葬方法、墓所規模を表わす基壇一段目の寸法、棺槨のうち最も外側の木槨（外棺）の寸法に限って情報をまとめてみた。

墓標と規模　将軍の墓標は円形宝塔である（図1）。初代家康は当初木製であったが、石製を経て五代綱吉の時に銅製に建替えられる。二代秀忠は木製、三代家光・四代家綱・五代綱吉・六代家宣は銅製であり、七代家継以降は八代吉宗が石製に改めた。また直径は同じ円形宝塔の御簾中・生母・成人子女に比べて大きく、銅製の四代～六代では直径一・三七～一・四二メートル、石製の七代～一四代では直径一・〇九～一・一四メートルを測る。墓所規模も御台所に比べて大きい。

御台所の墓標は基本的には石製八角形宝塔であり、崇源院と天英院は宝篋印塔を後に石製八角形宝塔に改めているが、本理院は建替えることなく、宝篋印塔のままである。浄光院と天璋院は石製円形宝塔、静寛院宮は銅製円形宝塔であり、八角形宝塔は用いられていない。その原因について天璋院と静寛院宮は明治期の死亡であることから、葬制の崩壊を指摘することができるが、浄光院については不明である。墓所規模は将軍に比べて小さく、寛永寺御裏方霊廟の場合では平均一一・六メートル四方を測る。

御簾中の墓標は同じ正室でも御台所とは異なり、宝塔は石製円形宝塔である。證明院・天親院・澄心院宝塔の直径は〇・九七～一・〇九メートルであり、将軍や御台所より小さく生母より大きい。墓所の平面規模も御台所と同程度である。寛徳院宝塔の直径は〇・八八メートルと寛永寺埋葬の御簾中宝塔より小さいが、同寺院に埋葬される深徳院（九代家重生母）・本徳院（八代吉宗側室）よりも大きいことから池上本門寺内で格式差をつけたものと考えられる。

成人子女の墓標は天樹院では宝篋印塔であり、古い時期の女性墓所に共通した様式である。孝恭院・泰明院・貞明院では石製円形宝塔が使用されることから宝篋印塔から円形宝塔に切り替わり、以後は基本形となる。次期将軍であった孝恭院の宝塔直径は一・〇五メートルを測り、将軍（直径一・〇九～一・一四メートル）に準じた大きさである。泰明院・貞明院は直径〇・八九～〇・九三メートルを測り、将軍生母よりも大きい数値となっている。墓所規模も将軍墓所より小さく、御簾中・生母墓所と同規模である。

将軍生父母の墓標は初代家康生母伝通院は宝篋印塔、宝樹院が石製八角形宝塔、桂昌院が銅製円形宝塔である以外、石製円形宝塔であることから円形宝塔が将軍生父母の様式とすることができる。伝通院の宝篋印塔は古い時期の女性墓所に共通した様式である。宝樹院〔一六五二（承応元）年没〕は将軍生母としては御台所で生母の崇源院〔一六二六（寛永三）年没〕についで古く、葬制の不確定時期にあたっている。塔身直径は一・二四メートルを測り御台所より細い。桂昌院は形状のみ生母墓所の慣例に習い円形宝塔であるが、材質は銅製である。桂昌院宝塔の直径は一・三三メートルを測り、石製の長昌院も〇・九八メートルとやや大きいが、月光院・浄円院・至心院・香琳院、次期将軍候補であった徳川家基生母の蓮光院は直径〇・八七～〇・九メートルを測り、この大きさが将軍生母の基本サイズになる。将軍生父の清揚院と最樹院はともに直径一・一二メートルを測り、将軍の石製円形宝塔直径一・〇九～一・一四メートルと同規格であり、将軍に準じた格式が採られている。本寿院と実成院は本来なら将軍生母として円形宝塔が建てられるはずであるが、明治期に没したため、これまでの慣例が適用されず、笠塔婆が建てられた。

未成人子女の墓標に宝塔は使用されず、宗派・寺院に関係無く、六代家宣以前では宝篋印塔が使用され、八代吉宗以降は五輪塔と宝篋印塔の折衷タイプで徳川将軍家特有の球形宝塔が使用され、画期がみとめられる。墓所規模は側室と同程度である。

側室の墓標には宝塔は使用されず、寛永寺・増上寺・伝通院埋葬について使用される墓標種類は宝篋印塔・球形宝塔・笠塔婆の順に変化する。

宝篋印塔は徳川将軍家においては早い時期に使用されていた墓標である。瑞春院〔一七三八（元文三）年没〕が確認できる範囲では最古の事例である。球形宝塔は遅くとも一〇代家治の時には側室にも使われていた。しかし一二代家慶の時代になると側室には笠塔婆が使用されるようになる。また墓所規模は基壇を設けないことから、将軍・正室・生母・成人子女と比較して格段に小さい。

埋葬方法　将軍の埋葬方法は土葬であり、埋葬体位は胡座である。調査事例や葬送次第から江戸時代を通じて踏襲されていることがわかる（図2・3）。

御台所の埋葬方法としては崇源院・高巖院の火葬は早い時期の女性墓所に共通した様式であり、高巖院没年の一六七六（延宝四）年以前にしか見られない。崇源院の火葬骨は最初の墓標である宝篋印塔内に納められている。高巖院の火葬骨は一石を刳り貫いて作られた石櫃内の骨蔵器に納めて入れられている。土葬への転換は五代綱吉の生母の桂昌院〔一七〇五（宝永二）年没〕からであり、以後女性も江戸時代を通じて土葬で埋葬される。埋葬体位は天英院〔一七四一（元文六）年没〕・心観院〔一七七一（明和八）年没〕・広大院〔一八四四（天保一五）年没〕までが両立膝座位であるが、浄観院〔一八四〇（天保一一）年没〕は正座であり、座位で共通する。しかし静寛院宮は明治期の死去のため、葬制が崩れて、欧米式の伸展位に変化する。

御簾中の埋葬方法は土葬であり、埋葬体位は證明院では両もしくは左立膝座位、天親院・澄心院は正座である。正座は浄観院に最初に見られ、それ以前の立膝座位から埋葬体位が変化する。体位の変化は朱の封入開始と時を同じくしている。成人子女は貞明院のみの事例であるが、埋葬方法は土葬、埋葬体位は両立膝座位である。

将軍生父母の埋葬方法としては、宝樹院と長昌院は火葬のため棺槨は存在せず、火葬骨は骨蔵器に納められ、一石を刳り貫いて作られた石櫃に入れられている。御台所の高巖院と同様に火葬は早い時期の女性墓所に共通した様式であり、高巖院以前にしか見られず、桂昌院から埋葬方法は土葬へ転換する。埋葬体位は桂昌院では胡座に近い座位、清揚院は胡座、月光院は両立膝座位、慈徳院は不明である。明治期に没した本寿院・実成院は伸展位で埋葬され、ともに明治期の死去であることから、葬制変化が主原因である。

未成人子女の埋葬方法は土葬であり、埋葬体位は麗玉院が正座、蓮玉院・瑞岳院で胡座と確認されている。側室の埋葬方法は土葬であり、甕棺を使用される場合があるため、埋葬体位は座位である。

棺槨類　将軍で使用される棺槨で特徴的なのは銅棺の使用である。銅棺は二代秀忠・三代家光では不使用、四代家綱・五代綱吉・一〇代家治・一三代家定は未確認であり、六代家宣～九代家重・一一代家斉・一二代家慶・一四代家茂では使用が確認されていることから、未確認の将軍墓でも使用されている可能性が高い。

木棺槨は二代秀忠の桶を除いて、直方体を呈している。二代秀忠～六代家宣は一重であり、一〇代家治・一一代家斉・一三代家定は不明であるが、七代家宣以降は二～五重の木棺槨が使用されることから、不明の将軍墓でも複数の木棺槨が重ねられていると考えられる。

御台所の棺槨は将軍と同じ直方体を呈し、天英院・心観院は二重、広大院は二～三重、浄観院は三重一銅皿であるが、静寛院宮は三重の寝棺である。浄観院では銅皿が使用され、ほかには澄心院に事例を見るのみであり、将軍家では正室のみに許された様式であるが、例外として尾張徳川家八代宗勝の孫である教令院墓においても唯一使用例が見られる。[註3] 教令院は一七九五（寛政七）年に三歳で没したため、銅皿としては最古の事例である。最外棺槨は天英院・心観院は平面規模が約〇・八メートル程度であるが、浄観院では一・一六メートルと平面規模が大きくなっている。最外棺槨が巨大化する傾向は御簾中の天親院・澄心院でも共通した傾向であり、副葬品の多量化も含めて、浄観院以降の幕末期に出現した現象とすることができる。ただし静寛院宮は寝棺のため、この類例には含めない。

御簾中の棺槨は将軍と同じ直方体を呈し、證明院は一重、天親院は三重であり、最外棺槨の上・中部に鉄製箍が嵌められている。澄心院は四重であり、外側から外槨・内郭・銅皿・木棺の順である。天親院と同様に外槨の上・中部には鉄製箍が嵌められている。鉄製箍はこの二例のみである。また銅皿の使用例はほかに浄観院に見るのみである。幕末期には最外棺槨の大型化、副葬品の多量化するなどの厚葬化が起こる。成人子女は貞明院のみの事例であるが、棺槨は二重であることが確認されている。

将軍生父母の棺槨は将軍と同じ直方体を呈し、桂昌院・月光院は二重、清揚院・最樹院は不明、慈徳院は一重以上であるが、本寿院と実成院は明治期の死去のため、寝棺である。

未成人子女の棺槨は将軍と同じ直方体を呈し、麗玉院二重であるが、玉樹院以降は三重である。側室の棺槨としては増上寺の見光院・殊妙院、寛永寺の蓮浄院は甕棺であり、法心院・安祥院は〇・六メートル四方の木棺に納められ、この木棺は大きさから内棺と考えられる。甕棺の使用は側室のみに見られる仕様である。

朱

朱の封入は徳川将軍家葬制における最大の特徴である。将軍では二代秀忠と一四代家茂では使用されていないが、文献記録では天海の埋葬方法を踏襲した三代家光が最初の事例である。四代家綱・五代綱吉・一〇代家治・一一代家斉・一三代家定は未確認であるが、六代家宣・七代家継・八代吉宗・九代家重・一二代家慶で使用されていることから、未確認の将軍でも使用されている可能性が高い。

女性被葬者への朱の封入は寛永寺御裏方霊廟の高巌院で最初に見られる。以後暫く時間が開いて慈徳院（一一代家斉生母）・浄観院・天親院・澄心院にも現われる。制度化された朱封入の開始時期は寛永寺凌雲院の慈徳院の没年が一八一七（文化一四）年あることから、それ以降と推定することができる。朱の封入の開始は、埋葬体位が両立膝から正座に変わるのと時を同じくしている。また御三卿清水家四代の寛量院（一八二七（文政一〇）年没）にも見られることから、将軍以外では一一代家斉の次期に始まった様式と判断できる。成人子女・未成人子女・側室には朱は入れられていない。

図１　将軍家墓標

1：初代家康（東照大権現）　2：二代秀忠（台徳院）　3：八代吉宗（有徳院）　4：崇源院（二代秀忠御台所）　5：浄観院（一二代家慶御台所）　6：天璋院（一三代家定御台所）　7：證明院（九代家重御簾中）　8：貞明院（一二代家慶六女）　9：最樹院（二代一橋治済）　10：桂昌院（五代綱吉生母）　11：本寿院（一三代家定生母）　12：月渓院（三代家光次男）　13：正雲院（八代吉宗長女）　14：安祥院（九代家重側室）　15：悠然院（初代田安宗武）　16：宝蓮院（田安宗武正室）

表 1-1　寛永寺　成人女性被葬者(御裏方霊廟・常憲院廟)

院号	生前名	続柄	没年・享年	埋葬方法・体位・朱	宝塔(墓標)種類・高・直径	基壇 1 段目規模	木槨(外棺)規模
宝樹院殿	於楽之方	三代家光側室　四代家綱生母	承応元(1652)年 12 月 2 日・32 歳	火葬・不明・無	石製八角形宝塔・高 3.52m・径 1.24m	11.52 × 11.58m	石櫃・長 1.115 四方×高 0.95m
紅玉院殿	不明	徳川綱重正室(御簾中)	寛文 13(1673)年 8 月 2 日・不明	改火葬・不明・無	角柱型・高 1.6m(新調)	なし	カロート
高巌院殿	浅宮顕子	四代家綱正室(御台所)	延宝 4(1676)年 8 月 5 日・37 歳	火葬・不明・朱	石製八角形宝塔・高 3.66m・径 1.38m	11.66 × 11.68m	石櫃・長 1.199 四方×高 1.5m
長昌院殿	於保良之方	徳川綱重側室　六代家宣生母	寛文 4(1664)年 2 月 28 日・24 歳	火葬・不明・無	石製円形宝塔・高 2.82m・径 0.98m	16.6 × 12.3m	石櫃・長 1.16 四方×高 1.35m
順性院殿	於夏之方	三代家光側室　徳川綱重生母	天和 3(1683)年 7 月 29 日・62 歳	改火葬・不明・無	角柱型・高 1.6m(新調)	なし	カロート
浄光院殿	信子	五代綱吉正室(御台所)	宝永 6(1709)年 2 月 7 日・59 歳	土葬・不明・無	石製円形宝塔・高不明・径不明	不明	不明
浄円院殿	於由利	徳川光貞側室　八代吉宗生母	享保 11(1726)年 6 月 9 日・71 歳	土葬・不明・無	石製円形宝塔・高 3.14m・径 0.87m	なし	なし
證明院殿	比宮増子	九代家重正室(御簾中)	享保 18(1733)年 10 月 3 日・23 歳	土葬・両立膝・無	石製円形宝塔・高 3.19m・径 0.97m	11.76 × 11.54m	木棺 0.78m 四方×高 0.98m
至心院殿	於幸之方	九代家重側室　十代家治生母	延享 5(1748)年 2 月 26 日・不詳	土葬・不明・無	石製円形宝塔高 3.08m・径 0.9m	なし	なし
法心院殿	於昆之方	六代家宣側室	明和 3(1766)年 6 月 2 日・86 歳	土葬・不明・無	球形宝塔・高 2.86m	なし	なし
心観院殿	五十宮倫子	十代家治正室(御台所)	明和 8(1771)年 8 月 20 日・35 歳	土葬・両立膝・無	石製八角形宝塔・高 4.0m・径 1.37m	11.72 × 11.64m	0.78m 四方×高 1.1m
蓮浄院殿	於須免之方	六代家宣側室	明和 9(1772)年 4 月 18 日・不詳	土葬・不明・無	球形宝塔・高 2.88m	なし	甕棺・口径 0.552 ×高 0.60m
安祥院殿	於遊喜之方	九代家重側室　徳川重好生母	寛政元(1789)年 4 月 6 日・69 歳	土葬・不明・無	球形宝塔・高 2.8m	なし	なし
蓮光院殿	於知尾之方	十代家治側室　徳川家基生母	寛政 3(1791)年 3 月 8 日・55 歳	土葬・不明・無	石製円形宝塔・高 3.1m・径 0.87m	なし	なし
香琳院殿	於楽之方	十一代家斉側室　十二代家慶生母	文化 7(1810)年 5 月 20 日・37 歳	土葬・不明・無	石製円形宝塔・高 3.08m・径 0.89m	なし	なし
慈徳院殿	於富之方	徳川治済側室　十一代家斉生母	文化 14(1817)年 5 月 8 日・86 歳	土葬・不明・朱	石製円形宝塔・高不明・径不明	不明	0.9m 四方×高 0.8m
浄観院殿	楽宮喬子	十二代家慶正室(御台所)	天保 11(1840)年 1 月 24 日・46 歳	土葬・正座・朱	石製八角形宝塔・高 3.68m・径 1.37m	11.64 × 11.64m	1.14m 四方×高 1.18m
貞明院殿	暉姫	十二代家慶六女	天保 11(1840)年 5 月 8 日・15 歳	土葬・両もしくは左立膝・無	石製円形宝塔・高 3.62m・径 0.93m	10.8 × 10.72m	0.98m 四方×高 1.15m
澄心院殿	秀子	十三代家定正室(継室・御簾中)	嘉永 3(1850)年 6 月 24 日 26 歳	土葬・正座・朱	石製円形宝塔・高 3.58m・径 0.97m	11.68 × 11.58m	1.42m 四方×高 1.28m
天璋院殿	篤姫	十三代家定正室(継室・御台所)	明治 16(1883)年 11 月 13 日・49 歳	土葬・不明・不明	石製円形宝塔・不明・1.01m	18.8 × 26.8m	不明
本壽院	於美津之方	十二代家慶側室　十三代家定生母	明治 18(1885)年 2 月 3 日・79 歳	土葬・伸展・無	笠塔婆・高 2.86m	共通基壇	長 1.64 ×短 0.58 ×高 0.52m
実成院	於美樹之方	徳川斉順側室　十四代家茂生母	明治 37(1904)年 11 月 30 日・84 歳	土葬・伸展・無	笠塔婆・高 2.88m	共通基壇	長 1.82 ×短 0.7 ×高 0.54m

※基壇：長軸×短軸

表 1-2　寛永寺　未成人子女性被葬者(御裏方霊廟)

院号	生前名	続柄	没年・享年	埋葬方法・体位・朱	宝塔(墓標)種類・高・直径	基壇 1 段目規模	木槨(外棺)規模
齢真院殿	鶴松	三代家光三男	慶安元(1648)年 7 月 4 日・1 歳	改火葬・不明・無	角柱型・高 1.6m(新調)	なし	カロート
俊覚院殿	虎吉	六代家宣四男	正徳元(1711)年 11 月 6 日・1 歳	改火葬・不明・無	角柱型・高 1.6m(新調)	なし	カロート
冲縁院殿	格姫	十一代家斉六女	寛政 11(1799)年 6 月 24 日・2 歳	土葬・不明・無	球形宝塔：高 2.2m	なし	木棺 0.64m 四方
松月院殿	松子	十六代家達長女	明治 22(1889)年 5 月 17 日・3 歳	土葬・座位・無	笠塔婆・高不明	なし	甕棺・口径 0.518 ×高 0.652m

※基壇：長軸×短軸

表 1-3　寛永寺　成人男性被葬者(厳有院・常憲院・御裏方霊廟)

院号	生前名	没年・享年	埋葬方法・体位・朱	宝塔(墓標)種類・高・直径	基壇 1 段目規模	銅棺	木槨(外棺)規模
厳有院殿	四代家綱	延宝 4(1676)年 5 月 8 日・40 歳	不明	銅製円形宝塔・高不明・径 1.42m	20.6 × 18.95m	不明	不明
常憲院殿	五代綱吉	宝永 6(1709)年 1 月 10 日・64 歳	不明	銅製円形宝塔・高不明・径 1.4m	23.6 × 26.75m	不明	不詳
有徳院殿	八代吉宗	寛延 4(1751)年 6 月 20 日・68 歳	土葬・胡座・朱	石製円形宝塔・高不明・径 1.13m	20.4 × 21.55m	不明	不詳
孝恭院殿	徳川家基	安永 8(1779)年 2 月 24 日・18 歳	不明	石製円形宝塔・高不明・径 1.05m	19.75 × 21.25m	不明	不明
浚明院殿	十代家治	天明 6(1786)年 5 月 8 日・50 歳	不明	石製円形宝塔・高不明・径 1.13m	19.85 × 20.15m	不明	不明
文恭院殿	十一代家斉	天保 12(1841)年閏 1 月 30 日・69 歳	不明	石製円形宝塔・高不明・径 1.12m	19.8 × 19.8m	不明	不明
温恭院殿	十三代家定	安政 5(1858)年 7 月 6 日・35 歳	不明	石製円形宝塔・高不明・径 1.09m	18.8 × 26.8m	不明	不明
秀嶽院殿	家英	昭和 11(1936)年 9 月 28 日・24 歳	土葬・伸展・無	不明	なし	コンクリート槨	不明

※基壇：長軸×短軸

表 2-1　増上寺　成人女性被葬者

院号	生前名	続柄	没年・享年	埋葬方法・体位・朱	宝塔(墓標)種類・高・直径	木槨(外棺)規模
崇源院殿	達子	二代秀忠正室(御台所)　三代家光生母	寛永 3(1626)年 9 月 15 日・54 歳	火葬・不明・不詳	石製八角形宝塔・高不詳・径 1.38m	石櫃(宝篋印塔)
明信院殿	鶴姫	五代綱吉長女	宝永元(1704)年 4 月 13 日・28 歳	不詳	不詳	不詳
桂昌院殿	於国之方	三代家光側室　五代綱吉生母	宝永 2(1705)年 6 月 22 日・79 歳	土葬・胡座・不詳	銅製円形宝塔・高不詳・径 1.3m	0.97m 四方
瑞春院殿	於伝之方	五代綱吉側室	元文 3 年(1738)年 6 月 9 日・81 歳	不詳	宝篋印塔・高不詳	不詳
天英院殿	熈子	六代家宣正室(御台所)	元文 6(1741)年 2 月 28 日・74 歳	土葬・両立膝・不詳	石製八角形宝塔・高 3.4m・径 1.42m	0.8m 四方
月光院殿	於喜世之方	六代家宣側室　七代家継生母	宝暦 2(1752)年 9 月 19 日・68 歳	土葬・正座・不詳	石製円形宝塔・高不詳・径 0.89m	0.74 四方
清湛院殿	淑姫	十一代家斉長女	文化 14(1817)年 5 月 19 日・29 歳	不詳	不詳	不詳
契真院殿	於萬之方	十一代家斉側室	天保 6(1835)年 12 月 29 日・不詳	土葬・屈葬・不詳	球形宝塔・高不詳	0.757m 四方
泰明院殿	泰姫	十一代家斉二十六女	天保 14(1843)年 1 月 3 日・17 歳	不詳	不詳	不詳
見光院殿	於金之方	十二代家慶側室	天保 14(1843)年 9 月 14 日・不詳	土葬・座位・不詳	笠塔婆・高不詳	甕棺
殊妙院殿	於筆之方	十二代家慶側室	弘化元(1844)年 6 月 20 日・不詳	土葬・座位・不詳	笠塔婆・高不詳	甕棺
広大院殿	寔子	十一代家斉正室(御台所)	天保 15(1844)年 11 月 10 日・72 歳	土葬・両立膝・不詳	石製八角形宝塔・高不詳・径 1.45m	不詳
清涼院殿	於貞之方	十二代家慶側室	弘化 4(1847)年 2 月 5 日・不詳	不詳	不詳	不詳
孝盛院殿	盛姫	十一代家斉三十一子	弘化 4(1847)年 3 月 10 日・37 歳	不詳	不詳	不詳
天親院殿	任子	十三代家定正室(御簾中)	嘉永元(1848)年 6 月 10 日・26 歳	土葬・正座・朱	石製円形宝塔・高不詳・径 1.09m	1.18m 四方
妙音院殿	於廣之方	十二代家慶側室	万延元(1860)年 4 月 8 日・不詳	不詳	不詳	不詳
観行院殿	経子	静寛院宮生母	慶応元(1865)年 8 月 14 日・不詳	不詳	不詳	不詳
静寛院宮	親子	十四代家茂正室(御台所)	明治 10(1877)年 9 月 2 日・32 歳	土葬・伸展・不詳	銅製円形宝塔・高不詳・径 1.11m	1.88 × 1.21m
秋月院殿	泰露子	十二代家慶側室	明治 21(1888)年 5 月 5 日・不詳	不詳	不詳	不詳

※基壇規模不明

表 2-2　増上寺　未成人子女被葬者

院号	生前名	続柄	没年・享年	埋葬方法・体位・朱	宝塔(墓標)種類・高・直径	木槨(外棺)規模
秋徳院殿	長丸	二代秀忠長男	慶長 7(1602) 年 9 月 25 日・2 歳	不詳	宝篋印塔・高不詳	不詳
浄徳院殿	徳松	五代綱吉長男	天和 3(1683) 年閏 5 月 28 日・5 歳	不詳	不詳	不詳
孝順院殿	竹千代	十一代家斉長男	寛政 5(1793) 年 6 月 24 日・2 歳	不詳	不詳	不詳
麗玉院殿	綾姫	十一代家斉四女	寛政 10(1798) 年 3 月 28 日・3 歳	土葬・正座・不詳	球形宝塔・高不詳	0.7m 四方
俊岳院殿	虎千代	十一代家斉八男	文化 7(1810) 年 10 月 2 日・5 歳	不詳	不詳	不詳
玉樹院殿	竹千代	十二代家慶長男	文化 11(1814) 年 8 月 26 日・2 歳	土葬・不明・不詳	球形宝塔・高不詳	0.798m 四方
璿玉院殿	嘉千代	十二代家慶二男	文政 3(1820) 年 3 月 19 日・2 歳	土葬・不明・不詳	球形宝塔・高不詳	0.848m 四方
蓮玉院殿	若姫	十二代家慶女	天保 14(1843) 年 6 月 1 日・2 歳	土葬・胡座・不詳	球形宝塔・高不詳	0.78m 四方
照耀院殿	不詳	十二代家慶男	天保 14(1843) 年 9 月 14 日・不詳	土葬・不明・不詳	球形宝塔・高不詳	0.75m 四方
瑞岳院殿	田鶴	十二代家慶十二男	弘化 3(1846) 年 7 月 30 日・2 歳	土葬・胡座・不詳	球形宝塔・高不詳	0.75m 四方
輝光院殿	舗姫	十二代家慶女	嘉永元(1848) 年 9 月 28 日・1 歳	不詳	不詳	不詳

※基壇規模不明

表 2-3　増上寺　成人男性被葬者

院号	生前名	没年・享年	埋葬方法・体位・朱	宝塔(墓標)種類・高・直径	銅棺	木槨(外棺)規模
台徳院殿	二代秀忠	寛永 9(1632) 年 1 月 24 日・54 歳	土葬・胡座・無	木製円形宝塔・高不詳・径不詳	なし	桶径 0.876m
清揚院殿	徳川綱重	延宝 6(1678) 年 9 月 14 日・35 歳	土葬・胡座・無	石製円形宝塔・高不詳・径 1.12m	なし	不詳
文昭院殿	六代家宣	正徳 2(1712) 年 10 月 14 日・51 歳	土葬・胡座・朱	銅製円形宝塔・高不詳・径 1.37m	1.51m 四方	1.05m 四方
有章院殿	七代家継	正徳 6(1716) 年 4 月 31 日・8 歳	土葬・不詳・朱	石製円形宝塔・高 3.1m・径 1.14m	1.125m 四方	0.823m 四方
惇信院殿	九代家重	宝暦 11(1761) 年 6 月 12 日・51 歳	土葬・胡座・朱	石製円形宝塔・高不詳・径 1.13m	1.82m 四方	1.7m 四方
慎徳院殿	十二代家慶	嘉永 6(1853) 年 7 月 22 日・61 歳	土葬・胡座・朱	石製円形宝塔・高不詳・径 1.14m	1.6m 四方	1.2m 四方
昭徳院殿	十四代家茂	慶応 2(1866) 年 7 月 20 日・21 歳	土葬・胡座・無	石製円形宝塔・高不詳・径 1.13m	1.47m 四方	1.15m 四方

※基壇規模不明

表 3-1　伝通院　成人女性被葬者

院号	生前名	続柄	没年・享年	宝塔(墓標)種類・高・直径
伝通院殿	於大	初代家康生母	慶長 7(1602) 年 8 月 29 日・75 歳	宝篋印塔・高不明
清雲院殿	於奈津	初代家康側室	万治 3(1660) 年 9 月 20 日・80 歳	五輪塔・高不明
天樹院殿	千姫	二代秀忠長女	寛文 6(1666) 年 2 月 6 日・71 歳	宝篋印塔・高不明
隆崇院殿	不明 .	徳川綱重正室	寛文 9(1669) 年 5 月 14 日・不明	宝篋印塔・高不明
本理院殿	孝子	三代家光正室(御台所)	延宝 2(1674) 年 6 月 8 日・73 歳	宝篋印塔・高不明
教樹院殿	於久免之方	八代吉宗側室	安永 6(1777) 年 11 月 28 日・81 歳	笠塔婆・高不明
真性院殿	於梅之方	十一代家斉側室	寛政 6(1794) 年 6 月 2 日・不明	笠塔婆・高不明
超操院殿	於利尾之方	十一代家斉側室	寛政 12(1800) 年 3 月 9 日・不明	笠塔婆・高不明
芳信院殿	於美尾之方	十一代家斉側室	文化 5(1808) 年閏 6 月 6 日・不明	笠塔婆・高不明
清昇院殿	於八千之方	十一代家斉側室	文化 7(1810) 年 3 月 6 日・不明	笠塔婆・高不明
智照院殿	於八百之方	十一代家斉側室	文化 10(1813) 年閏 11 月 8 日・不明	笠塔婆・高不明
慧明院殿	於志賀之方	十一代家斉側室	文化 10(1813) 年閏 11 月 17 日・不明	笠塔婆・高不明
妙華院殿	於加久之方	十二代家慶側室	文政 9(1826) 年 4 月 6 日・不明	笠塔婆・高不明
妙操院殿	於登勢之方	十一代家斉側室	天保 3(1832) 年 10 月 25 日・不明	笠塔婆・高不明

※埋葬方法・基壇・木槨規模不明

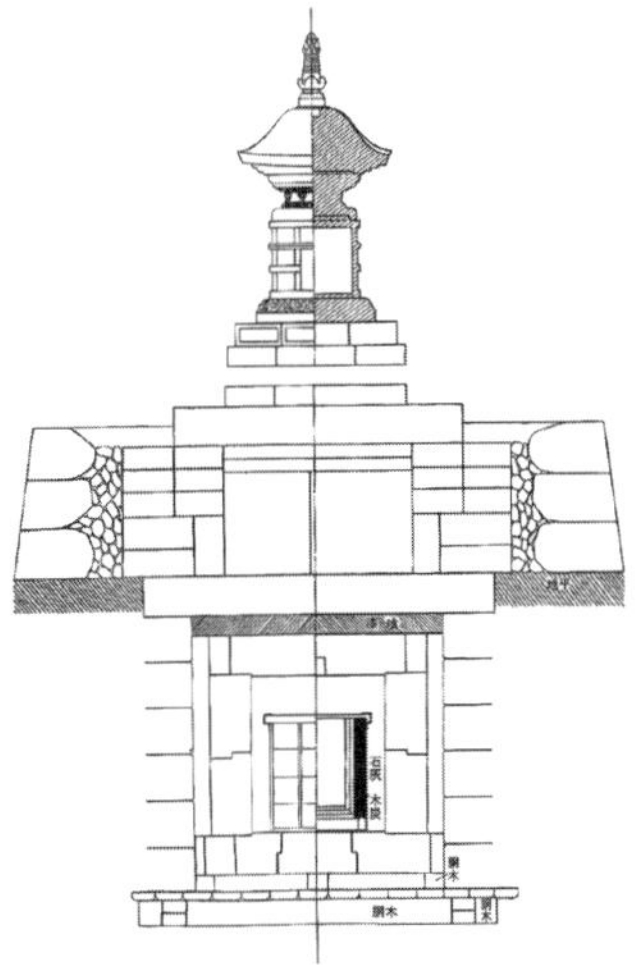

図 2　7 代家継（有章院）墓断面図

表 3-2　伝通院　未成人子女被葬者

院号	生前名	続柄	没年・享年	宝塔(墓標)種類・高・直径
月渓院殿	亀松	三代家光二男	正保 4(1647) 年 8 月 4 日・5 歳	宝篋印塔・高不明
知法院殿	喜知姫	五代綱吉養女	元禄 11(1698) 年 7 月 7 日・3 歳	宝篋印塔・高不明
智幻院殿	家千代	六代家宣二男	宝永 4(1707) 年 9 月 28 日・1 歳	宝篋印塔・高不明
理岸院殿	大五郎	六代家宣三男	宝永 7(1710) 年 8 月 12 日・3 歳	宝篋印塔・高不明
正雲院殿	芳姫	八代吉宗長女	享保 7(1722) 年 11 月 6 日・1 歳	球形宝塔・高不明
感光院殿	舒姫	十一代家斉八女	享和 3(1803) 年 3 月 4 日・2 歳	球形宝塔・高不明
蓉香院殿	寿姫	十一代家斉十一女	文化元(1804) 年 6 月 24 日・2 歳	球形宝塔・高不明
影幻院殿	信之進	十一代家斉十六男	文化 14(1817) 年 6 月 16 日・1 歳	球形宝塔・高不明
浄門院殿	久五郎	十一代家斉十五男	文化 14(1817) 年 10 月 16 日・3 歳	球形宝塔・高不明
正徳院殿	陽七郎	十一代家斉十七男	文政 4(1821) 年 4 月 10 日・4 歳	球形宝塔・高不明
春光院殿	富三郎	十一代家斉二十二男	文政 6(1823) 年 2 月 27 日・2 歳	球形宝塔・高不明
景徳院殿	長吉郎	十二代家慶十四男	嘉永 6(1853) 年 8 月 16 日・1 歳	球形宝塔・高不明

※埋葬方法・基壇・木槨規模不明

表 3-3　池上本門寺　成人女性被葬者

院号	生前名	続柄	没年・享年	宝塔(墓標)種類・高・直径
寛徳院殿	真宮理子	八代吉宗正室(御簾中)	宝永 10(1710) 年 6 月 4 日・20 歳	宝塔・高不明・径 0.88m
深徳院殿	於須摩之方	八代吉宗側室　九代家重生母	正徳 3(1713) 年 10 月 24 日・26 歳	宝塔・高不明・径 0.72m
本徳院殿	於古牟之方	八代吉宗側室　田安初代宗武生母	享保 8(1723) 年 2 月 21 日・28 歳	宝塔・高不明・径 0.58m
本輪院殿	於いと之方	十一代家斉側室	嘉永 3(1850) 年 3 月 13 日・不明	宝塔・高不明・径不明

※埋葬方法・基壇・木槨規模不明

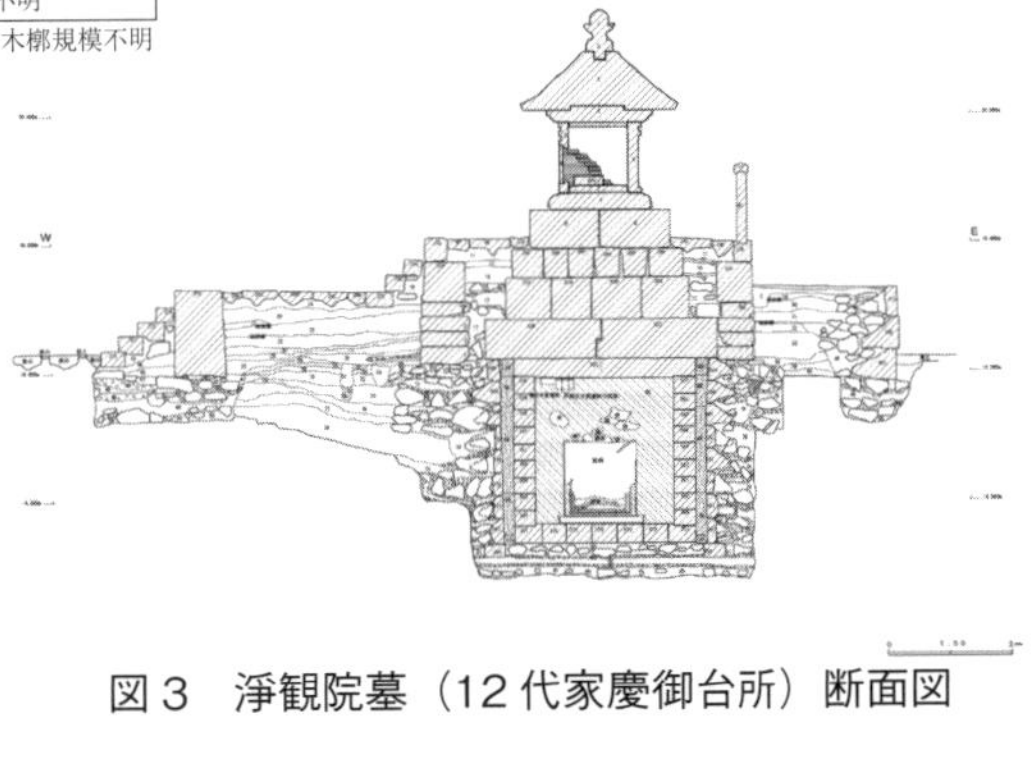

図 3　浄観院墓（12 代家慶御台所）断面図

四　御三卿

御三卿の墓所はそのほとんどが寛永寺子院の凌雲院とその付近に存在したが、昭和初期にすべての墓所が谷中霊園内の各家墓所に改葬移築されている。改葬により地上構造物は消滅し、墓標を据えるのみであるが、かつては御裏方霊廟と同様の基壇二段を有する大型墓であった（表4）。

墓　標　御三卿の墓標を総覧すると、没年代が江戸時代に限ると、当主は石製円形宝塔、正室・子女・側室が五輪塔と宝篋印塔を折衷した球形宝塔と、階層による墓標の使い分けが明確であることで各家は共通する。また明治以降の没年となると階層に関係無く、球形宝塔と笠塔婆が使用されるようになる。田安家五代・八代の有宗院（慶頼）は田安家当主として人生の大半を江戸時代に生きたが、一八七六（明治九）年に没したため本来なら石製円形宝塔であるべきところが、球形宝塔となっている。清水家二代体門院は俊徳院（初代重好）の後嗣として養子（一一代家斉の子）となったが、元服前の四歳で死去したため、墓標は子女の球形宝塔が建てられたのである。

当主に用いられる石製円形宝塔の塔身直径は、一橋家最樹院を除く六基が、直径〇・八六～〇・八八メートルを測る。この大きさは将軍生母の石製円形宝塔の直径〇・八七～〇・九メートルと近似値である。将軍生父母の項で先述したが、最樹院のみが直径一・一二メートルを測り、極端に直径が大きいのは一一代家斉の生父であるため、将軍に準ずる格式とされているからである。正室・子女・側室に用いられる球形宝塔は、将軍家においては未成人子女と側室に使用されている。以上から、墓標の観点から御三卿の徳川将軍家での位置を考察すると、当主は将軍生母相当、正室・子女・側室は将軍の未成人子女および側室相当であることが判明する。

埋葬施設　御三卿墓所の埋葬施設は一九三四年に行なわれた田安家墓所改葬時の記録と一九九四年に国立西洋美術館前庭部の発掘調査で発見された清水家墓所から知ることができる。

田安家墓所改葬記録によると、[註4]この時改葬されたのは悠然院（初代宗武）・高尚院（二代治察）・惇宗院（三代斉匡）・宝蓮院（宗武正室）・無量院（斉匡正室）・霊明院（斉匡次男匡時）・唯心院（四代慶頼生母利遠）・英樹院（慶頼長男寿千代）・理光院（慶頼次男隆磨）・整信院（慶頼五男興丸）・玉操院（慶頼長女嘉久姫）・紫雲院（慶頼次女）・空閑院（慶頼四女鏡姫）・芳春院（慶頼五女春姫）の一四基である。当主に初代悠然院、二代高尚院、三代惇宗院、四代生母唯心院、四代長男英樹院墓所について説明されているが悠然院以外は情報が省略されているため、悠然院のみ紹介をしたい。

悠然院（初代宗武）墓の墓坑掘方は三・六二メートル四方、地表面から掘方底面まで六・〇六メートルを測る。掘方埋土は砂利と土の互層であり、地表面から深さ二・一二メートルに長さ一・一二一メートルの「捨石」三点が出土した。墓坑下部には間知石を用いた五段積みの「鞘石垣」（石室）が築かれているが、石室蓋の有無および内法は未詳である。石槨の外法は二・一八一メートル四方×高さ二・二四二メートル、木槨は腐食が著しいが、材質は厚さ六センチのヒノキであり、外法は一・三六三メートル立方を測る。木槨内にはさらに木棺が納められ、その隙間には同様に炭と石灰が充填されている（図4・5）。

国立西洋美術館調査で発見された埋葬施設は慈徳院（一一代家斉生母）、寛量院（清水家四代斉明）、恭真院（清水家四代斉明正室）、および清水家五代斉彊子の麗如院、資成院、珂月院のものであり、すべての墓は改葬によって埋葬施設上部を失い、埋葬施設の大半を破壊されている。[註5] 慈徳院は最樹院（一橋家二代治済）側室であるため、御三卿菩提寺の凌雲院に葬られた。

寛量院と恭真院墓の埋葬施設は地表下に構築され、石室・石槨・棺槨で構成されている。寛量院墓の石室は間知石の築石積み四段目まで確認でき、内法二・五メートル四方×高さ〇・六メートルを測る。石室と石槨間にはなにも充填されていない。石槨は切石積み二段目まで確認でき、外法二・一メートル四方×高さ一・〇八メートルを測る。石槨内には棺槨の底部が残るが、遺存状態はきわめて悪い。また棺槨内からは朱・木炭・石灰が確認されている。

恭真院墓の石室は間知石七段積みで形成され、破損は無い。内法二・五メートル四方×高さ二・三四メートルを測る。石室と石槨間には充填物は見られない。石槨は切石積み二段目まで確認でき、外法二・二メートル四方×高さ一メートルを測る。石槨内には棺槨底部が残り、一・一メートル四方を測る。棺槨底部上には間に入れた石灰がブロック状に残ることから、少なくとも内側にもう一重の棺槨があったと推測され、外側は木槨、内側は内棺と推測される。棺槨内では石灰と木炭が確認されている。

麗如院、資成院、珂月院は一歳未満で死去していることから、墓所の規模は小さい。資成院墓の石槨部材などはすべて消失し、掘り方のみが確認されている。麗如院墓の石槨は砂岩質の切石積み三段目まで確認されている。外法は一・一メートル四方×高さ〇・八四メートルを測る。石槨底部には木棺底部が残り、〇・〇六メートル四方を測る。また石槨内では木炭と石灰が確認されている。珂月院墓では掘り方上部から墓誌が出土している。淡い緑色を呈した凝灰岩が使用され、誌文内容から三枚つづりの内の一枚目と三枚目と考えられる。この墓誌は石槨の蓋石を兼ねていた。石槨は砂岩質の切石を三段積みにして形成されている。破損は見られない。外法は〇・九メートル四方×高さ〇・九五メートルを測る。石槨底部では腐食した木棺と木炭が確認されている。

以上の田安家と清水家墓所の事例から、埋葬施設の規模は当主が最も大きく、女性墓、子女墓の順で小さくなる階層差が存在することがわかる。また墓標は当主が石製円形宝塔、正室と子女が球形宝塔であることに各家が共通する。当主と正室は石室・石槨・複数の棺槨を有することから、将軍生父母以上の格式ではあることは間違いない。しかし慈徳院を除いて、寛永寺と増上寺の将軍生父母では使用されていない木炭が大量に使用されている。慈徳院は将軍生母ではあるが、本来は御三卿一橋家に属する人物であることを考慮すると石灰よりも木炭を大量に使用することが、御三卿墓所の特徴であり、将軍家との格式差としているのかも知れない。墓標を合わせ考えると、将軍家の一員としての御三卿当主の立場は将軍生母相当と判断できる。

五　おわりに

以上のように徳川将軍家墓所は宝塔の形状と規模、墓所規模、火葬・土葬や体位と朱の有無、銅棺の有無、棺槨規模に着目することによって、年代的傾向と将軍・御台所・御簾中・成人子女・生父母

表 4-1　御三卿田安家　成人被葬者（凌雲院）

院号	生前名	続柄	没年・享年	埋葬方法・体位・朱	宝塔（墓標）種類・高・直径	木槨（外棺）規模
悠然院殿	宗武	初代	明和8(1771)年6月4日・57歳	土葬・不明・不明	石製円形宝塔・高不明・径0.86m	1.363m 四方
高尚院殿	治察	二代	安永3(1774)年9月8日・22歳	土葬・不明・不明	石製円形宝塔・高不明・径0.86m	1.454m 四方
慧学院殿	不明	初代宗武側室	宝暦9(1759)年5月12日・不明	土葬・不明・不明	球形宝塔・高不明	不明
宝蓮院殿	通子	初代宗武正室	天明6(1786)年1月12日・66歳	土葬・不明・不明	球形宝塔・高不明	不明
無量院殿	裕宮貞子	三代斉匡正室	文政8(1825)年9月29日・不明	土葬・不明・不明	球形宝塔・高不明	不明
霊明院殿	匡時	三代斉匡二男	天保10(1839)年10月12日・35歳	土葬・不明・不明	球形宝塔・高不明	不明
惇宗院殿	斉匡	三代	嘉永元(1848)年5月晦日・70歳	土葬・不明・不明	石製円形宝塔・高不明・径0.88m	不明
唯心院殿	不明	三代斉匡側室	安政5(1858)年7月6日・65歳	土葬・不明・不明	球形宝塔・高不明	不明
英樹院殿	寿千代	六代	元治2(1865)年2月4日・6歳	土葬・不明・不明	石製円形宝塔・高不明・径0.88m	不明
有宗院殿	慶頼	五代・八代	明治9(1876)年9月21日・48歳	土葬・不明・不明	球形宝塔・高不明	不明
観容院殿	武子	五代慶頼側室	明治35(1902)年3月12日・65歳	土葬・不明・不明	笠塔婆・高不明	不明
和楽院殿	睦宮光子	五代・八代慶頼正室	明治39(1906)年10月26日・85歳	土葬・不明・不明	球形宝塔・高不明	不明

※基壇規模不明

表 4-2　御三卿田安家　未成人被葬者（凌雲院）

院号	生前名	続柄	没年・享年	埋葬方法・体位・朱	宝塔（墓標）種類・高・直径
孝慈院殿	小次郎	初代宗武長男	宝暦3(1753)年12月8日・9歳	土葬・不明・不明	球形宝塔・高不明
玉操院殿	喜久	五代慶頼長女	元治2(1865)年1月17日・10歳	土葬・不明・不明	球形宝塔・高不明

※基壇・木槨規模不明

表 4-3　御三卿一橋家　被葬者（凌雲院）

院号	生前名	続柄	没年・享年	埋葬方法・体位・朱	宝塔（墓標）種類・高・直径
最樹院殿	治済	二代	文政10(1827)年2月20日・77歳	土葬・不明・不明	石製円形宝塔・高不明・径1.12m
顯樹院殿	茂栄	十代	明治17(1884)年3月6日	不明	笠塔婆・高不明
法樹院殿	有道	十一代達道長男	明治30(1897)年2月19日・夭折	不明	笠塔婆・高不明
崇松院殿	政子	十代茂栄正室	明治42(1909)年2月9日	不明	球形宝塔・高不明
真月院殿	鉄子	十一代達道正室	大正10(1921)年12月10日	不明	球形宝塔・高不明
慧光院殿	達道	十一代	昭和19(1944)年12月29日	不明	笠塔婆・高不明

※基壇・木槨規模不明

表 4-4　御三卿清水家　被葬者（凌雲院）

院号	生前名	続柄	没年・享年	埋葬方法・体位・朱	宝塔（墓標）種類・高・直径	木槨（外棺）規模
俊徳院殿	徳川重好	初代	寛政7(1795)年7月8日・51歳	土葬・不明・不明	石製円形宝塔・高不明・径0.86m	不明
体門院殿	徳川敦之助	二代	寛政11(1799)年5月7日・4歳	土葬・不明・不明	球形宝塔・高不明	不明
貞章院殿	貞子	初代重好正室	文政3(1820)年8月22日・不明	土葬・不明・不明	球形宝塔・高不明	不明
寛量院殿	徳川斉明	四代	文政10(1827)年6月10日・19歳	土葬・不明・朱	石製円形宝塔・高不明・径0.86m	1.3m 四方 × 高不明
麗如院殿	延姫	五代斉彊子	天保13(1842)年6月8日・1歳	土葬・不明・無	不明	0.6m 四方 × 高不明
資成院殿	龍千代	五代斉彊子	天保14(1843)年6月7日・1歳	土葬・不明・無	不明	不明
珂月院殿	鉤姫	五代斉彊子	天保15(1844)年8月20日・1歳	土葬・不明・無	不明	不明
恭真院殿	教宮英子	四代斉明正室（簾中）	安政4(1857)年4月・50歳	土葬・不明・朱	不明	1.1m 四方 × 高不明
寛光院	徳川篤守	七代	大正13(1924)年10月19日・不明	不明	角柱形・不明	不明

※基壇規模不明

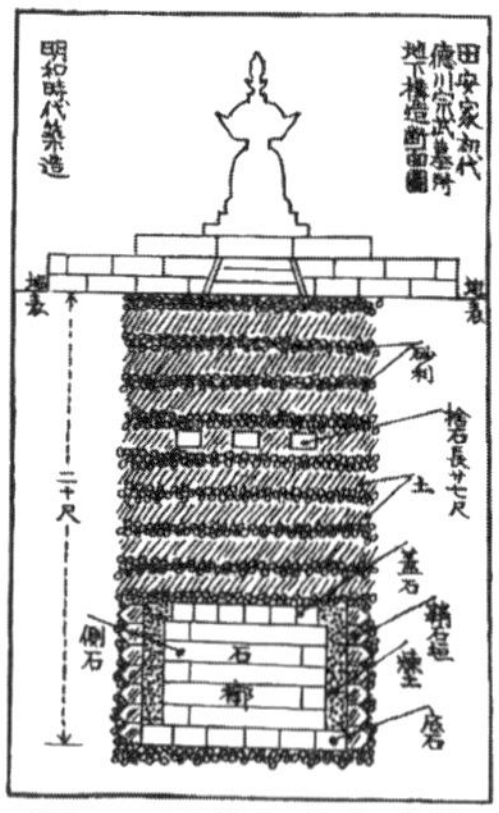

図4　初代田安宗武墓断面図

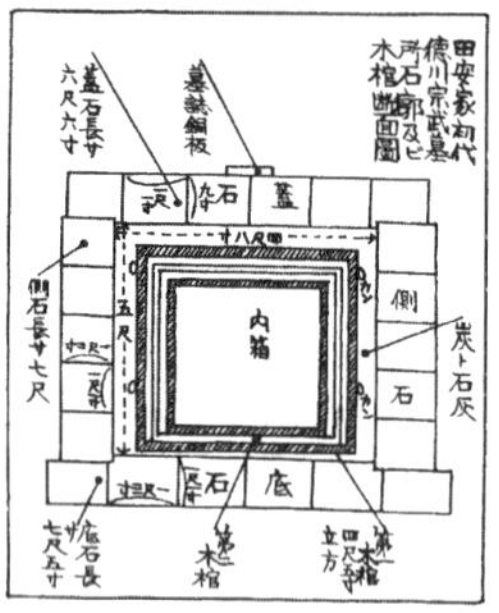

図5　初代田安宗武墓石槨内断面図

（御三卿）・未成人子女・側室の七つの被葬者階層に分類することができた。この結果を考慮し、墓所の構造や副葬品を検討することによってより詳細な被葬者階層の位置や年代的傾向、さらに江戸時代における全大名家の葬制を明らかにすることができるものと考える。

（註1）鈴木 尚・矢島恭介・山辺知行『増上寺徳川将軍墓とその遺品・遺体』一九六七

（註2）寛永寺谷中徳川家近世墓所調査団『東叡山寛永寺徳川将軍家御裏方霊廟』二〇一二

（註3）名古屋市教育委員会「尾張藩御廟所遺跡（第2次）」『埋蔵文化財調査報告書』四三、二〇〇二

（註4）玉林晴朗「江戸時代墳墓の地下構造研究（一）」『掃苔』一一―七、一九四二、玉林晴朗「江戸時代墳墓の地下構造研究（二）」『掃苔』一一―八、一九四二

（註5）国立西洋美術館『上野忍ヶ丘遺跡　国立西洋美術館地点』一九九六、今野春樹「近世大名墓の構造について」『史苑』一五八、一九九七

参考文献

続群書類従完成会『徳川諸家系譜』一九七〇

黒板勝美・国史大系編修会『徳川実記』一九八一

大名墓主要文献紹介（抄）

一　概説書

坂詰秀一監修『近世大名墓所要覧』（考古調査ハンドブック4、ニュー・サイエンス社、二〇一七〇）

各地の大名墓研究者によって従来の個別的な調査研究を改めて展望され、政治史的視点に加えて発掘による下部構造（埋葬主体部）の把握の重要性が示されたことで大名墓研究における宗教史など多面的な視点照射による解析の必要性が認識される一書である。巻末の「近世大名家墓所所在一覧」、「主要文献解題」は「要覧」らしく便利で、ポケット版で大名墓ロケハンには欠かせない。

二　徳川宗家と伊達家墓所ほか

鈴木尚・矢島恭介・山辺知行編『増上寺徳川将軍墓とその遺品・遺体』（吉川弘文館、一九六七）、『東叡山上野寛永寺徳川将軍家御裏方霊廟』（吉川弘文館、二〇一二）

近世大名家墓所における考古学的調査の重要性は、一九五八年から二年かけて増上寺で行なわれた七人の将軍と子女を含む三一名、合計三八名の墓所から得られた成果によって喚起され、二〇〇六年実施された上野寛永寺御裏方墓所調査（御台所六名、側室一〇名、子女八名、合計二四名）の成果と合わせることで徳川宗家、言い換えれば近世王権の葬送儀礼の実態が闡明されたと言っても言い過ぎではなかろう。浦井正明の『もうひとつの徳川物語―将軍家霊廟の謎』（誠文堂新光社、一九八三）と『上野寛永寺　将軍家の葬儀』（吉川弘文館、二〇〇七）では、寛永寺で最初に葬られた四代将軍家綱と五代将軍家綱の葬儀に焦点が当てられ、徳川宗家の葬送儀礼を政治的、宗教的な背景から読み解いている。

そして、港区教育委員会が二〇〇一、二〇〇二年実施した旧増上寺寺域内調査では、戦後の開発ですべて消失したと思われていた二代将軍秀忠の霊廟に伴う惣門関連基礎、石垣、献燈籠基礎などの検出があり、この検出で改めて台徳院霊廟に視点が当てられた。特別展も開催され、港区考古学ブックレット3『台徳院霊廟跡の考古学』（高山優）としてその成果が纏められ、これまでの将軍霊廟に新たな情報が書き加えられた。また将軍墓以外に戦後の早い段階における総合的な考古学的発掘調査として仙台藩伊達家三代墓所の調査がある。中世から近世を生きた伊達政宗墓の成果では二代将軍に共通する遺骸を駕籠に治め埋葬する葬制が明らかにされた。伊東信雄編『瑞鳳殿　伊達政宗の墓とその遺品』（一九七九）、同『感仙殿・善応殿　伊達忠宗と伊達綱宗の墓とその遺品』（一九八五）として刊行された。「公益財団法人 瑞鳳殿 管理事務所」で入手可能である。

一方、江戸における大名墓の現状所在調査は秋元茂陽によって悉皆的調査や簡易測量による墓所配置図制作が積極的に行なわれ『江戸大名墓総覧』（金融界社、一九九八）として纏められた。河原芳嗣の『図説徳川将軍家・大名家の墓』（アグネ技術センター、一九九五）も便利である。

三　大名墓調査における学際的研究

先にあげた徳川将軍墓や伊達家を代表とした大名墓調査では、総合的な学際的研究が積極的に行なわれ歴史的人物である藩主らの足跡が見事に復元された。とくに彼らの遺骸は、考古学的な調査で得られた成果のほか、形質人類学的、遺伝子学的な調査を経ることで多くの新知見が示された。徳川将軍をはじめとして多くの歴史人物の形質人類学的な調査を行なった成果として鈴木尚は『骨は語る　徳川将軍・大名家の人びと』（東京大学出版会、一九八五）で医学的に難易な分析結果を平易に解説した。報告書と合わせて紐解きたい。

（松原典明）

編著者略歴

坂詰《さかづめ》　秀一《ひでいち》

立正大学名誉教授
1936年生まれ。立正大学大学院文学研究科修了。文学博士。
主な著書に、『歴史考古学の視角と実践』（雄山閣）、『仏教考古学の構想』（雄山閣）、『歴史と宗教の考古学』（吉川弘文館）、『太平洋戦争と考古学』（吉川弘文館）、『歴史時代を掘る』（同成社）などがある。

松原《まつばら》　典明《のりあき》

石造文化財研究所代表　大名墓研究会
1960年生まれ。立正大学大学院文学研究科博士課程中退。
主な著書に『近世宗教考古学の研究』（雄山閣）、『近世大名葬制の考古学的研究』（雄山閣）、『石造文化財への招待』（共著、ニュー・サイエンス社）などがある。

執筆者紹介（執筆順）

谷川《たにがわ》　章雄《あきお》
早稲田大学
人間科学学術院長・教授

佐藤《さとう》　雄生《ゆうき》
松前町教育委員会

狭川《さがわ》　真一《しんいち》
公益財団法人
元興寺文化財研究所
大名墓研究会

松井《まつい》　一明《かずあき》
袋井市教育委員会
大名墓研究会

関口《せきぐち》　慶久《のりひさ》
水戸市教育委員会

関根《せきね》　達人《たつひと》
弘前大学教授

小島《こじま》　克則《かつのり》
会津若松市教育委員会

栗山《くりやま》　雅夫《まさお》
独立行政法人
国立文化財機構
奈良文化財研究所

今野《いまの》　春樹《はるき》
日本考古学協会会員

山川公見子《やまかわくみこ》
日本考古学協会会員

中井《なかい》　均《ひとし》
滋賀県立大学教授
大名墓研究会代表

髙山《たかやま》　優《まさる》
港区教育委員会

大野《おおの》　哲二《てつじ》
公益財団法人
鳥取県教育文化財団

寺田《てらだ》　良喜《よしき》
世田谷区教育委員会

白石《しらいし》　祐司《ゆうじ》
新見市教育委員会

藤井《ふじい》　直正《なおまさ》
元大手前大学教授

溝口《みぞぐち》　彰啓《あきひろ》
静岡県埋蔵文化財センター
大名墓研究会

三宅《みやけ》　良明《よしあき》
徳島市教育委員会

増井《ますい》　有真《あるま》
国分寺市教育委員会

小林《こばやし》　昭彦《あきひこ》
大分県教育庁
埋蔵文化財センター

金子《かねこ》　浩之《ひろゆき》
伊東市教育委員会

駒田《こまだ》　利治《としはる》
三重県史編集委員

豊田《とよた》　徹士《てつし》
豊後大野市教育委員会

岡本《おかもと》　桂典《けいすけ》
高知県立歴史民俗資料館

松田《まつだ》　朝由《ともよし》
大川広域行政組合

季刊考古学・別冊20
近世大名墓《きんせいだいみょうぼ》の世界《せかい》

定価　二、六〇〇円＋税
発行　二〇一三年一〇月二五日
編者　坂詰秀一・松原典明
発行者　宮田哲男
印刷　株式会社ティーケー出版印刷
製本　協栄製本株式会社
発行所　株式会社雄山閣
〒102―0071東京都千代田区富士見二―六―九
電話　〇三―三二六二―三二三一
振替　〇〇一三〇―五―一六八五
URL　http://www.yuzankaku.co.jp
e-mail　info@yuzankaku.co.jp

ISBN 978-4-639-02287-9 C0321

N.D.C.205　175p　26cm